河南省高速公路养护技术系列丛书

高速公路
交通安全设施
改造技术

郝孟辉　康存利　李　崇　主　编
常兴文　杜战军　主　审

人民交通出版社
北　京

内 容 提 要

本书由河南省中工设计研究院集团股份有限公司工程养护团队依据现行《道路交通标志和标线》(GB 5768)、《公路交通安全设施设计规范》(JTG D81)等规范,国内高速公路养护专项工程设计、施工、管理经验以及相关文献资料编写。书中介绍了我国高速公路交通安全设施的特点,分析了现有公路交通安全设施存在的主要问题,总结了我国养护工程的概况,并从设计、施工与验收三个方面详细阐述了道路交通标志、道路交通标线、波形梁护栏、混凝土护栏、隔离设施、防眩设施、声屏障、视线诱导设施等典型公路交通安全设施的提升改造案例、施工控制要点以及关键验收指标要求。

本书旨在规范、加强公路交通安全设施设计、施工与管理,推进公路交通安全设施高质量发展,为公路交通安全设施标准化设计、施工、管理的相关人员提供借鉴。

图书在版编目(CIP)数据

高速公路交通安全设施改造技术 / 郝孟辉,康存利,李崇主编.

北京 : 人民交通出版社股份有限公司, 2025. 6.

ISBN 978-7-114-19779-6

Ⅰ. U491. 5

中国国家版本馆 CIP 数据核字第 20244F3N84 号

Gaosu Gonglu Jiaotong Anquan Sheshi Gaizao Jishu

书　　名	高速公路交通安全设施改造技术
著 作 者	郝孟辉　康存利　李　崇
责任编辑	孙　璐
责任校对	赵媛媛　魏佳宁
责任印制	张　凯
出版发行	人民交通出版社
地　　址	(100011)北京市朝阳区安定门外外馆斜街3号
网　　址	http://www.ccpcl.com.cn
销售电话	(010)85285911
总 经 销	人民交通出版社发行部
经　　销	各地新华书店
印　　刷	北京市密东印刷有限公司
开　　本	787×1092　1/16
印　　张	12. 5
字　　数	296千
版　　次	2025年6月　第1版
印　　次	2025年6月　第1次印刷
书　　号	ISBN 978-7-114-19779-6
定　　价	60. 00元

本书编审委员会

总　序
FOREWORD

在交通强国战略深入推进的时代背景下,高速公路作为国家综合立体交通网的主骨架,其安全、高效运行对于保障国民经济发展、促进区域协同以及提升社会民生福祉具有至关重要的意义。河南省,地处中原,是全国重要的交通枢纽,高速公路网络纵横交错,在连接南北、贯通东西的交通运输格局中扮演着关键角色。然而,随着交通流量的持续增长、重载交通的频繁作用以及自然环境的不断侵蚀,河南省高速公路面临着诸多养护难题与挑战。

河南省中工设计研究院股份有限公司工程养护团队精心编写的这套河南省高速公路养护技术系列丛书,犹如一场及时雨,关河南省乃至全国高速公路养护事业带来了全新的思路与方法。丛书涵盖高速公路路基应急养护专项工程设计、T型梁体外预应力加固设计与监测预警技术、高性能薄层罩面技术、交通安全设施改造技术、沥青路面养护施工技术与工艺等多个关键领域,是对高速公路养护技术的一次全面且深入的系统总结与创新探索。

在高速公路路基应急养护专项养护设计方面,丛书针对突发灾害及病害,提出了科学、高效的应急养护设计理念与方法。这些内容基于大量实际案例与研究成果,能够在灾害发生时迅速响应,为保障道路通行能力、减少经济损失提供坚实的技术支撑,有效提升了高速公路应对突发事件的能力。

T型梁本外预应力加固设计与监测预警技术的相关内容,聚焦桥梁结构安全,通过创新的加固设计方案与先进的监测预警技术,实现了对桥梁健康状况的实时监测与精准评估。这不仅延长了桥梁使用寿命,更极六地提高了桥梁在复杂交通环境下的安全性与可靠性,为交通运输安全筑牢了关键防线。

高性能薄层罩面技术、沥青路面养护施工技术与工艺的阐述,紧密结合材料科学与工程实践,在提升路面使用性能、延长路面使用寿命的同时,有效降低了养护成本,提高了养护效率。这些技术的推广与应用,对于实现高速公路养护的可持续发展具有重要意义。

交通安全设施改造技术的研究成果,充分考虑了交通安全的重要性。通过对交通标志、标线、护栏等设施的优化设计与改造,能够显著提高道路交通安全水平,减少交通事故的发生,为广大司乘人员的生命财产安全提供有力保障。

这套系列丛书的出版,不仅是课题组多年来在高速公路养护领域辛勤耕耘、潜心研究的智慧结晶，更是为行业提供了一套具有重要参考价值和实践指导意义的技术宝典。它凝聚了众多专家学者和一线技术人员的心血，反映了当前高速公路养护技术的前沿水平，对于推动我国高速公路养护技术的进步与发展，培养专业技术人才，具有不可估量的价值。

希望这套丛书能够成为广大交通领域科研人员、工程技术人员以及相关专业师生的良师益友，为我国高速公路养护事业的发展注入新的活力，助力我国交通强国建设迈向新的高度。相信在这套丛书的启发与引导下，将会有更多的科研成果与实践经验不断涌现，共同推动我国高速公路养护技术迈向更高水平，为国家交通事业的繁荣发展作出更大的贡献。

2025 年 4 月

前 言
PREFACE

　　截至2023年底,我国高速公路总里程为18.36万km,其中通车15年以上的高速公路里程约5.39万km,占比29.36%;通车7年以上的高速公路里程约12.35万km,占比67.27%,达到交通安全设施设计使用年限的路段占比逐年增加,公路交通安全设施改造的迫切性不断增强。随着我国公路网的不断完善,交通组成日益复杂,保障公路行车安全成为重中之重,公路交通安全设施的重要程度凸显。

　　为进一步提升公路安全水平,推进公路交通安全设施高质量发展,加强和规范公路交通安全设施设计、施工与管理,提高工程质量,保障路网整体效能发挥,河南省中工设计研究院集团股份有限公司工程养护团队依据现行《道路交通标志和标线》(GB 5768)、《公路交通安全设施设计规范》(JTG 081)等以及公路交通安全设施相关文献资料,结合国内高速公路养护专项工程设计、施工、管理经验,编写了本书。

　　本书内容遵循"决策科学、管理规范、技术先进、造价合理、优质高效、绿色安全"的原则,对道路交通标志、道路交通标线、波形梁护栏、混凝土护栏、隔离设施、防眩设施、声屏障、视线诱导设施等典型公路交通安全设施进行介绍,可为公路交通安全设施标准化设计、施工、管理提供借鉴。

　　本书共9章,第1章介绍了我国高速公路以及公路交通安全设施的特点,分析了现有公路交通安全设施存在的主要问题,以及我国养护工程的现状。第2~9章从设计、施工与验收三个方面介绍了道路交通标志、道路交通标线、波形梁护栏、混凝土护栏、隔离设施、防眩设施、声屏障、视线诱导设施等典型公路交通安全设施的提升改造案例、施工控制要点以及关键验收指标要求。

　　本书由河南省中工设计研究院集团股份有限公司养护分院的全体交通安全设施技术人员共同完成,由郝孟辉、康存利、李崇牵头编写,并得到了河南省交通运输厅、河南交通投资集团有限公司的大力支持,特别是刘东旭、王笑风对本书内容提出了关键的意见和建议,在此深表感谢!

　　限于作者水平,书中难免存在不足之处,恳请广大读者批评指正。

编　者

2025年2月

目 录
CONTENTS

1

概述

1.1　我国高速公路发展历程

公路对于一个国家、地区的发展极为重要。高速公路的建设是交通运输满足社会发展需要和经济发展需求、提高公路运输能力、加强地区间交流的必然选择。20世纪80年代,伴随着改革开放的浪潮,我国国民经济得到快速发展,公路客货运输量急剧增加,运输时效性的重要程度凸显,公路建设长期滞后所造成的后果充分暴露。20世纪80年代中期,我国才开始高速公路建设模式的探索,我国高速公路的起步比发达国家整整晚了半个世纪。

我国高速公路发展历程可以概括为起步、发展、壮大、平稳4个阶段。

1)起步阶段

我国高速公路的起步阶段大致是从20世纪80年代末到90年代初。改革开放初期,国民经济快速发展,对公路运输的需求急剧增加。为了缓解交通压力和提高运输效率,我国开始探索建设高速公路。最初的高速公路建设主要是在一些经济发达、交通繁忙的地区进行试点。

1981年,我国发布《国家干线公路网(试行方案)》,该规划方案是我国第一个得以完整实施的公路网规划,它详细划定了70条国家干线公路(包括12条首都放射线、28条南北纵线和30条东西横线),总长达10.92万km。这一规划奠定了此后我国公路网规划的基本框架,即以放射线与纵横网格线相结合的布局方式。这种布局方式不仅有助于提高公路网的连通性和覆盖面,也为后续的公路网扩展和优化提供了基础。

京津塘高速公路是我国"七五"至"八五"规划期间重点交通建设项目,是中国大陆筹建设计最早的高速公路(图1-1)。1972—1977年,项目由交通部调研规划,并于1982年提出可行性研究报告,1983年上报国家计划委员会立项,1984年1月7日经国务院批准实施,1985年完成施工图设计。

图1-1　京津塘高速公路

沈大高速公路是我国公路建设史上的里程碑。沈大高速公路于1984年6月27日开工建设,1988年9月23日,辽宁省总指挥部和辽宁省交通厅召开新闻发布会,宣布沈大路131km高速路段将于当年10月25日正式收费运营。沈大高速公路是中国大陆开工建设最早的高速公路(图1-2)。

图1-2　沈大高速公路

沪嘉高速公路是上海市区与嘉定县(今嘉定区)城区连接的一条快速通道,也是上海市与江苏省沿江高速公路路网连接的一部分,全长20.5km(图1-3)。沪嘉高速公路于1984年12月12日动工,1988年10月31日竣工。沪嘉高速公路是中国大陆第一条建成通车的高速公路,是献给改革开放十周年的一份厚礼。

截至1988年底,我国大陆高速公路总里程达到147km,彻底结束了中国大陆没有高速公路的历史。

图1-3 沪嘉高速公路

注:全长20.5km,设计时速120km,昼夜通车达4万辆的沪嘉高速公路实现中国大陆高速公路零的突破(刊于1988年11月1日《解放日报》一版)

2)发展阶段

1990—1999年是我国高速公路的发展阶段。我国高速公路建设进入了快速发展阶段。沈大和沪嘉两条高速公路的建成通车,社会反响巨大,获得了良好的经济效益和社会效益,人们对高速公路有了一个新的认识,社会舆论开始向有利于高速公路发展的方向转变,拉开了高速公路快速发展的序幕。

1989年,广佛高速公路全线建成通车,全长15.7km。广佛高速公路是我国广东省境内一条连接广州市与佛山市的高速公路,也是我国第一条有偿融资建设的高速公路。

1990年,沈大高速公路全线建成通车,全长348km。沈大高速公路是中国大陆第一条8车道高速公路,被誉为"神州第一路"。

1993年,京津塘高速公路全线建成通车,全长142.69km,京津塘高速公路是我国北方第一条建设计划的高速公路,也是我国第一条经国务院批准并部分利用世界银行贷款按国际项目管理模式组织建设的高速公路。

1989年,交通部提出建设公路主骨架、水运主通道、港站主枢纽和交通支持系统(简称"三主一支持")的长远规划设想,其中"公路主骨架"正式定名为"国道主干线系统",并以国道网规划为基础,规划为"八纵九横"共17条国道主干线。为尽快形成公路主干线系统,缓解公路运输对国民经济发展的瓶颈制约,交通部于1990年对国道网规划进一步进行了精简、完善,出台了"五纵七横"国道主干线方案,总里程3.5万km,计划30年完成。在1991年

1月26日至29日召开的"全国交通工作会议"上,交通部就《国道主干线系统初步方案》向各省(区、市)交通主管部门广泛征求意见。经再次修改后,于同年8月向国务院报送了《关于国道主干线系统规划布局方案的报告》。1992年,《关于国道主干线系统规划布局方案的报告》获得国务院批准。1993年6月,交通部正式发布《国道主干线系统规划》(交计发〔1993〕600号)。自此,《国道主干线系统规划》进入全面部署实施阶段。《国道主干线系统规划》主要内容为:1991年开始到2020年,用30年左右的时间建成"五纵七横",共12条路线,总里程3.44万km,其中高速公路约2.58万km。"五纵七横"国道主干线将全国重要城市、工业中心、交通枢纽和主要陆上口岸连接起来并连接所有当时100万以上人口的特大城市和绝大多数50万以上人口的中等城市,国道主干线系统由汽车专用公路组成,绝大部分为高速公路,它是我国高速公路网的雏形。国道主干线在技术标准上大体以京广线为界,其中京广线以东地区经济发达,交通量大,以高速公路为主;以西地区交通量较小,以一、二级公路为主。

《国道主干线系统规划》发布后,全国掀起了高速公路建设高潮,把我国高速公路建设推到了一个新的发展阶段。这一时期,公路行业努力克服高速公路建设缺乏技术标准、缺乏人才和缺乏设计施工经验等诸多困难,突破多项重大技术瓶颈,积累了设计、施工、监理和运营等全过程建设与管理的经验。截至1997年底,我国高速公路通车里程达到4771km,10年间年均增长477km;相继建成了沈大、京津塘、成渝、广深、济青等一批具有重要意义的高速公路。

3)壮大阶段

1999年到2010年是高速公路的壮大阶段。1998年,为了应对亚洲金融危机对我国经济的影响,我国政府实施了一系列加快基础设施建设的政策措施,被称为"积极财政政策"或"扩张性财政政策"。在交通基础设施方面,这些政策推动了包括高速公路、铁路、机场、港口等在内的重大基础设施项目的建设和改造,高速公路建设是其中的重要组成部分。为了加快高速公路的发展,我国政府加大了资金投入,推动了高速公路建设的规模化、网络化和标准化。除了资金投入外,政府通过采取简化审批程序、优化项目管理流程、加强质量监管等措施加快基础设施建设的步伐。这些措施有助于提高项目建设的效率和质量,确保基础设施建设的顺利进行。

1998年,全年新增高速公路里程3962km,高速公路总里程达到8733km,创下了年度新增高速公路的新纪录。全年实际完成公路建设投资2168亿元,比1997年增长72.6%。"五纵七横"规划中的大部分高速公路项目开工建设,全国在建高速公路里程超过1.26万km,为"十五"(2001—2005年)期间我国建成近2万km高速公路奠定了坚实的基础。

2001—2005年,我国高速公路建设规模迅速扩大,5年间共建成高速公路2.47万km,总里程相继突破2万km、3万km和4万km三大关口。截至2005年底,我国高速公路的总里程达到了4.1万km,仅次于美国,居世界第二位,完成了西方发达国家几十年才走完的发展历程。

截至2007年底,我国高速公路总里程达到5.39万km,经过10余年的艰苦努力,我国完成了总里程3.5万km的"五纵七横"国道主干线系统,国家高速公路骨架初步成网,对经济社会发展的推动作用更加显著。

4）平稳阶段

2010年至今是我国高速公路的平稳发展阶段。经过改革开放以来40余年的发展，我国已将贫瘠、缓慢的公路交通运输系统发展成快速、高效的公路交通运输系统。

截至2012年底，我国高速公路总里程达到9.6万km，首次超越美国，居世界第一。

截至2023年底，我国高速公路总里程为18.36万km，公路规模总量已位居世界前列，高速公路里程稳居世界第一位；相关技术领域得到长足发展，涌现了一大批具有代表性的重大工程项目。

高速公路的快速发展大大缩短了省际、市际的运输时间，加快了不同区域间信息与技术的交流速度，有效降低了运输成本，在一定程度上实现了资源有效配置，拓展了市场，对提高企业竞争力、促进国民经济发展和社会进步都起到了重要的作用。随着高速公路里程的不断增加，规模效益逐步显现，高速公路日益改变着人们的时空观念和生活方式。

随着我国高速公路路网的日益完善，现在的高速公路发展方向正向着智慧、绿色、安全的方向转变，为广大出行群众提供更美好、便利、安全、智能的出行体验，有力地支撑着社会主义现代化强国建设。

1.2 我国公路交通安全设施的发展历程及相应的规范体系

公路交通安全设施作为交通事故防控的重要手段，其安全性直接关系人们的生命和财产安全，具有重要的社会意义与经济价值。公路交通安全设施主要包括交通标志、交通标线（含突起路标）、护栏和栏杆、视线诱导设施、隔离栅、防落网、防眩设施、避险车道、防风栅、防雪栅、积雪标杆、限高架、减速丘和凸面镜等。

1.2.1 我国公路交通安全设施的发展历程

1）起源阶段

中华人民共和国成立后城市中的马匹和马车数量逐渐增加，1951年出台的《城市陆上交通管理暂行规则》（图1-4）对马车和行人进行了详细规定。1955年出台的《城市交通规则》（图1-5）规定，自行车、三轮车、兽力车夜晚行车必须燃灯，以减少夜间交通事故发生率。1955年以前，我国的机动车保有量始终保持在10万辆以下，且大多在一二线城市，即便是1950年《汽车管理暂行办法》（图1-6）出台之后，由于全国机动车保有量有限，交通事故数量依然屈指可数。但机动车保有量的持续增加，促使国家出台了更为细化、更注重人民交通安全的道路交通管理法规。

为降低公路交通事故发生率、提高行车安全性，同时配合道路交通管理法规的执行，20世纪80年代，我国对交通安全设施开展了系统研究，交通部在1988—1992年制定了《高速公路交通安全设施设计及施工技术规范》（JTJ 074—1994）（以下简称"94规范"）（图1-7）。该规范是我国在国家"七五"科技攻关项目"高速公路交通安全设施的研究"成果的基础上，首次较为系统地提出公路交通安全设施的设计及施工技术，为我国大规模开展高速公路建设提供了重要的技术依据。

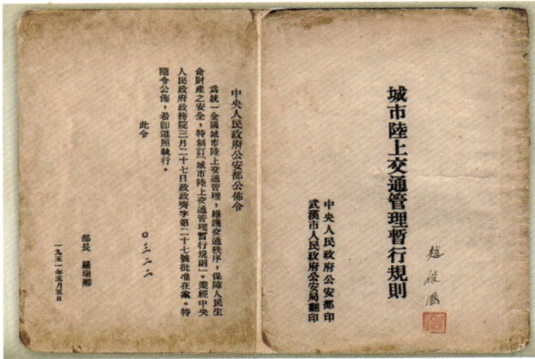
图1-4 《城市陆上交通管理暂行规则》

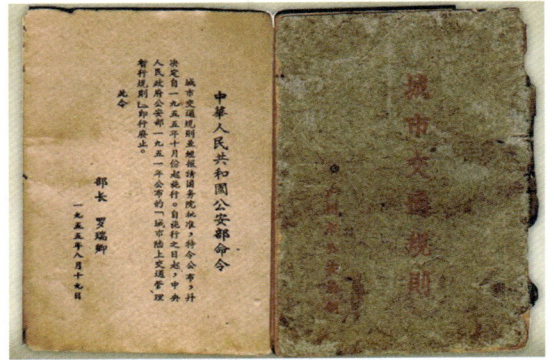
图1-5 《城市交通规则》

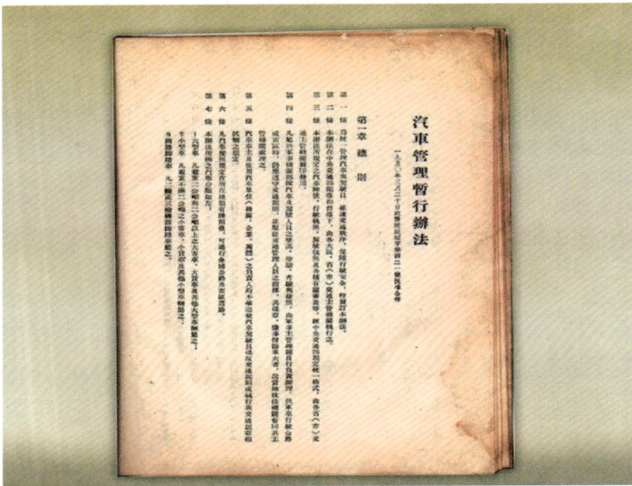
图1-6 《汽车暂行管理办法》

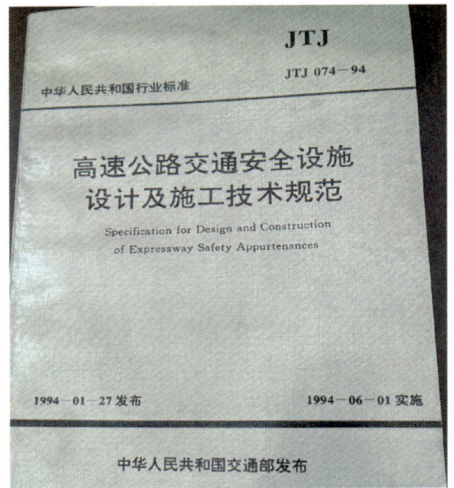
图1-7 《高速公路交通安全设施设计及施工技术规范》

图1-8 《道路交通标志和标线》（1999年）

1999年，我国发布实施了《道路交通标志和标线》（GB 5768—1999）（图1-8）。该标准是对《道路交通标志和标线》（GB 5768—1986）的首次修订，在总结我国道路交通标志标线设计、制造、施工及检测经验的基础上，根据国内外标志标线技术的发展和交通管理的需要，增加了警告标志、禁令标志、指示标志的数量，进一步向国际标准靠拢。该标准的实施对于提高我国道路交通的安全性和效率及促进交通管理的发展和完善具有重要意义。

2）体系完善阶段

随着汽车工业的兴起、高速公路的建设、交通流量的剧增，人们对行车安全日益重视，开始逐渐发展和完善交通安全设施。

　　1988年《中华人民共和国道路交通管理条例》实施后,我国对各类可能造成交通安全隐患的驾驶行为进行了规范划分和处罚规定。1999年《机动车驾驶人交通违章计分办法》出台后,数据化台账管理正式进入道路交通安全领域。2003年《中华人民共和国道路交通安全法》出台,体现了我国在道路交通领域对人民生命安全前所未有的高度重视。

　　随着我国经济和公路交通的不断发展,公路交通量和车型也发生了变化。为适应公路交通的发展,满足公路交通安全需求,我国于2006年对"94规范"进行了修订,并颁布了修订后的《公路交通安全设施设计规范》(JTG D81—2006)、《公路交通安全设施设计细则》(JTG/T D81—2006)以及《公路交通安全设施施工技术规范》(JTG F71—2006)等系列规范(以下简称"06规范")(图1-9)。与"94规范"相比,"06规范"扩大了适用范围,由高速公路、一级公路扩大到新建和改建的各等级公路;进一步明确了公路护栏的防撞性能,调整、扩充了护栏的防撞等级,对各种形式护栏的设置原则作了较大修改,完善了护栏端部处理和过渡处理的内容;增加了交通标志、交通标线和活动护栏的内容,重点强调了设计原则和设计方法,并为新技术的开发和应用留有余地;引入了路侧安全净区、宽容设计、运行速度和安全性评价等概念。这些规范的发布实施规范了我国公路交通安全设施的设置。

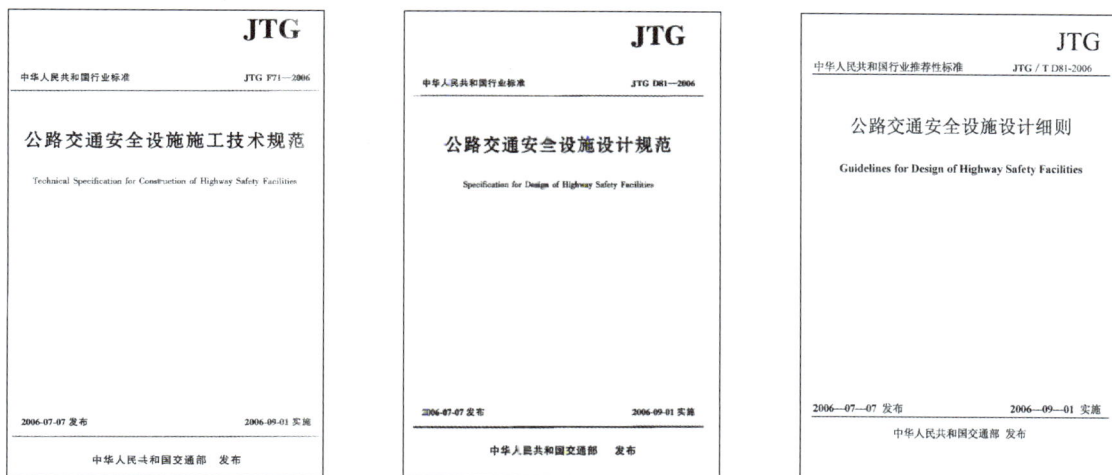

图1-9　《公路交通安全设施设计与施工规范》(2006年)

　　2009年,我国发布实施了《道路交通标志和标线》(GB 5768—2009)(图1-10)标准。该标准在1999年版本的基础上再次进行了修订和完善。该标准将原有的主标志类别由7类调整为6类,取消了作业区标志类别,将施工标志作为临时性标志的一种;同时,增加了交通事故管理标志,作为另一种临时性标志:将警告标志的底色由三种(黄色、荧光黄、荧光黄绿)增加到四种,增加了荧光粉红色作为交通事故管理标志的底色;增加了部分新的警告标志、禁令标志、指示标志和指路标志,修订了部分原有标志的形状、图案和颜色等;对标志的设置原则进行了修订和完善,强调了标志的易读性、可视性和连续性,提出了更加具体的设置要求和建议;还规定了标志制作、安装、维护和管理的要求,以确保标志的正确使用和有效性。该标准的实施对于提高我国道路交通的安全性和效率、促进交通管理的发展和完善具有重要意义。

图1-10 《道路交通标志和标线规范》(2009)

为进一步满足社会、交通运输发展需求,我国分别于2017年、2021年、2022年对《公路交通安全设施设计规范》(JTG D81—2006)及《公路交通安全设施设计细则》(JTG/T D81—2006)、《公路交通安全设施施工技术规范》(JTG F71—2006)、《道路交通标志和标线 第2部分:道路交通标志》(GB 5768.2—2009)等系列规范进一步修改完善,至此,公路交通安全设施规范体系趋于完善,工程技术趋于成熟。

1.2.2 我国公路交通安全设施的规范体系

公路交通安全设施规范体系是一个涵盖了多个方面和层次的复杂系统,旨在确保公路交通安全设施的设计、施工符合相关标准要求。

1)设计规范

设计规范是公路交通安全设施的基础,它规定了设施的设计原则、参数、标准等。设计规范通常包括公路交通安全设施的设计标准、设计流程、设计方法等,以确保公路交通安全设施的设计能够满足交通安全需求和功能要求。其中,设计基础类规范包含《公路工程技术标准》(JTG B01)、《公路环境保护设计规范》(JTG B04)、《公路项目安全性评价规范》(JTG B05)、《公路护栏安全性能评价标准》(JTG B05-01)等,设计方案类规范包含《公路交通安全设施设计规范》(JTG D81)、《道路交通标志和标线》(GB 5768)、《公路交通标志和标线设置规范》(JTG D82)、《高速公路交通工程及沿线设施设计通用规范》(JTG D80)、《声屏障声学设计和测量规范》(HJ/T 90)等,设计材料类规范包含《公路临时性交通标志》(GB/T 28651)、《道路交通反光膜》(GB/T 18833)、《道路交通标志板及支撑件》(GB/T 23827)、《路面标线涂料》(JT/T 280)、《路面防滑涂料》(JT/T 712)、《立面反光标记涂料》(JT/T 1327)、《道路预成形标线带》(GB/T 24717)、《轮廓标》(GB/T 24970)、《波形梁钢护栏 第2部分:三波形梁钢护栏》(GB/T 31439.2)、《波形梁钢护栏 第1部分:两波形梁钢护栏》(GB/T 31439.1)、《公路防撞桶》(GB/T 28650)、《声屏障结构技术标准》(GB/T 51335)、《公路交通工程钢构件防腐技术条件》(GB/T 18226)、《隔离栅》(GB/T 26941)等。

2）施工规范

施工规范是指导公路交通安全设施施工过程的准则,它规定了施工的质量要求、工艺流程、验收标准等。施工规范旨在确保公路交通安全设施的施工过程符合设计要求,保证公路交通安全设施的质量和安全性。施工规范主要有《公路交通安全设施施工技术规范》(JTG/T 3671)、《公路隧道交通工程与附属设施施工技术规范》(JTG/T 3661)、《公路养护安全作业规程》(JTG H30)、《公路工程质量检验评定标准　第一册　土建工程》(JTG F80/1)、《公路养护工程质量检验评定标准》(DB12/T 1196)、《道路交通标线质量要求和检测方法》(GB/T 16311)、《混凝土强度检验评定标准》(GB/T 50107)等。

1.3　现有公路交通安全设施存在的主要问题

随着我国机动车保有量的急剧增加,公路交通事故频发,引发了社会各界对公路交通安全问题的关注。交通安全设施作为预防和减少交通事故的重要手段,其现状问题及其解决方案成了研究的热点。公路交通安全设施问题是一个复杂且多元的主题,涉及公路交通安全设施的设计、施工、维护等多个环节。

1）设计问题

公路交通安全设施在设计阶段,可能存在对道路特性、地理环境和人文因素考虑不周的情况,导致公路交通安全设施不能很好地满足实际交通需求。此外,由于技术不成熟或缺乏相关软件,设计时可能未能全面考虑各种细节和潜在风险。公路交通安全设施在设计阶段存在的问题主要包括以下几个方面:

(1)设计标准不完全统一。公路交通安全设施设计涉及的规范和标准较多,不同地区、不同项目可能采用不同的设计标准,导致设施之间的衔接性和一致性较差,给驾驶人带来困扰。

(2)缺乏对实际交通流的考虑。在设计阶段,往往过于注重理论计算和模型分析,而缺乏对实际交通流的深入调查和考虑。这可能导致设计的交通安全设施与实际交通需求不符,无法发挥其应有的作用。

(3)忽视人的因素。公路交通安全设施的设计应充分考虑人的因素,包括驾驶人的视觉特性、心理特性等。然而,在实际设计过程中,往往忽视了这些因素,导致交通安全设施的使用效果不佳。

(4)缺乏长远规划。公路交通安全设施设计应具有长远性,考虑未来交通流量的增长和交通环境的变化。然而,在实际设计过程中,往往更多关注当前的需求,缺乏对未来发展的预测和规划。

(5)跨部门(单位)协调不足。公路交通安全设施设计涉及多个部门(单位),如交通管理部门、公安部门等。然而,在实际设计过程中,这些部门(单位)之间往往缺乏有效的沟通和协调,导致设计出来的交通安全设施无法满足各方面的需求。

2）施工问题

施工过程中的质量控制和监督管理也是公路交通安全设施问题的一个重要方面。如果施工质量不符合设计要求,或者施工过程中存在偷工减料、敷衍了事等情况,那么即使设计的

方案再完美,最终的交通安全设施也难以发挥其应有的作用。公路交通安全设施施工阶段存在的问题主要包括以下几个方面:

(1)施工质量控制不足。在施工过程中,监管不到位、施工人员技术水平不高、材料质量不合格等原因可能导致公路交通安全设施的质量不符合设计要求,甚至存在安全隐患。

(2)施工标准不统一。与设计阶段类似,施工阶段也可能存在标准不统一的问题。不同的施工单位或施工队伍可能采用不同的施工方法、材料或标准,导致公路交通安全设施在质量和性能上存在差异。

(3)施工与设计的衔接问题。有时,设计阶段和施工阶段之间的衔接不够紧密,导致设计意图在施工过程中无法得到完全实现。这可能是由于设计方案过于理想化、施工条件限制等原因造成的。

(4)施工现场管理混乱。施工现场可能存在管理混乱的问题,如材料堆放不规范、施工设备维护不当、施工人员安全意识薄弱等。这些问题都可能对公路交通安全设施的施工质量和进度造成影响。

(5)缺乏有效监督。在施工过程中,缺乏有效的监督机制或监督力度不够,可能导致施工质量得不到有效保障。同时,对于施工过程中出现的问题,也可能无法及时发现和整改。

3)维护问题

公路交通安全设施的维护和管理同样至关重要。如果公路交通安全设施得不到及时维护和更新,就可能因为老化、损坏等而不能发挥其功能,甚至成为交通安全的隐患。

综上所述,公路交通安全设施问题是一个复杂且多元的主题,需要我们从设计、施工、维护等多个方面进行全面考虑和解决存在的问题。只有这样,才能确保公路交通安全设施的有效性和安全性,为公路交通安全提供有力保障。本书综合考虑了不同阶段公路交通安全设施存在的问题,希望通过经验分享,助力公路交通安全设施行业的发展。

1.4 我国养护工程存在的主要问题

公路养护工程是确保公路交通安全和延长公路使用寿命的重要措施。与发达国家相比,我国公路发展较晚,公路养护工程的开展也相对较慢。总的来说,我国公路养护工程主要存在以下问题:

(1)投入不足。虽然我国对公路养护工程的投入逐年在增加,但是与运营道路的实际需求相比,仍然存在较大差距,主要表现为养护工程资金投入不足,难以覆盖所有需要养护的公路和设施,导致养护不及时,也就达不到预期的养护效果。

(2)技术水平不高。养护工程与新建工程具有较大的差异,由于养护经验不足,部分地区的养护技术水平相对较低,缺乏先进的养护技术和设备,导致养护效果不理想,难以达到预期的养护目标。

(3)管理不规范。公路养护工程的管理涉及多个部门(单位),如果缺乏统一的管理规范和协调机制,就可能导致管理混乱、养护不及时、养护质量不高等问题。

(4)队伍素质参差不齐。目前公路养护队伍的素质参差不齐,部分养护人员的技能水平和责任心不高,导致养护工作的质量和效率难以保证,甚至可能给公路交通安全带来潜在威胁。

要解决这些问题,需要采取一系列措施,包括:增加养护工程投入,提高养护技术水平,加强养护工程管理,完善养护队伍培训等等;同时,政府、企业和社会各界要加强合作,共同推动公路养护工程的发展和完善,为公路交通安全和经济发展提供有力保障。

2

道路交通标志

2.1 道路交通标志概述

在道路交通这项大型系统工程中,道路交通标志作为道路语言,是传递规范化信息、服务疏导交通的重要设施,它以颜色、形状、字符、图形等形式传递交通控制、引导信息,与交通标线、交通信号灯及其他道路交通安全设施告知交通参与者的道路通行权,明示道路交通禁止、限制、遵循、警示、指引状况,使道路使用者快速、清晰、正确、系统地获取道路状况、交通状况等信息,引导交通参与者有秩序地使用道路,对促进道路交通安全、提高道路通行能力、改善车流行驶条件具有十分重要的作用。

2.1.1 道路交通标志发展历程

道路交通标志作为道路附属设施,在营造"畅、安、舒、美"的道路交通环境中扮演着重要角色,各国的道路交通标志都经历了长期的发展演变过程。

1)国外交通标志的萌芽与发展

在古罗马时代,从罗马到加普亚的军用大道上设置了里程碑和指路牌,它们成了交通标志的雏形。

1879年,英国自行车联盟的塞克林格俱乐部在通往山区的道路上设置了一个预告危险的交通标志:"To Sechrist—this hill is dangerous!"(到塞克利斯特——这个山丘危险!)这个用油漆写在铁板上的预告标志成为有史以来有文字记载的最早的现代交通标志,这也常被看作是现代交通标志的起源。

1881年10月,在英国英格兰格洛斯特郡的莫特恩小山的醒目处,英特恩沼泽地路政局设置了警告标志,英特恩沼泽地路政局也因此成为最早在道路上设置交通标志的行政管理部门。

1901年10月,英国汽车联盟在得到格洛斯特郡州议会允许后,在格洛斯特的巴德利普小山顶上设置了世界上最早的汽车专用警告标志。

1908年,巴黎召开的首届国际道路会议要求与会的国家和地区把统一规定的"路不平,交叉口,弯路和前面有铁路横过"等交通标志符号画在三角形的木板上,用红线勾边,使之醒目,虽未达成协议,但该会议提出了统一交通标志的议题,提出了实行国际统一的交通标志的愿景。

1927年,美国州公路官员协会(American Association of State Highway Officials,AASHO)发布了《乡村公路标志手册》;1930年,美国城市交通工程师协会(National Conference of Street and Highway Officials,NCSHS)发布了《城市道路标志手册》,包括城市标志标线和交通信号的设计规范。1932年,AASHO和NCSHS成立了统一交通控制设施联合委员会,并根据《乡村公路标志手册》和《城市道路标志手册》,将乡村公路和城市道路结合,并于1935年发布了第1版《统一交通控制设施手册》(Manual on Uniform Traffic Control Devices,MUTCD)(图2-1),这是美国第一次有统一的交通设施标准,它为各州提供了规范指导,主要对标志标线和信号灯形式等做了一个基本规定,但各州仍有自己的执行标准。

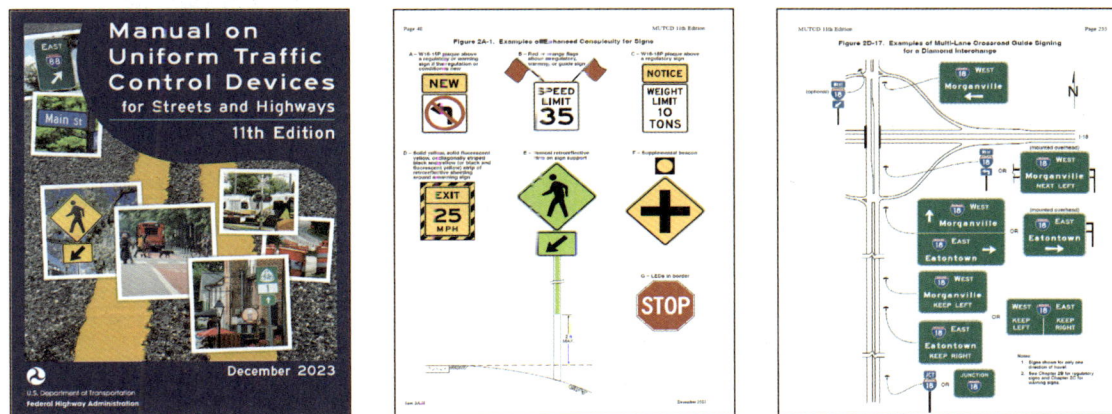

图2-1　第1版《统一交通控制设施手册》(MUTCD)(2023年)

1968年,联合国在维也纳的道路交通会议上通过了《道路交通和道路标志、信号协定》,奠定了道路交通标志国际统一化的基础,从此各国的交通标志在分类、形状、颜色、图案等方面逐渐向国际统一的方向发展。联合国推荐交通标志示例如图2-2所示。

2)我国交通标志的发展历程

(1)萌芽起源期。

4000多年前,我国已有原始的交通标志记载。例如,《春秋命历序》曰:"神农始立地形,甄度四海远近,山川林薮所至,东西九十万里,南北八十一万里。"《正字通》云:"堠,封土为台,以记里也,十里双堠,五里单堠。"堠,又称"里堠""封堠",用"堠"来计里,这就是最原始的公里牌(图2-3)。

图2-2　联合国推荐交通标志示例

图2-3　古代"堠"与"里堠碑"

（2）发展成长期。

1934年以前，我国没有统一的道路交通标志标准，道路标志使用非常混乱。1934年12月，国民政府内政部公布了《陆上交通管理规则》，规定了3类共27种道路交通标志，其中禁令标志11种、指示标志6种、警告标志10种。1935年，江苏、浙江、安徽、北平、上海五省市联合发布了《公路交通标号志图》，共有30多种彩色交通标志。

1951年底，公安部公布了《城市陆上交通管理暂行规则》[图2-4a）]，对交通标志颜色进行了一定调整，此间，交通部也公布了公路交通标志。1955年，公安部发布了《城市交通规则》[图2-4b）]，把交通标志划分为禁令标志、警告标志和指示标志，共3类28种。1972年，交通部、公安部联合公布了《城市和公路交通管理规则》[图2-4c）]，将交通标志增加至34种，其中禁令标志18种、警告标志7种、指示标志9种。1982年，交通部《公路标志及路面标线标准》[图2-4d）]，又将交通标志分为禁令标志、指示标志、警告标志、指路标志和辅助标志5类，共105种。

1986年1月，国家标准局首次颁布《道路交通标志和标线》（GB 5768—1986）。该标准对部颁标准进行了补充与完善，从图形、符号、文字等方面规定了交通标志和标线的内容，将交通标志分为主标志和辅助标志两大类五部分,共168种。该标准积极采用国际标准,向国际标准靠拢,促进了交通标志国际统一化,标志着我国交通标志设置逐步步入正轨。

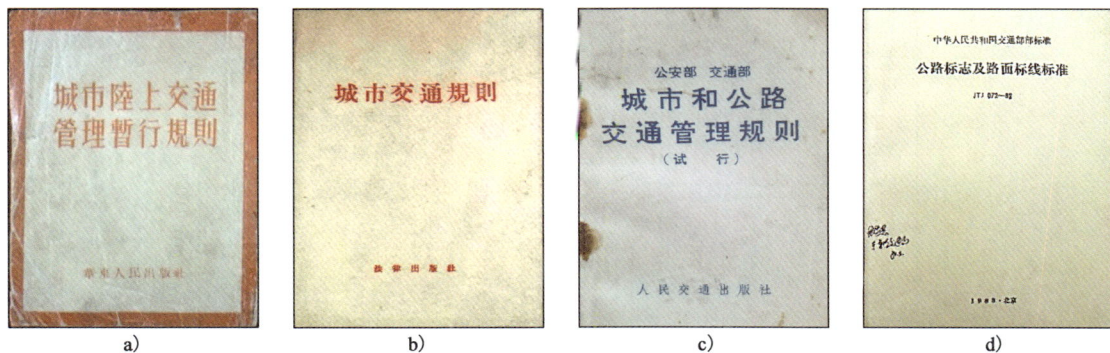

图2-4 我国交通标志发展历程

（3）成熟完善期。

随着我国交通建设的快速发展,自1999年以来,我国对《道路交通标志和标线》(GB 5768—1986)进行了多次修订,交通标志设置水平稳步提升,在"有"的基础上逐渐向"好"的方向迈进,在"完善"的基础上向"精细"的方向迈进,向着人民满意的方向不断迈进。

1999年,国家质量技术监督局批准、发布了修订后的国家标准《道路交通标志和标线》(GB 5768—1999),该版标准依据国内外交通标志的技术发展和交通管理的需要,大幅增加了标志的数量,进一步向国际标准靠拢,共有327种交通标志,比1986年版标准增加近1倍。

2007年9月,交通部发布了《国家高速公路网相关标志更换工作实施技术指南》(交通部2007年第30号公告)[图2-5a)],指导国家高速公路网出入口预告系列标志、地点距离标志和里程牌等相关标志的更换与设置工作,省级高速公路相关系列标志参照执行,统一和规范国家高速公路网的路线命名和编号,形成标识清晰、视认方便的高速公路命名和编号体系,使交通标志的设置更加科学、规范、系统。

2009年,国家质量监督检验检疫总局、国家标准化管理委员会批准、发布了修订后的国家标准《道路交通标志和标线》(GB 5768—2009),将该标准分为8个部分:总则、道路交通标志、道路交通标线、作业区、限制速度、铁路道口、非机动车和行人、学校区域。该版标准将主标志细化为7类,规定了道路交通的基本要求以及各种交通标志的颜色、形状、图案及设置原则,并对特殊路域环境需求作出了规定。

2017年11月,交通运输部办公厅印发了《国家公路网交通标志调整工作技术指南》(交办公路〔2017〕167号)[图2-5b)],基于路网一体、协同考虑、系统设置、信息连续、版面统一、简洁美观、保障视距的原则,对国家公路网的指路标志和旅游区标志进行调整和设置,规范和统一国家公路网路线的命名和编号,合理调整和科学设置交通标志,以形成标识清晰、视认方便的国家公路网交通标志体系,更好地满足国家公路网服务公路使用者安全、便捷出行的需求。

2022年,国家市场监督管理总局、国家标准化管理委员会批准、发布了第三次修订的国家标准《道路交通标志和标线 第2部分:道路交通标志》(GB 5768.2—2022)。此次修订增加了第9部分交通事件管理区。公安交警在处理道路事故时,为了加强对经过车辆的提醒、管控,提高管理者及使用者的安全,增加了此类临时性标志,包含禁令、指示、警告等标志。

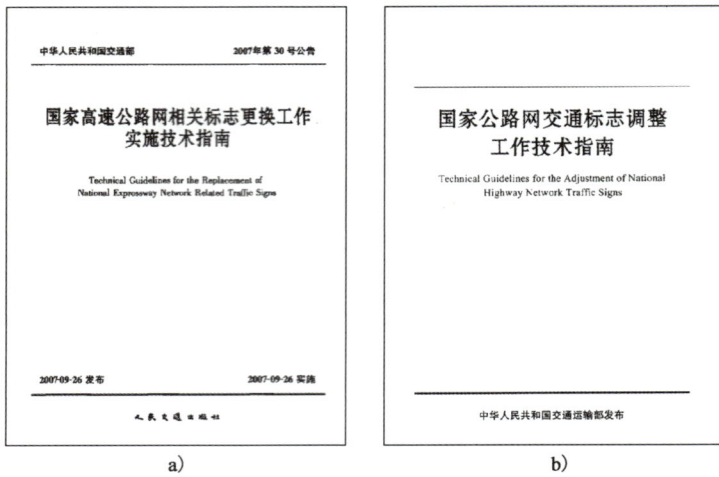

a)

b)

图2-5　2007年、2017年国家公路网标志调整技术指南

随着电气信息技术及材料科学的进步,道路上逐渐出现了以LED为发光单元的可变信息标志、内部发光照明标志及荧光标志,该类标志在特殊环境中的应用取得了良好效果(图2-6)。

a)

b)

c)

图2-6　发光、荧光交通标志

2.1.2　道路交通标志现行标准体系

为了满足道路使用者需求,引起道路使用者关注,传递明确、简洁的信息,使道路使用者读懂、遵从道路交通标志和标线的含义,并采取正确、及时的行动,我国建立了完善的现代交通标志标准规范体系,指导交通标志产品设置、设计及生产。

1)设置及设计规范

(1)《公路工程技术标准》。

《公路工程技术标准》(JTG B01—2014)对标志标线相关的要求如下:公路应设置完善的交通标志和标线,交通标志、标线应总体布局、合理设置,重要信息应重复设置或连续设置;交通标志的位置应保证其视认性,与其他标志或设施不应相互遮挡;交通标志与标线应根据实际需求配合使用,互为补充、含义一致,并与其他设施协调。

（2）《道路交通标志和标线》。

《道路交通标志和标线 第2部分：道路交通标志》（GB 5768.2—2022）［图2-7a)］是道路交通标志和标线标准体系的基础标准，其已经发布实施的8个部分内容如下：第1部分规定了道路交通标志与标线的原则与一般规定；第2部分规定了道路交通标志的分类、颜色、形状、字符、尺寸、图形等一般要求，以及设计、制造、设置、施工的要求；第3部分规定了道路交通标线的分类、颜色、形状、字符、图形、尺寸等一般要求，以及设计、设置的要求；第4部分规定了道路作业区交通标志和标线的设置要求；第5部分规定了限制速度标志的设置要求；第6部分规定了铁路道口交通标志和标线的设置要求；第7部分规定了道路上非机动车和行人相关的交通标志和标线的设置要求；第8部分规定了学校区域道路交通标志和标线的设置要求。

（3）《公路交通标志和标线设置规范》。

交通运输部颁布的《公路交通标志和标线设置规范》（JTG D82—2009）［图2-7b)］全面总结了我国在公路交通标志和标线设置方面取得的经验，充分借鉴和吸收了发达国家的相关标准和技术，经多次修改完善形成11章内容，规范了公路交通标志和标线的布设要求。

（4）《高速公路交通工程及沿线设施设计通用规范》。

《高速公路交通工程及沿线设施设计通用规范》（JTG D80—2006）规定了高速公路上标志设置、标志版面、标志支撑方式、标志结构设计及设计使用年限。

（5）《公路交通安全设施设计规范》和《公路交通安全设施设计细则》。

《公路交通安全设施设计规范》（JTG D81—2017）规定了新建和改建公路上交通标志的设置原则、版面设计、支撑方式、材料要求、结构设计等。《公路交通安全设施设计细则》（JTG/T D81—2017）［图2-7c)］是《公路交通安全设施设计规范》（JTG D81—2017）的细化，有效指导了公路交通安全设施设计、应用。

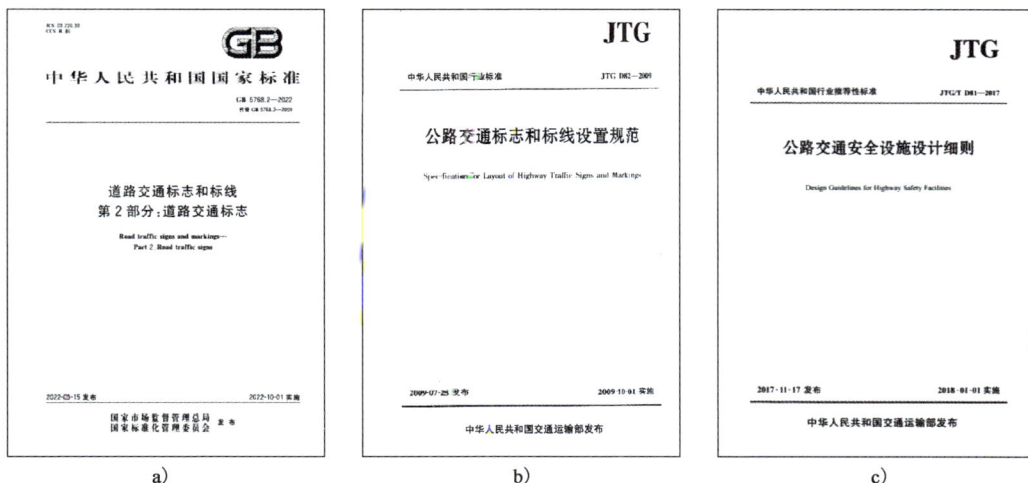

图2-7 公路交通标志常用设计规范及标准

2）材料标准

在交通标志实际生产应用中，一系列产品标准从产品的材料性能、技术指标、试验方法等方面保证了这些产品和设施的应用效果。公路交通标志结构常用材料标准如图2-8所示。

图2-8 公路交通标志结构常用材料标准

(1)《道路交通反光膜》。

《道路交通反光膜》(GB/T 18833—2012)规定了交通标志所使用的反光膜的术语定义、产品分类、技术要求、测试方法、检验规则,以及标志包装、运输和储存等要求。具体的技术要求包括各种反光膜的色度性能、逆反射性能、耐候性能、耐盐雾腐蚀性能、耐溶剂性能、抗冲击性能、耐弯曲性能、耐高温性能、耐低温性能、附着性能、收缩性能、防粘纸的可剥离性能等。

(2)《道路交通标志板及支撑件》。

《道路交通标志板及支撑件》(GB/T 23827—2021)规定了道路交通标志板及支撑件的产品分类、技术要求、试验方法、检验规则,以及标志、包装、运输和储存等要求。具体的技术要求包括结构尺寸、外观质量、钢构件防腐层质量、标志底板和支撑件的材料力学性能、标志板面色度和光度性能、标志板耐候性能、标志板面与标志底板的附着性能、标志板面油墨与反光膜的附着性能等。

3)施工规范

为规范公路交通安全设施的施工,保证施工质量及效率,提高施工技术水平,保障作业安全,相关部门颁布了一系列施工技术规范及施工作业标准、规程。涉及交通标志施工的常用标准体系如下。

(1)《公路交通安全设施施工技术规范》(JTG/T 3671—2021)[图2-9a)]。该规范对交通标志的施工准备、基础施工、立柱和横梁等构件,以及标志板加工制作、交通标志安装等工序进行了明确规定。

(2)《道路交通标志和标线 第4部分:作业区》(GB 5768.4—2017)[图2-9b)]。该标准规定了公路、城市道路及其他专用道路上施工、养护等作业时交通标志和标线的设置,并对作业区定义、组成、布设以及绕行进行了明确规定。

(3)《公路养护安全作业规程》(JTG H30—2015)[图2-9c)]。该规范规定了各级公路养护维修作业时标志、标线和其他设施(如防撞桶、锥形交通标、路栏等)的布置,包括桥涵、隧道、平面交叉、收费广场养护作业时交通标志的布置要求。

图2-9　公路交通标志施工及作业规范

4)验收规范

为加强公路工程质量管理,规范公路工程质量的检验和评定,统一公路工程质量检验和评定标准,保证工程质量,交通运输部颁布、修订了《公路工程质量检验评定标准　第一册　土建工程》(JTG F80/1—2017)及《公路养护工程质量检验评定标准　第一册　土建工程》(JTG 5220—2020)(图2-10)。

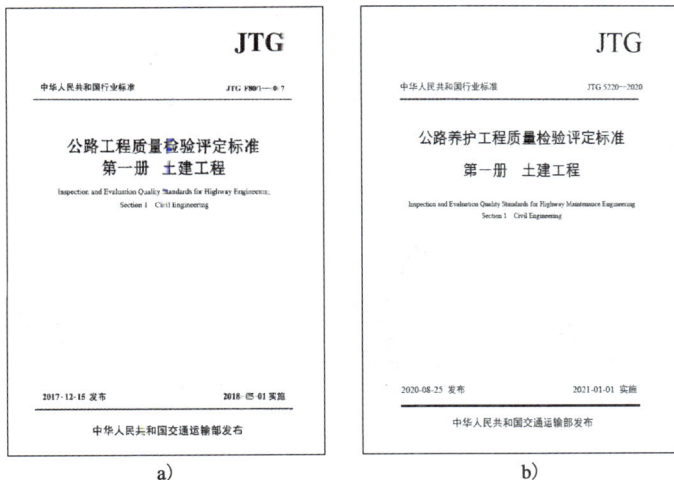

图2-10　公路交通标志质量检验评定标准

(1)《公路工程质量检验评定标准　第一册　土建工程》(JTG F80/1—2017)[图2-10a)]。该标准第11章规定了新建、改建、扩建公路交通安全设施的质量检验要求,明确了交通标志质量的一般要求、检测项目及其阈值、检测频率、外观质量。

(2)《公路养护工程质量检验评定标准　第一册　土建工程》(JTG 5220—2020)［图2-10b)］。
该标准第8章规定了公路养护工程交通安全设施的质量检验要求,明确了交通标志增设、更
换、改造、修复的一般要求、检测项目及阈值、检测频率、外观质量。

2.1.3　道路交通标志类型

1)按作用分类

道路交通标志按作用可分为主标志和辅助标志两大类。

（1）主标志。

①禁令标志:禁止或限制道路使用者交通行为的标志,共48种;形状通常为圆形、八角
形、倒三角形;底色为白色或红色,黑色图形字符,边框为红色(区域限制、解除时黑色),衬边
为白色(图2-11)。

图2-11　禁令标志

②指示标志:道路使用者应遵循的标志,共43种;形状通常为圆形、矩形;底色为蓝色,白
色或黑色图形字符,边框为荧光绿(若有),衬边为白色(图2-12)。

图2-12　指示标志

③警告标志:警告道路使用者注意道路、交通的标志,共47种;形状通常为正三角形、矩
形;底色为黄色、橙色、粉红色或黑色,黑色图形字符,黑色边框,衬边与底色相同(图2-13)。

图2-13　警告标志

④指路标志:传递道路方向、地点、距离信息的标志,共77种;形状为矩形;底色为蓝色(一
般道路)或绿色(高速公路/城市快速路),白色图形字符,白色边框,衬边与底色相同(图2-14)。

⑤旅游区标志:提供旅游景点方向、距离的标志,共17种;形状为矩形;底色为棕色,白色
或彩色图案,白色边框,衬边为棕色(图2-15)。

⑥告示标志:告知路外设施、安全行驶信息以及其他信息的标志,含道路设施解释、路外

设施提醒、行车安全提醒等3类告示标志;形状为矩形;底色为白色,黑色或彩色图案,黑色边框,衬边为白色(图2-16)。

图2-14 指路标志

图2-15 旅游区标志

图2-16 告示标志

(2)辅助标志。

辅助标志设置在主标志下方,对主标志进行辅助说明,形状为矩形,底色为白色,黑色字符,黑色边框,白色衬边。

2)其他分类

(1)道路交通标志按显示位置可分为路侧标志和路上方标志。

(2)道路交通标志按版面内容显示方式可分为静态标志和可变信息标志。

(3)道路交通标志按光学特性可分为逆反射标志、照明标志和发光标志3种,其中照明标志按光源安装位置又分为内部照明标志和外部照明标志。

(4)道路交通标志按设置的时效可分为永久性标志和临时性标志。

(5)道路交通标志按标志传递信息的强制性程度可分为必须遵守标志和非必须遵守标志。禁令标志、指示标志为道路使用者必须遵守的标志;其他标志仅提供信息,如指路标志、旅游区标志。禁令标志中的停车让行标志、减速让行标志不应套用;其他禁令标志、指示标志不宜套用;除停车让行标志与减速让行标志外的禁令标志,指示标志套用于白色无边框的底板上,为必须遵守标志;禁令标志、指示标志套用于其他标志,仅表示提供相关禁止、限制和遵行信息,作为补充说明或预告,为非必须遵守标志(图2-17)。

图2-17 组合限速标志

2.1.4 高速公路交通标志整体现状

随着改革开放的推进,为适应经济迅速发展,我国实施了一系列公路建设工程。2005年,我国公布了国家高速公路网"7918"工程。2013年,我国又公布了国家高速公路网"71118"工程,各省(自治区直辖市)规划、建设了四通八达的省级高速网。例如,河南省高速公路网"13445"工程,形成了以高速公路为主要骨架的现代化公路网。道路交通标志作为高速公路的附属设施,在满足公路使用者交通信息基本需求的同时,也保障了公路交通的安全和畅通。

1)总体效果

随着道路交通标志规范体系的逐步完善,以及"公路标志和标线优化提升"等一系列专项工作实施,高速公路交通标志设置层级趋于完善。对传递路网信息、引导车辆安全通行、提高道路通行效率、保障道路安全、美化路域环境、管理交通秩序起到了重要作用。某高速互通出口标志如图2-18所示。

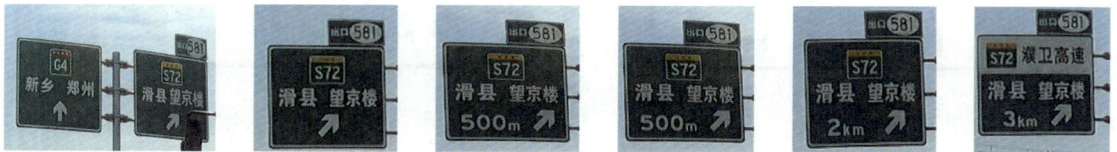

图2-18 某高速互通出口标志

2)存在问题

在高速公路交通标志的设置和使用过程中,由于参照标准体系的更新变化、区域路网的加密及调整、地方管理主体的多元化、特殊路段标志设计的精细化程度不同、道路设施管养投入有限制等现实情况,导致交通标志的更新与高速公路网络发展不同步、标志体系缺乏系统性以及交通管理服务信息不统一等问题,具体主要体现在以下几个方面。

(1)标志设置问题。

①标志缺失。

a. 新增互通立交的出入口预告标志层级缺失(图2-19)。

b. 主线出口前未设置出口分级限速标志(图2-20)。

c. 主线入口合流前缺少警示标志(图2-21)。

d. 主线入口后缺少主线命名编号标志、主线限速标志。

e. 隧道入口、车道变化、长陡下坡等特殊路段缺少相应预告、警示、提醒标志。

图 2-19　缺失 500m 出口预告标志

图 2-20　未设置出口分级限速标志

图 2-21　合流前未设置"注意合流"标志

②标志对现有设施存在的影响。

a. 标志与标线冲突,路侧设置有解除禁止超车标志,同向车道分界线仍为实线。

b. 相邻标志设置距离过近,导致相互遮挡,或者设置于弯道路侧,被路侧障碍物遮挡(图 2-22)。

c. 警告标志前置距离不满足减速需求。

d. 多个交通标志设置于同一结构,或同一位置设置多个标志(图 2-23)。

(2)标志版面信息选取问题。

①版面信息选取主观性太强,层级选取不合理,版面布置混乱,前后标志信息缺乏连续性(图 2-24)。

②标志设置基准点选取错误,将分流鼻或分流点作为计算基准点,导致距离信息偏差较大,尤其是枢纽互通存在多个出口时,易造成信息混淆(图 2-25)。

图 2-22 标志遮挡

图 2-23 标志堆积

图 2-24 标志版面信息不连续

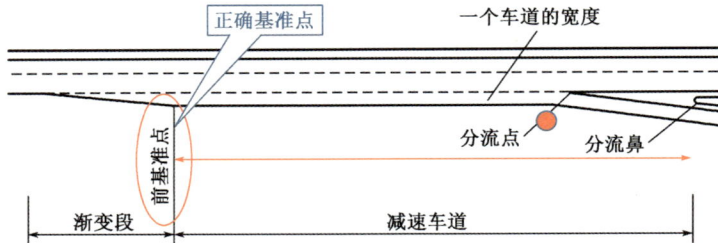

图 2-25 基准点选取错误

(3)标志结构问题。

①标志反光膜老化、污染严重,反射效果差(图 2-26)。

图2-26　标志反光膜老化、污染

②标志板局部换膜改造时,原字膜胶痕清除不彻底,局部反光膜色差严重(图2-27)。

图2-27　原字膜胶痕清除不彻底、新旧色差明显

③标志版面底色不满足现行规范要求(图2-28)。

图2-28　分车型、分车道限速标志不满足现行规范要求

④标志板损坏,结构锈蚀、松散、下坠,造成安全隐患(图2-29)。

图2-29　标志板损坏、下坠,支撑结构松散、变形

2.2 道路交通标志设计

道路交通标志设计应从便于道路使用者清晰辨识、正确理解、快速反应的角度出发，遵循功能性、系统性、一致性、协调性的原则，综合考虑路网、路线和路段不同层面的信息需求，通过对路网布局、交通流向和交通运行情况的分析，根据项目路段技术标准、建设规模和路域环境规划，采用总体布局、逐层推进、重点设置、精细提升的方法，将面、线、点相结合以推进标志设计，选取区域路网诱导指示和控制信息，对特殊路段进行安全特征、信息需求分析后重点设计，经过整体协调性检验进行局部优化调整。

2.2.1 标志设置要求

各级公路上的禁令标志、指示标志、警告标志、旅游区标志及告示标志设置要求基本一致。高速公路指路标志与其他道路的指路标志存在明显差异，高速公路指路标志分为路径指引标志、沿线信息指引标志和沿线设施指引标志。

1)路径指引标志
路径指引标志包括入口指引标志、确认标志和出口指引标志。其设置要求如下。
(1)入口指引标志。
入口指引标志包括入口预告标志和地点、方向标志两种。
①入口预告标志。入口预告标志用于指示高速公路入口及方向，由普通道路进入高速公路时，宜在基准点前500m处设置500m入口预告标志，在基准点处应设置带有行车方向的入口预告标志。对于入口预告标志，以一般道路与高速公路连接线的平交口作为计算基准点。

入口预告标志可设在驶入高速公路前的一般道路上，也可套用于一般道路的指路标志上指引。单独设置的入口预告标志版面第一行信息是即将进入高速公路的编号或名称(无编号时)，若高速通往一个方向，可添加地理方位信息。第二行信息是高速通往的地点、方向，一般以A层信息要素为主。若是通往一个方向，应选取1个地名，地名后缀"方向"；如果进入的道路是通往两个方向，则应取两个地名，地名后不缀"方向"。第三行信息则是通往高速的指示箭头或入口距离信息。

高速公路入口附近是县级以上城市、较大乡镇聚居地、著名地点或国道、省道、城市主干道，驶入高速前1个或2个高等级平交口的指路标志上应指示前方高速公路信息(图2-30)。

图2-30 入口预告标志

②地点、方向标志。地点、方向标志设置在驶入高速公路的匝道分岔点处,用于指示高速公路两个行驶方向的到达信息,该标志版面地点信息应与入口预告标志保持对应一致(图2-31)。

图2-31 地点、方向标志

(2)确认标志。

确认标志包括高速公路编号、命名编号标志和地点距离标志两种。

①高速公路编号、命名编号标志。高速公路编号标志用于指示高速公路的编号信息,一般套用于指路标志上,不单独使用。国家高速公路编号由"国家高速"和编号两部分组成,其中"国家高速"名称区域为红底、白字;省级高速公路编号由"×高速"和编号两部分组成,"×高速"名称区域为黑底、白字,"×"应为所占省、自治区、直辖市的简称,如"京沪高速"(图2-32)。

图2-32 命名编号标志

命名编号标志用于指示高速公路的名称与编号,通常设置于高速公路主线入口加速车道的渐变段后适当位置,也可作为驶入道路的确认标志,可在主线重复设置。同时,可根据路线总体走向增加地理方位信息或地点方向信息。

②地点距离标志。地点距离标志用于预告前方要经过的重要地点、道路名称或编号以及距离,设在主线互通入口加速车道的终点后1km处适当位置,作为确认标志(图2-33)。当互通间距大于5km时,应设置该标志;当互通间距大于10km时,可重复设置。

地点距离标志上的地点距离信息不宜超过三行,地点、道路信息由近及远按自上而下的顺序排列。地点距离标志的信息应与入口指引标志、出口指引标志信息保持连续,重复设置时应保持信息一致。第一行地点距离信息应为经由前方互通出口到达的地点信息,第二行与第三行地点距离信息宜分别为前方互通出口后路线前进方向上最近的B层信息及A层信息。

图2-33　地点距离标志

(3)出口指引标志。

出口指引标志包括出口预告标志、出口方向标志、出口编号标志、出口标志及下一出口预告标志。

①出口预告标志及出口方向标志。

a. 出口预告标志用于预告、指引主线出口,在距离基准点2km、1km、500m和基准点处应分别设置2km、1km、500m出口预告标志和出口方向标志,并应同时附出口编号标志(图2-34)。枢纽互通式立体交叉宜增加3km出口预告标志。城区互通式立体交叉间距较近时,为避免标志设置混淆,可不设2km出口预告标志。出口预告标志与出口方向标志上的信息应相同,第一行为出口到达的道路编号或名称。第二行为出口后去往的地名,如果出口后去往1个方向,宜取1个地名;如果出口后去往2个方向,宜取2个地名。

b. 枢纽互通式立体交叉出口匝道为2条车道,车辆沿两条行车道方向通往不同目的地时,标志版面的两个出口方向信息应采用白色杆条分开(图2-35)。

②出口编号标志。出口编号标志用来表示出口编号,不单独设置,通常设置于出口预告标志、出口方向标志的顶角处,并根据出口相对位置设置在左上角或右上角,或套用在大型图形化标志板上(图2-36)。

出口编号一般为阿拉伯数字,其数值等于该出口所在互通交叉中心桩号的整数值,当桩号数为"0"时,出口编号应采用"1";当桩号数超过千位不易引起混淆时,可保留后三位中的有效数字。同一个互通在同一主线方向存在多个出口时,主线上行侧按照逆时针方向在出口编号后加A、B、C等标志(图2-37);主线下行侧仍用编号后加A、B、C表示,但其所指前进方向应与上行侧相同;一个出口在匝道上分岔为两个匝道时,该出口按照两个出口进行编号。任何情况下,同一主线的出口编号所代表的前进方向应相同。

③出口标志。出口标志设置在高速公路主线出口的分流鼻端部,用于指示高速公路出口(图2-38)。驾乘人员反馈,现行标准示例的出口标志版面提供信息不足,认为原国标示例的出口标志板面信息更充分。

④下一出口预告标志。当互通式立体交叉间距大于8km时,为预告下一出口的信息和距离(图2-39),在500m出口预告标志的下方,可设置下一出口预告标志,汉字字高可减小,数字字高宜不变。

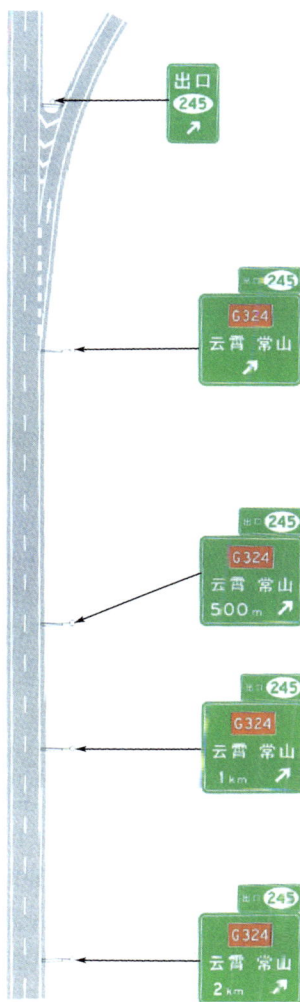

图2-34　一般互通出口预告
标志布置图

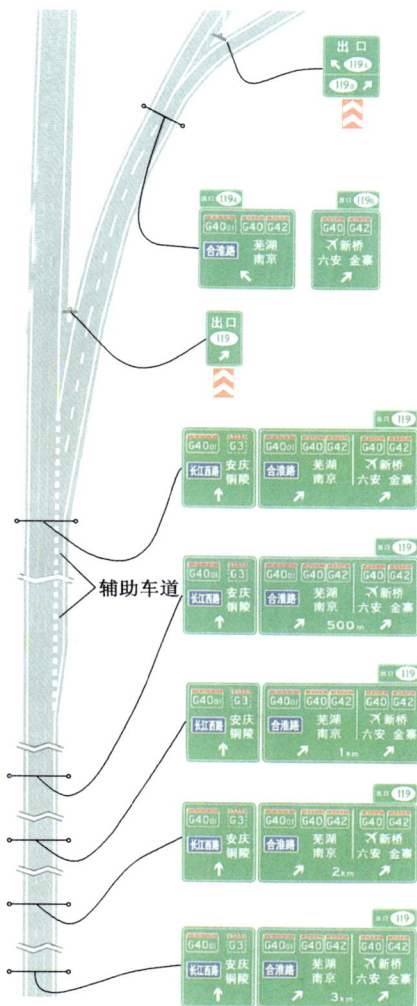

图2-35　枢纽式互通双车道出口
预告标志布置图

图2-36　出口编号标志应用实例

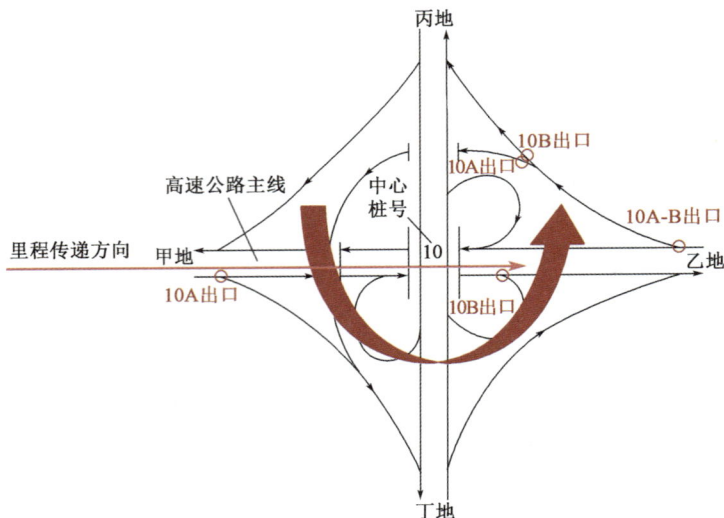

图2-37　多出口互通出口编号示例

图2-38　新旧标准示例出口标志

图2-39　下一出口预告标志设置示例

2）沿线信息指引标志

沿线信息指引标志主要包括起点标志、终点预告标志、终点标志、交通信息标志、里程牌、百米牌、停车领卡标志、特殊天气建议速度标志。

（1）起点标志、终点预告标志、终点标志。

起点标志主要设置在起点处，指引起点信息；终点预告标志、终点标志设置在高速公路终点前2km、1km、500m、终点处,用于预告、指引高速公路,提醒驾驶人采取减速、转换道路等相应措施(图2-40、图2-41)。与其他高速公路或城市快速路相接时,可不设置终点预告标志。

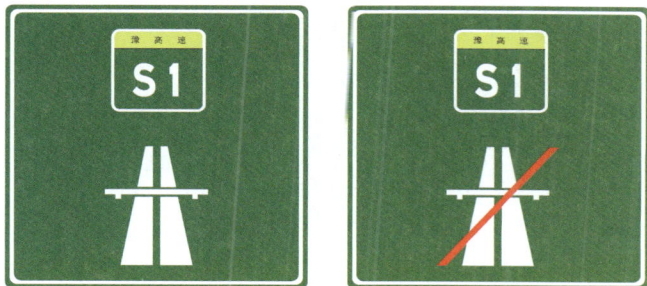

图2-40 起点标志、终点标志

图2-41 终点预告标志

(2)交通信息标志。

交通信息标志(图2-42)通常设置于主线路侧适当位置,根据需要可重复设置,用于指示收听高速公路交通信息广播的频率。

(3)里程牌、百米牌。

里程牌、百米牌(图2-43)用于指示高速公路或城市快速路的里程、公路编号或名称,尺寸为70cm×48cm,绿底白字,通常采用钢管支撑附着于路侧护栏立柱外侧或以单柱式设置于路侧。百米牌通常附于路侧护栏顶部或者以反光膜形式粘贴于路侧护栏、柱式轮廓线上。

图2-42 交通信息标志

(4)停车领卡标志。

停车领卡标志(图2-44)通常设置在进入高速公路收费站前适当位置,与人工收费车道相对应,用于提示停车领卡。

(5)特殊天气建议速度标志。

特殊天气建议速度标志(图2-45)通常设置于气象条件复杂、影响安全行车的路段,和白色半圆状车距确认线配合使用,在雨、雪、雾等特殊天气下,提醒驾驶人以建议速度行驶:仅能看到前方一个半圆状车距线时,建议行车速度为50km/h(可调整);仅能看到前方两个半圆状车距线时,建议行车速度为60km/h(可调整)。建议速度数值应结合车距线、安全停车距离、路道技术状况匹配设置。

图2-43　里程牌、百米牌

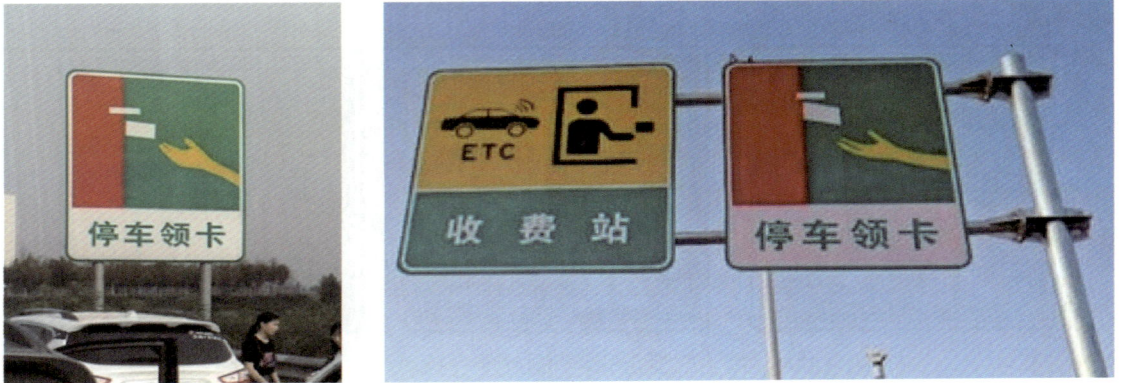

图2-44　停车领卡标志

图2-45　特殊天气建议速度标志

3)沿线设施指引标志

沿线设施指引标志为驾驶人了解道路设施用途、了解道路交通管理要求等提供帮助和指导。

(1)紧急电话标志、救援电话标志。

紧急电话标志(图2-46)可单独设置,也可设置在紧急电话的立柱上或电话箱上,用于指示高速公路紧急电话的位置,同时配套设置相应的预告标志,设在高速公路沿线各紧急电话之间相应位置,用于指示距出事点最近紧急电话的方向及距离。随着移动通信设施的普及、道路监控设施及道路救援信息的完善,考虑紧急电话维护成本支出等,紧急电话通常设置于山区、隧道等移动通信信号较差的路段。救援电话标志设于无紧急电话的高速公路上,用于指示救援电话号码。

图2-46 紧急电话标志、救援电话标志

(2)与收费站相关的指引标志。

①收费站预告及收费站标志。根据收费站位置需要,可在距收费广场渐变段起点2km、1km、500m及渐变段起点处,设置收费站预告及收费站标志(图2-47),用于指示前方收费站。设置该标志时,可配合设置限速标志。

图2-47 收费站预告及收费站标志

②收费车道指引标志。该类标志主要有电子不停车收费(ETC)车道指引标志(图2-48)、ETC车道、人工收费车道、绿色通道标志。

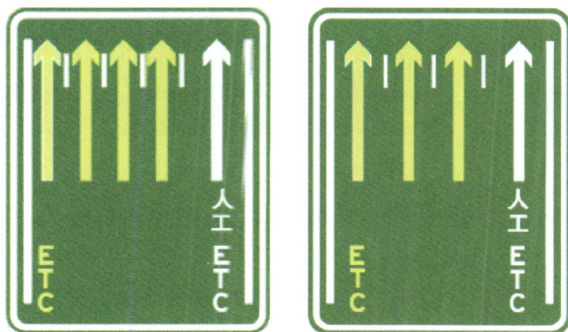

图2-48 ETC车道指引标志

ETC车道指引标志对收费车道行驶路径进行图形化的信息预告指引,一般设置在收费广场前渐变段前合适位置,标志版面中宜指示收费车道数量,当车道数量超过5条时,以5车道表示,黄色箭头表示ETC车道,白色箭头表示ETC/人工(MTC)混合车道。

收费站车道数较多或ETC货车流量较大时,也可根据交通流量特征情况将ETC专用车道进行客、货渠化,"ETC"提示信息调整为"客车ETC"及"货车ETC",并根据车道实际布局进行交通标志设计。

收费车道标志用于指明ETC车道、人工收费车道、绿色通道,附于收费大棚收费车道上方。现多采用LED电子显示屏指引收费车道(图2-49)。

图2-49　收费车道标志

(3)服务区预告标志、停车区预告标志。

服务区预告标志(图2-50)设在距基准点2km、1km和基准点及服务区入口处,用于预告服务区的位置。如有需要,可在距基准点500m处或路段适当位置增设一块服务区预告标志。停车区预告标志设在距基准点1km、基准点及服务区入口处,用于预告停车区的位置。如有需要,可在距基准点500m处或路段适当位置增设一块停车区预告标志。

图2-50　服务区预告标志

服务区版面图案信息应与服务区功能相对应,服务区预告标志版面中"P"图案表示该服务区可以停车。"加油机"图案表示该服务区可以加油。若"加油机"图案中带有"⚡",表示该服务区可以为新能源车辆充电。扳手图案表示该服务区可以维修车辆。餐刀与餐叉图案表示该服务区可以就餐。床铺图案标志该服务区可以提供住宿。

(4)爬坡车道标志。

一套爬坡车道标志通常由5块或以上标志组成(图2-51)。第一块标志设在爬坡车道渐变段起点前200m处,用于预告前方最右侧车道是供大型车辆爬坡的专用车道;第二块标志设在爬坡车道渐变段起点,用于指引大型重载车辆向右变道爬坡;第三块标志设在较长爬坡车道中间适当位置,用于提示大型车辆当前最右侧车道为爬坡车道,如爬坡车道很长,可在适当位置增设一块;第四标志为车道数减少标志,设在爬坡车道前适当位置,用于警示驾驶人车道数减少、注意变道、谨慎驾驶;第五块标志设在爬坡车道下游渐变段前适当位置,传递爬坡车道结束信息。

2.2.2 标志的版面设计、信息选取及基准点选取

高速公路指路标志版面应简洁、清晰地反映路线名称、地点、方向和距离等内容,其信息布局应满足下列规定。

1)标志版面设计

(1)标志版面信息布局。

指路标志中路名、地点、距离排列方式要统一,按一定顺序排列,符合公路实际情况和驾驶人的预期值需要,方便驾驶人判读与理解。合理的版面信息布局能起到快速而明确的信息传达作用,提高交流效率。标志板信息量应适中,同一横断面指路标志不宜超过3块,地名信息数量之和不宜超过3个。若同一方向表示2个目的地信息,宜在一行或两行内按由近到远、由左至右或由上至下的顺序排列。

门架式标志或跨线桥上附着式标志的箭头,用来指示车行道的用途或行驶目的地时,箭头应向下,并指向该车行道的中心线;指示车辆前进方向而非专指某一车行道时,箭头应向上;用来指示出口方向时,箭头应倾斜向上,倾斜角度应能反映出口车行道线形。

指示互通式立体交叉和多路平面交叉形式的标志,可采用图形化曲线箭头,箭头图形应清晰易辨,不存在歧义,避免过于复杂的图形。

同一版面内,指示箭头与地名信息、编号信息呈上下排列时,方向箭头应设置在地名信息、编号信息的下方;呈左右排列时,向左、直行箭头应设置在左侧,向右箭头应设置在右侧。

(2)标志版面颜色。

高速公路禁令标志、指示标志、警告标志、旅游区标志、告示标志版面颜色与一般道路的版面颜色相同,仅指路标志版面颜色存在较大差异,高速公路指路标志通常为绿底、白图案、白边框、白衬边、白字或绿字。标志版面套用信息颜色根据不同属性选取。

①标志版面指引信息是有编号的道路时,绿底上使用道路编号。当选取普通国道编号作为地点信息时,国道编号应采用白字、红底、白衬边,套用于绿底指路标志版面上;当选取普通省道编号作为地点信息时,省道编号应采用黑字、红底、黑衬边套,用于绿底指路标志版面上。

②标志版面指引信息是无编号的高速公路或城市快速路时,绿底上使用白底、绿字的道路名称。当选取城市道路作为地点信息时,城市道路名称应采用白字、蓝底、白衬边,套用于绿底指路标志版面上。

③标志版面指引信息是旅游景区时,绿底上使用棕底、白字、白图案的旅游景区名称或图形。

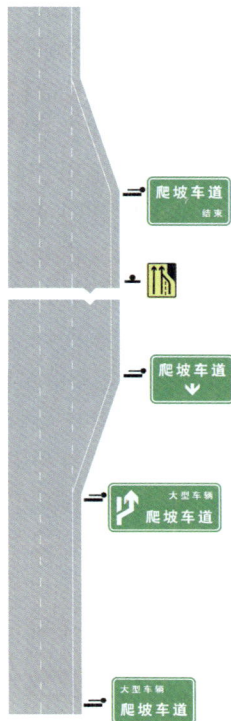

图 2-51 爬坡车道标志布置

(3)标志版面字符。

高速公路交通标志版面字符信息要求如下：

①标志版面字符信息规范、无歧义，按从左至右、从上至下的顺序排列。一个地名不应写成两行或两列，一块标志上文字不应既有横排又有竖排。

②标志版面字符应采用汉字，根据需要选取少数民族文字或英文等其他文字并用。标志上文字不应超过两种。除有特殊规定之外，汉字应排在其他文字上方。当交通标志版面采用中英文两种文字时，地名应用汉语拼音，汉语拼音及英文首字母应为大写，出口标志上的字母应大写，其余小写；交通标志专用名词宜全部大写，如"SERVICE ARER"。

③标志版面汉字采用 A 型交通标志专用字体，字母及阿拉伯数字采用 B 型交通标志专用字体（平面交叉指路标志箭杆上公路编号采用 C 型交通标志专用字体）。

④指路标志版面汉字高度一般应根据其与设计速度的对应关系选取，指路标志中的汉字高度与速度关系见表2-1。字高可根据设置路段的自由流第85位速度 v 进行调整。路上方指路标志、单向三车道及以上道路路侧的指路标志版面字高可增加 5~10cm。汉字字宽和字高应相等。

指路标志中的汉字高度与速度关系　　　　　　表2-1

速度(km/h)	71~99	100~120
汉字高度 h(cm)	50~60	60~70

⑤指路标志版面的阿拉伯数字和其他文字的高度应根据汉字高度 h 确定，字母或少数民族文字高度为 $(1/3~1/2)h$；阿拉伯数字高为 h，字宽为 $(1/2~1)h$。特殊情况下，指路标志版面的阿拉伯数字和其他文字的高度经论证可降低，但不应小于规定值的80%。小数点后的阿拉伯数字高度宜为汉字高度的 1/2~2/3。道路编号标志和出口编号标志的字母、数字高度见表2-2。

道路编号标志和出口编号标志的字母、数字高度　　　　表2-2

速度(km/h)		<40	40~70	71~99	100~120
道路编号标志(cm)	字母、阿拉伯数字	15~20	25~30	35~40	41~50
出口编号标志(cm)	阿拉伯数字	—	25~30	35~40	41~50
	字母	约为阿拉伯数字高度的2/3			
	"出口"	25或30			

⑥道路编号标志中，国家高速公路编号标志、省高速公路编号标志等编号标志版面的字母与数字等高，根据与设计速度的对应关系选取；城市绕城高速联络线和并行线的识别号和顺序号的字高按高速公路编号标志字母或数字规定值的2/3选取。当道路编号标志设置于高速公路起点时，"国家高速""×高速"（×为省级行政区简称）字高宜为50cm，字母标识符（G）和阿拉伯数字编号字高应相等，宜为70cm，中文简称字高为60cm；设置于沿线互通立交入口后时，"国家高速""×高速"（×为省级行政区简称）字高宜为10cm，字母标识符（G）和阿拉伯数字编号字高应相等，宜为45cm，中文简称字高为20cm。

⑦出口编号标志中的数字与字母高度不等高，其高度应根据设计速度按对应关系选取。

⑧除本书提到的禁令标志、指示标志和警告标志外，用文字表示的禁令标志、指示标志和

警告标志的字高应按指路标志字高标准确定。特殊情况下,警告标志的字高经论证可适当降低,但不应小于指路标志字高标准下限值的60%。

⑨旅游区标志的字高宜取指路标志字高标准的下限值,用于指路标志上的旅游区标志字符高度应按指路标志字高标准确定。

⑩辅助标志和告示标志的字高一般可按照指路标志字高标准规定值的50%确定,但最小值不应小于10cm。

(4)标志版面尺寸。

高速公路禁令标志、指示标志、警告标志版面尺寸按照设计速度选取,见表2-3。可根据设置路段的自由流第85位速度v_{85}进行调整。

高速公路禁令标志、指示标志、警告标志与速度的关系　　　　　表2-3

标志类型		各速度下尺寸(cm)	
		71~99km/h	100~120km/h
圆形禁令标志、指示标志	标志外径(D)	100	120
	红边尺寸(a)	10	12
	红杠宽度(b)	7.5	9
	衬边宽度(c)	0.8	1
三角形警告标志	边长(A)	110	130
	黑边宽度(B)	8	9
	顶角圆角半径(R)	5	6
	衬边宽度(c)	0.8	1

高速公路指路标志通常为矩形,根据设计速度不同选取标准字高h,汉字距离标志板边缘不小于0.4h,衬边及边框宽度一般相同,不小于0.1h,4个端角宜为圆弧形端角,边框内圆角、外圆角及衬边外圆角半径分别取0.2h、0.3h、0.4h。

设置于隧道内的指路标志,当净空受限时,经论证可减少信息,或将标志板顶部形状调整为半圆形,优化版面信息布局(图2-52)。

图2-52 隧道内异形标志设置示例

2）标志信息选取

（1）信息分层。

高速公路指路标志信息依据重要程度、道路等级、服务功能等因素可分为以下三层：

①A层信息。高速公路、普通国道、城市快速路，直辖市、省会、自治区首府、地级行政区等控制性城市及其他本区域内相对重要的信息。

②B层信息。普通省道、城市主干道路，县级行政区及其他本区域内相对较重要的信息。

③C层信息。县道、乡道、城市次干道路、支路，乡、镇、村及其他本区域内的一般信息。

（2）信息选取原则。

高速公路指路标志信息选取应遵循以下原则：

①标志版面信息应保持关联、有序、连续。

②以不熟悉周围路网体系，但对出行路线有所规划的公路使用者为设计对象，便于其确定当前位置，选取适合路径到达目的地。

③地名信息宜省略属性信息，如省、自治区、直辖市、市。当省略属性信息可能造成误解或只有一个字时，可使用属性信息。

④跨境公路，指引邻国地名信息时，应使用国家信息。

⑤同一个出口的不同方向，地名信息应不同。

⑥当道路路线方位走向较为明确时，可增加地理方位信息。

3）标志基准点选取

标志基准点选取有助于路径指引标志的正确设置、传递准确的地点及出口距离信息，计算基准点选取应遵循以下原则：

（1）入口预告标志基准点。入口预告标志，以高速公路与一般道路连接线或城市快速路的平面交叉口或减速车道渐变段起点作为计算基准点。

（2）出口预告标志基准点。主线出口预告标志及出口方向标志、服务区或停车区预告标志。

①直接式单车道出口，以出口的渐变段起点为计算基准点（图2-53）；平行式单车道出口，以出口的减速车道起点（一个车道宽处）为计算基准点（图2-54）。

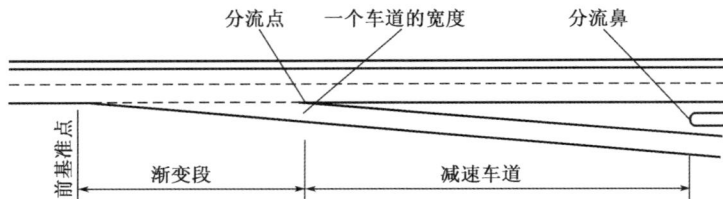

图2-53　直接式单车道出口基准点

②设辅助车道的直接式、平行式双车道出口（图2-55、图2-56），均以出口的辅助车道终点为计算基准点。

③主线分岔出口，当分岔前、后行车道数量均衡时，以导流线分流点为计算基准点（图2-57）；当分岔前行车道数少于分岔后行车道数量时，以渐变段起点为计算基准点（图2-58）。

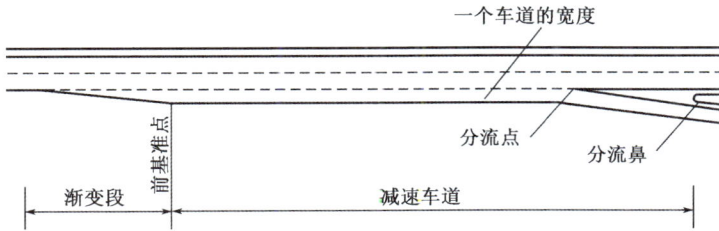

图 2-54　平行式单车道出口基准点

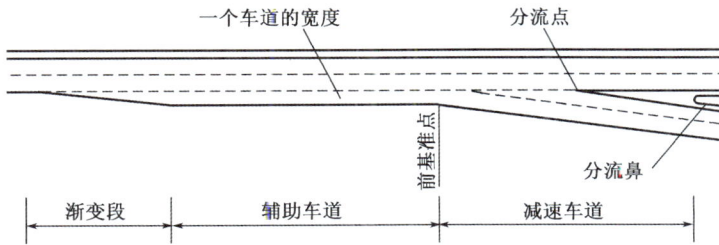

图 2-55　设辅助车道的直接式双车道出口基准点

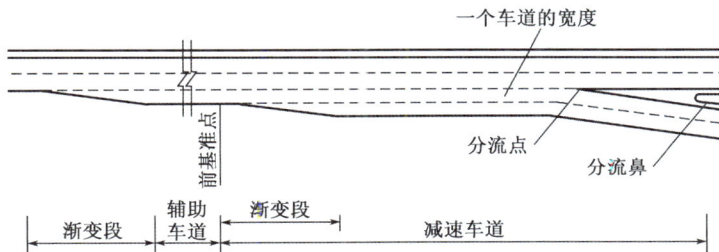

图 2-56　设辅助车道的平行式双车道出口基准点

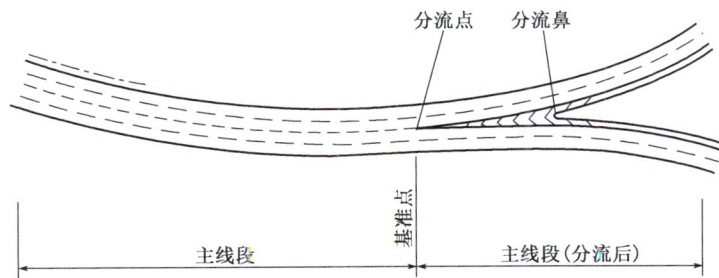

图 2-57　分岔前、后行车道数量均衡时的基准点

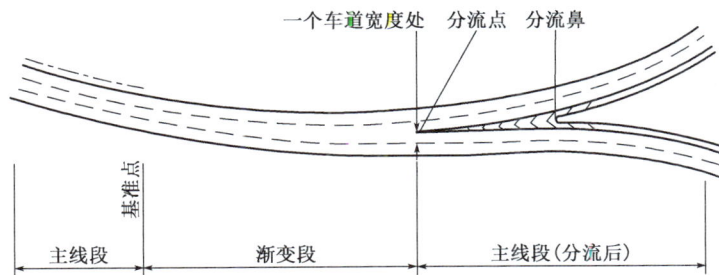

图 2-58　分岔前行车道数量少于分岔后行车道时的基准点

2.2.3　标志结构设计

1）支撑形式选择

（1）柱式标志。

柱式标志常分为单柱式和多柱式两种支撑形式,警告、禁令、指示标志和小型指路标志宜采用单柱式支撑形式,中大型指路标志可采用双柱式或多柱式支撑形式;采用立柱式支撑,当地形条件受限时,在满足行车安全和标志使用功能的情况下,标志板可采用不对称形式安装。

（2）悬臂式标志。

悬臂式标志常分为单悬臂和双悬臂两种支撑形式。当符合下列条件时,交通标志应采用悬臂式支撑形式:

①路侧交通标志视认受到遮挡或影响。

②路侧空间受限,无法安装柱式交通标志。

③道路较宽、交通量较大、外侧车道大型车辆阻挡内侧车道小型车辆视线。

（3）门架式标志。

门架式标志适用于以下情况:

①受空间限制,柱式或者悬臂式标志设置受限时。

②路侧交通标志影响视距、交通安全。

③单向有3条及以上车道,或交通量较大,外侧车道大型车辆阻挡内侧车道小型车辆视线。

④枢纽型互通式立体交叉或互通式立体交叉间距较近的互通式立体交叉的出口指引标志。

⑤车道变换频繁路段,或多车道出口匝道、左出口等交通流组织复杂的互通式立体交叉出口。

⑥交通标志设置较为密集或位于城市区域的高速公路路段。

（4）附着式标志。

按附着板面所处位置不同,附着式标志分为路上方附着式和路侧附着式两种。当互通式立体交叉出口匝道位于上跨桥梁后且距离较近时,容易造成对匝道出口及三角端出口标志的遮挡,因此通常将三角端出口标志附着于上跨桥梁(图2-59),或在上跨桥梁上增设一处附着式出口标志。

图2-59　附着于上跨桥梁上的出口预告标志

2）标志材料选择

标志材料应具有足够的强度、耐久性和抗腐蚀能力,并应因地制宜地采用适用、经济、轻型、环保的材料和结构,适当兼顾美观性。

标志所有外漏钢构件均采用热浸镀锌防腐,在进行防腐处理前,应进行表面除锈、脱脂处理。螺栓、螺母等连接件的镀锌量为350g/m²,平均镀锌层厚度不小于49μm,经热浸镀锌处理后,应清理螺纹或进行离心分离处理;其余钢构件镀锌量均为600g/m²,平均镀锌层厚度不小于84μm。钢构件进场时应对防腐层厚度进行检查,每一构件的上、中、下断面表面用涂层探测仪测4个点取均值,确保防腐层厚度满足要求。预埋在混凝土基础中的钢构件可不进行防腐处理。

(1)标志立柱、横梁。

标志立柱、横梁均采用普通碳素结构钢。凡钢管外径在152mm以下(含152mm)的立柱和横梁,采用普通碳素结构钢(Q235)焊接钢管,并应符合现行《直缝电焊钢管》(GB/T 13793—2016)的要求;凡钢管外径在152mm以上的立柱和横梁均应采用普通碳素结构钢(Q235)热轧无缝钢管,并符合现行《结构用无缝钢管》(GB/T 8162—2018)的规定,特殊规定除外。标志立柱柱帽和横梁帽采用普通碳素结构钢板,板厚一般采用5mm。

标志加劲肋、法兰盘、抱箍、抱箍底衬、螺栓、螺母、垫片等结构均采用普通碳素结构钢,并应符合现行《碳素结构钢》(GB/T 700—2006)的要求,标志螺栓性能等级为8.8级。

(2)标志板。

选用交通标志板板材时,要根据公路等级,所在位置的气象条件、经济条件等,综合考虑各种材料的力学、耐久性能、施工方便等因素确定。交通标志底板可采用铝合金板、挤压成型的铝合金型材、薄钢板、合成树脂类板材等板材制造,板材相关指标及制作应符合现行《道路交通标志板及支撑件》(CB/T 23827—2021)的规定,底板度应满足强度要求。

高速公路交通标志板通常采用铝合金板,铝合金板具有质量轻、强度高、耐腐蚀、耐磨损等优点。对于禁令标志、指示标志、警告标志及面积较小的指路标志、旅游区标志、告示标志,通常采用2mm厚铝合金板材料制作,其余大型标志则采用3mm厚铝合金板材料制作,标志铝合金板的牌号选用3004-O、3104-O或相近性能的其他牌号的铝合金板材,滑动槽铝宜选用综合性能不低于牌号2024-T3的铝合金型材。铝构件应符合现行《道路交通标志板及支撑件》(GB/T 23827—2021)、《一般工业用铝及铝合金板、带材 第3部分:尺寸偏差》(GB/T 3880.3—2024)和《一般工业用铝及铝合金板、带材 第2部分:力学性能》(GB/T 3880.2—2024)的规定。为了增加标志板强度,标志板边缘均采用折边处理,大型标志板还应加衬铝合金角铝。铝合金板和槽铝之间采用铝合金汇头铆钉连接。铝合金槽铝和钢管之间采用方头螺栓及抱箍连接。

(3)标志反光膜。

公路交通标志板反光膜均应采用符合现行《道路交通反光膜》(GB/T 18833—2012)要求的反光膜,对于背景环境影响大、行驶速度快、交通量大的路段上的标志,受雨雾等不良天气多发路段的交通标志,以及门架式、悬臂式等悬空类交通标志,宜采用比路侧交通标志等级高的反光膜;对于多车道公路上、曲线路段的标志,宜选用大观测角度下仍具有良好逆反射性能的材料。通常高速公路单柱式及附着式标志采用Ⅳ类反光膜,其余标志采用Ⅴ类反光膜。交通标志反光膜形式及用途见表2-4。

交通标志反光膜形式及用途   表 2-4

序号	反光膜类别	结构名称	使用寿命（年）	用途	使用范围（建议）
1	Ⅰ类	透镜埋入式玻璃珠形结构，称工程级反光膜	7	永久性交通标志和作业区设施	四级公路
2	Ⅱ类	透镜埋入式玻璃珠形结构，称超工程级反光膜	10	永久性交通标志和作业区设施	二级、三级、四级公路
3	Ⅲ类	密封胶囊式玻璃珠形结构，称高强级反光膜	10	永久性交通标志和作业区设施	二级、三级公路
4	Ⅳ类	微棱镜形结构，称超强级反光膜	10	永久性交通标志、作业区设施和轮廓标	高速公路、一级公路
5	Ⅴ类	微棱镜形结构，称大角度反光膜	10	永久性交通标志、作业区设施和轮廓标	高速公路、一级公路
6	Ⅵ类	微棱镜形结构，有金属镀层	3	轮廓标、交通柱，无金属镀层时，也可用于作业区设施和字符较少的交通标志	—
7	Ⅶ类	微棱镜形结构，柔性材质	3	临时交通标志、作业区设施	—

（4）标志混凝土基础及地脚螺栓。

标志基础采用钢筋混凝土基础，混凝土基础采用 C25，钢筋采用 HRB400，地脚螺栓采用 Q345 钢。交通标志基础、里程牌、百米桩牌、公路界碑等所用的钢筋、水泥、细集料、拌和用水、外加剂等材料的技术指标应符合现行《公路桥涵施工技术规范》（JTG/T 3650—2020）的规定。

2.2.4 标志改造

1）改造思路及方式

（1）改造思路。

对于公路改扩建工程或交通标志改造工程，在满足使用功能和保证工程质量的前提下，交通标志材料应根据实际情况进行再利用。高速公路交通标志的利用思路如下：

①作为材料加以利用。对于标志板板面材料、背面支撑材料等尽量考虑采用与原公路所用材料相同或相近的材料规格，这样原标志虽然不能作为整体加以利用，但如背面支撑用的钢管、铝合金滑槽等可以作为配件加以充分利用。

②变换板面后易地加以利用。原公路主线上的标志，随着扩建后标志汉字高度的增加而大部分需要重新设置时，该部分标志板面可以作为其他尺寸适宜的标志板面加以充分利用。

③原标志视情况可直接在新路中加以利用。标志反光膜性能下降，可以更换反光膜。

④改作临时标志。部分支架已锈蚀,无法再在新路上继续使用的交通标志,可改作临时交通标志加以利用。

(2)改造方式。

交通标志材料的改造可通过更换反光膜、更换标志板、标志移位等方法实现,对于缺少的标志可利用拆卸下来的其他标志材料予以补充或全部新增,对于无法改造利用的标志予以拆除。

①更换反光膜。

更换反光膜是指交通标志的板面、支撑结构和基础均可利用,仅需更换局部或全部反光膜。

a. 局部更换反光膜。对于仅需更换字膜且底膜状况较好的标志板,采用现场更换反光膜方式:采用高温蒸气清除工艺,清除原字膜及胶痕后,重新粘贴字符、图案反光膜。部分粘贴反光膜时,应避免新旧反光膜性能差异过大。该方式具有经济节约、施工快速的特点,宜尽量采用。现场更换反光膜如图2-60所示。

图2-60 现场更换反光膜

b. 返厂全部更换反光膜。当底膜出现老化、起皮时,可返厂全部更换反光膜。返厂后将原有反光膜和残胶彻底去除,并对板面进行清洁和打磨,采用人工或机器快速贴膜。去除旧标志板残胶可以采用以下方法:将乙酸乙酯等溶剂喷洒在要去除残胶的板面上,喷洒完后,静置2~3min,对残胶进行充分浸润和溶解,然后用油灰刀将已经溶解的残胶刮下。返厂全部更换反光膜效果优于现场更换反光膜,可对标志板进行适当调整、加固。

②更换标志板。

更换标志板是指仅需要调整标志板及其反光膜,其他部分不变。更换标志板前,应对原结构进行强度和刚度验算,以保证原标志结构对于新标志板的结构安全性;如果原有结构及基础不满足要求,则需将原标志拆除,并增加新交通标志。更换标志板方式具有施工快捷、对交通干扰时间短、板面效果好的特点。下列情况可采用更换标志板的调整方式:

a. 现有标志板面过小,不能适应新的标志板面。

b. 现有标志板面过大,大面积更换反光膜成本高,采用原标志板造成浪费并且影响美观。

c. 现有标志板脱焊、损坏。

对于平整、无变形的标志板也可采用外套法实现更换标志板及反光膜:将标志板作为底板,重新加工等尺寸的标志板面,现场将新标志板面铆接至原标志板上(图2-61),吊装至支撑结构上。施工流程为:预成型板面加工→拆卸旧标志→预成型标志板拼接→铆钉定位→标志板吊装。

图2-61 外套法更换标志板

③标志移位。

标志移位是指将现有的标志包括基础在内整体移动位置,以符合标志设置位置的要求。移位方式主要适用于小型交通标志的调整。

④利用旧构件增设标志。

新增加是指由于各种原因需要新增加的交通标志,可通过对原标志拆卸下的技术状况较好的局部构件予以利用,如标志板等,实现标志新增。如下列三种情况可实现标志新增:

a. 原标志的支撑结构损坏,不能再利用,在拆除原支撑结构、新增支撑结构后,原标志板可予以利用。

b. 根据现行规范要求需要增加的标志,可利用拆卸下的其他相似结构标志,结合局部改造措施,实现标志新增。

c. 原标志位置错误且无法对标志结构整体移位时,需要将原标志拆除,通过局部构件利用,在正确的位置增加新的标志。

⑤拆除标志,储备利旧构件。

拆除是指现有标志不满足规范的要求并且无法再利用的,需将标志拆除,拆卸下的技术状况较好的构件,用于其他标志改造、日常养护。需要拆除的标志主要有下列类型:

a. 结构损坏或老化严重的标志。

b. 违反规定设置的非交通标志。

c. 设置不合理或无法再利用的其他标志。

2)改造案例

[案例2-1]

T形枢纽互通标志改造案例——岐山枢纽安全设施优化

①项目概况。

某互通式立交是连接S71华常高速和S50长芷高速的枢纽,采用双喇叭方案,设计速度为40km/h,圆曲线最小半径60m,最大纵坡4.8%,最小凹形竖曲线半径为1200m,最小凸形竖曲线半径为 910m,最小竖曲线长度为 42.564m。中央分隔带宽度 1m,车行道宽 3.5m,硬路肩宽 2.5m,土路肩宽 0.75m。匝道限速 40km/h,经现场车速实测,匝道路段车速超过 40km/h 车辆占比超过 50%。

②现状调查及分析。

a. 交通事故分析。据统计(2018 年 2 月—2022 年 6 月),该枢纽互通发生过 18 起交通事故,其中 9 起穿越中央分隔带,3 处位于分流端位置,9 起穿越中央分隔带事故中有 2 起发生在夜间,7 起发生在白天 11:00—17:00,发生事故时天气均为晴天。

经分析,该互通经常发生穿越中央分隔带事故,主要是由于匝道弯道连续,车辆进入匝道后速度较快,易失控撞开中央分隔带,冲向对向车道发生二次事故(图 2-62)。

图 2-62 某枢纽事故易发位置

S50 长芷高速转岐山互通益阳娄底方向分流端位置发生过 3 起事故,主要是由于匝道三角端位于弯道位置,视线受阻,驾驶人无法及时变道。该位置在 2021 年进行优化设计,得到有效改善,至今未发生过事故。

b. 标线现状调查及分析一。S71 华常高速上行及下行进入某枢纽匝道弯道半径较小且无减速标线提醒驾驶人减速,该位置发生事故频率较大。

c. 标线现状调查及分析二。S50 长芷高速上行转某互通益阳娄底方向分流端位置易发生事故,主要是由于匝道三角端位于弯道位置,匝道分流端出口指示标志也位于弯道位置,视线受阻,驾驶人无法及时变道。该位置在 2021 年对地面文字和标志中地点指示方向进行优化设计,得到有效改善,一年内未发生过事故。枢纽内存在 2 处合流位置缺少合流标志(图 2-63 ~ 图 2-65)。

S71 华常高速上下行转 S50 长芷高速标志牌现状连续性、视认性较好,能准确、及时地反映前方地点位置(图 2-66)。

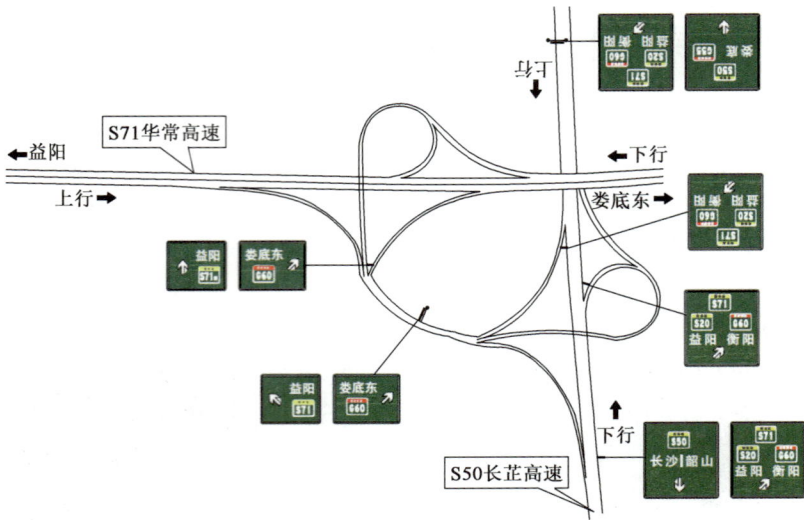

图 2-63　某枢纽 S50 转 S71 标志现状总览图

图 2-64　S50 长芷高速上行主线标志现状

图 2-65　某枢纽匝道标志现状

　　d. 护栏现状调查及分析。某枢纽内双向匝道中央分隔带采用马蹄墩隔离，单向匝道采用 A 级波形梁护栏，匝道内存在两处事故易发点（图 2-67、图 2-68）。

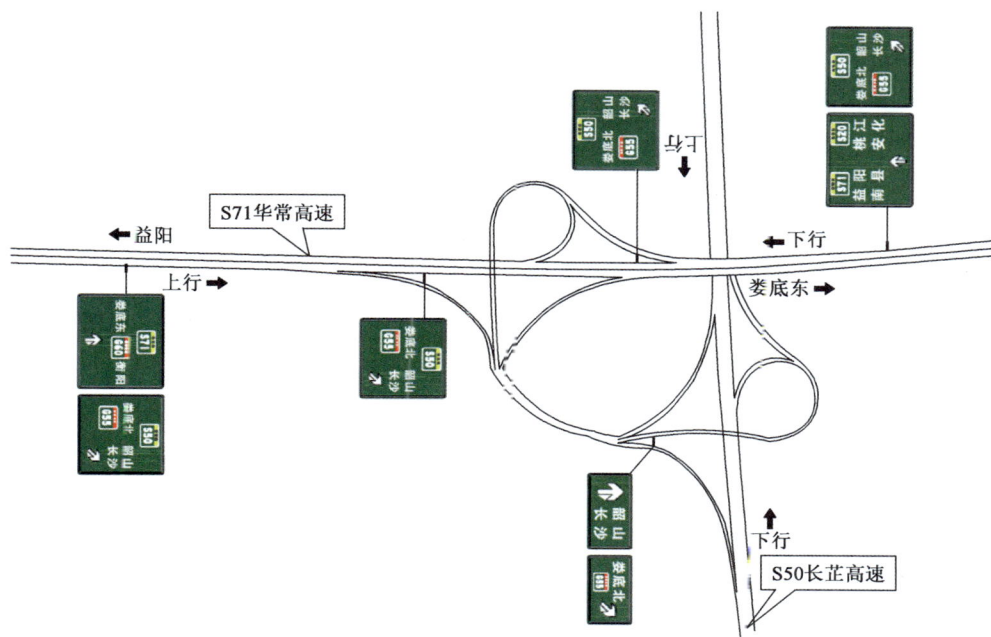

图2-66 某枢纽标志现状总览图

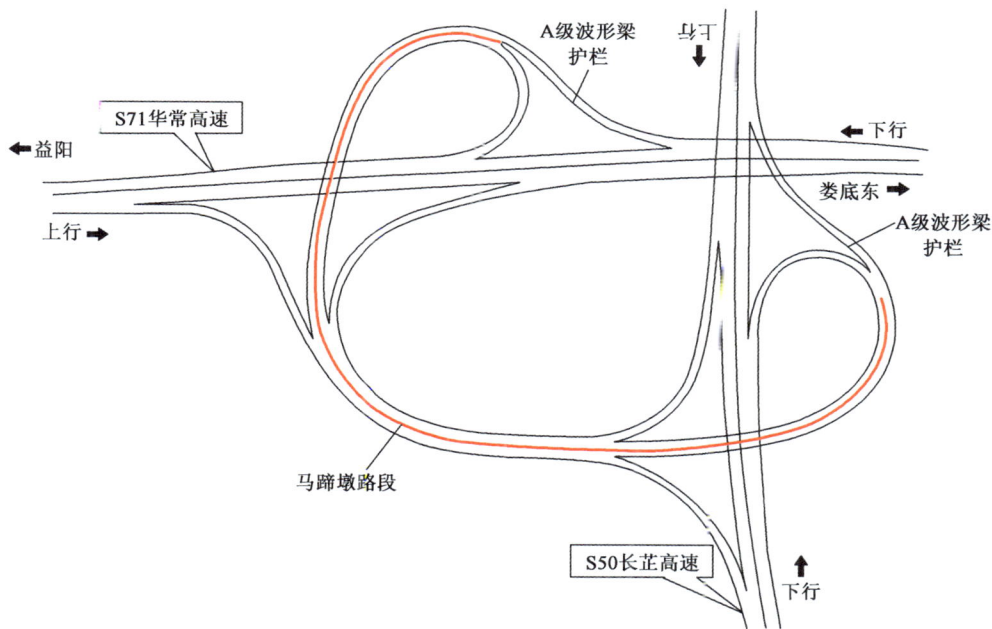

图2-67 匝道护栏现状位置

③改造方案。

结合事故分析结论,通过优化匝道内标志牌信息,增设纵向减速标线、合流标志、限速标志以及急弯+建议速度标志对车辆进行主动引导,通过改造中央分隔带护栏对车辆进行被动防护。

图2-68　中央分隔带现状

a. 标线改造方案。

配合标志牌设置新的指引信息,清除S50长芷高速上行进入匝道后地面文字"娄底东",重写为"衡阳";为提醒驾驶人进入匝道后减速行驶,在S71华常高速上、下行进入匝道后至第一处合流端前设置纵向减速标线(图2-69);纵向减速标线采用白色热熔反光型标线,为一组平行于车行道分界线的菱形块虚线,线宽30cm,线与线间距1m,在车行道纵向减速标线的起始位置设置30m的渐变段,菱形块虚线由窄变宽。

图2-69　纵向减速标线

b. 标志改造方案。

提前设置S50长芷高速上行进入匝道后分流端出口指示标志,设置在距离分流端150m位置;

为提醒驾驶人前方存在合流,谨慎驾驶,在S50长芷高速下行进入匝道后第一处合流端及S71华常高速下行进入匝道后第一处合流端前100m位置设置合流标志;

为提醒驾驶人前方存在弯道,在S71华常高速上行及下行进入匝道弯道前路侧合适位置设置急弯警告标志+建议速度标志;

在S71华常高速匝道内事故易发路段路侧合适位置设置"限速40"单柱式标志。

c. 护栏改造方案。

依据《公路交通安全设施设计规范》(JTG D81—2017),匝道限速40km/h,中央分隔带宽度1m,中央分隔带护栏选取A级护栏;Am级组合式波形梁护栏,钢管立柱采用φ140,梁板采用4mm厚,立柱间距2m,护栏端部设置D-Ⅱ端头。

[案例2-2]

复合式枢纽互通标志改造案例——某枢纽互通事故预防工程

①项目概况。

项目工程范围为京港澳高速某互通区主线、入口上游及其匝道出入口路段。本项目主要对上下行出口的预告标志、标线进行优化或补充,增设轮廓灯等视线诱导设施。

②现状调查及分析。

该枢纽互通上、下行出口均为双出口:上行A出口去往开封、连云港方向,B出口去往洛阳、西安方向;下行A出口去往开封、连云港方向,B出口去往洛阳、西安方向(图2-70)。

图2-70 某枢纽互通平面图

a. 交通事故数据分析。2019年1月1日至2022年8月31日,该路段共发生事故364起。其中,简易程序事故352起(驾驶人未按操作规范驾驶引起的事故248起,未与前车保持安全车距引起的事故30起,违规变道引起的事故70起,其他事故4起),一般程序事故12起。2021年1—11月项目路段交通量v/c值见表2-5。

2021年1—11月项目路段交通量v/c值 表2-5

月份	v/c值	月份	v/c值
1月	1.09	7月	1.05
2月	0.71	8月	0.68
3月	1.25	9月	1.15
4月	1.26	10月	1.14
5月	1.22	11月	0.93
6月	1.19	平均值	1.06

通常道路事故主要由道路、人、环境等因素造成,该路段事故成因分析如下:

第一,车流密度大,前后安全车距不足,车辆变道空间小,易导致交通事故发生。项目路段折合交通量高达129200pcu/d,自然交通量为73561veh/d(2021年11月)。

第二,从统计数据来看,驾驶不规范、违规变道等人为因素造成的简易事故占比高达98.9%,由此可见,人为因素是该路段事故多发的主要原因之一。

第三,该路段的简易事故夜间占比35.5%,一般事故夜间占比33.33%,夜间光线受限,易导致道路线形、设施的视认性下降,易诱发事故。可见,夜间行车是该路段事故多发的主要原因之一。

第四，不良天气状况下，能见度下降、路面湿滑，也可能诱发交通事故。该路段的简易事故雨雪雾天占比13.7%，一般事故雨雪雾天占比8.3%，占比相对较低。可见，不良天气是造成是该路段事故多发的次要原因之一。

第五，京港澳高速该互通上下行出口均为双出口，且前出口均为转往左侧方向，后出口转往右侧方向，与一般互通出口方向的布置方式不同，道路条件复杂是造成是该路段事故多发的次要原因之一。

第六，事故多集中于下行出口位置：第1、2车道驶出车辆未能及时识别出口信息、提前变道，行驶至出口附近突然降速，导致追尾事故频发。可见，道路设施信息对事故发生有一定的影响。

综上所述，人为因素、交通量大是造成该路段事故多发的主要原因，不良天气、出口路段复杂是次要原因，道路引导设施不完善在一定程度上增大了事故概率，实施道路指引设施优化是必要的。

b. 标志现状调查及分析。上行方向该互通出口前依次设有2.6km预告标志、地点方向、600m预告标志、地点方向、A出口减速标志、A出口分流标志、B出口300m预告标志、B出口分流标志（图2-71）。

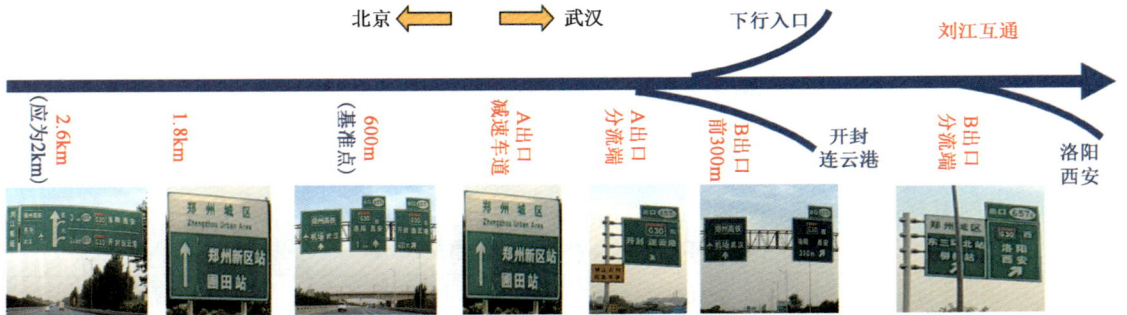

图2-71　上行该互通出口前标志布置图

下行方向该互通出口前依次设有2km预告标志、1.6km预告标志、地点方向标志、600m预告标志、地点方向标志、400m预告标志（右悬臂为B出口标志）、A出口方向标志、地点方向标志（右悬臂为A出口标志）（图2-72）。

图2-72　下行该互通出口前标志布置图

根据现场调研、交警反馈信息及方案座谈分析,该互通标志主要存在以下问题,需进行优化:

上行方向:原2km、1km、600m预告标志及B出口300m预告标志距离信息不准确;缺少500m、1km出口预告标志(实际距离)及基准点出口方向标志;入口匝道合流前"注意合流"标志绿底、白图案、菱形板面;主线限速120km/h,B出口匝道仅设置"限速80"标志,A出口匝道仅设置"限速60"标志。

下行方向:原2km、1.6km、1km、600m预告标志及A出口400m预告标志距离信息有误,现状标志距离信息均为标志所处位置至出口匝道分流端的距离,比实际距离偏长,易造成驾驶人误判,错过变道驶出时机;A、B出口基准点处缺少出口方向标志;北京—新乡主线方向信息应自左向右、由近及远布局;部分标志地点信息附有拼音,部分标志未附拼音,标志版面布置缺乏一致性。

c. 标线现状及问题分析。该互通区上下游标准段为双向八车道,主线行车道宽度375cm,车道边缘线为突起标线,宽20cm,车道分界线宽15cm,导向箭头高900cm。

上行方向:ETC门架前车道分界线实线长100m、门架后实线长80m,A出口渐变段起点至B出口分流端范围的第3、4车道分界线为连续长实线,长度1.1km;在A出口渐变段前设有9组横向减速标线及"驶出方向"路面文字标记;在A出口分流端后设有4组横向减速标线及"驶出方向"路面文字标记。

下行方向:B出口基准点至B出口分流端范围的第3、4车道分界线为实线,经100m虚线后,又变为实线,直至A出口分流端后15m处;该互通下行A、B出口间设有贯通车道,贯通车道左、右侧边线均为三三线;B出口渐变段外第3、4车道设有"北京方向""洛阳方向"路面文字标识,B出口分流端后3、4车道设有"北京方向""开封方向"路面文字标识;主线B出口渐变段设有9组横向减速标线。

根据现场调研、交警反馈信息及方案研讨会分析,该互通标线主要存在以下问题:

上行方向:ETC门架后车道分界线虚线较短,第1、2、3车道车辆驶向A、B出口的车辆,均需从ETC门架与A出口渐变段之间的100m虚线路段进行变道,变道空间受限。同时,该路段交通量较大,易引发交通事故。

下行方向:B出口基准点至A出口分流端间的虚线较短(100m),驶出车辆变道空间较小,易使驾驶人犹豫,进而操作不当,与侧后方来车发生碰撞;该互通下行A、B出口间设有贯通车道,贯通车道两侧边线为三三线,设置不符合规范,易误导直行货车沿着贯通车道直行,至第二出口分流端前变回第4车道,来回变道,易发交通事故。

d. 视线诱导设施现状及问题分析。该互通区主线及出入口匝道范围未设置出口诱导灯、雾天诱导系统等视线诱导设施,互通上下行存在两个出口且去往不同的方向,在雨雾天气、夜晚等视线条件不好的情况下,驾驶人仅利用标志、标线及可变信息情报板发布的指引信息不易辨识出口位置,车辆行驶至出口附近突然降速,或者连续跨越多条车道变道,导致追尾事故频发。设置光电型视线诱导设施,可有效提高视线诱导效果。

③改造方案。

a. 标志设施。结合项目路段标志现状,提出局部更换反光膜、拆除或新增标志3种标志提升方案。对于更正地点、距离信息及清除拼音的情况，采用更换反光膜的提升方案，现场采用高温蒸汽将字膜和图案清除后重新粘贴反光膜。

上行方向标志设施改造方案（图2-73、图2-74）如下：更正2km、600m预告标志及B出口300m预告标志距离信息；采用更换反光膜方式，将原600m预告标志调整为出口方向标志；增设500m、1km出口预告标志，采用门架支撑形式、图形化版面；拆除原"注意合流"标志，新增三角形、黄底、黑边框、黑图案的"注意合流"标志，采用单柱式结构；原A、B出口限速标志利用，维持出口匝道原最低限速值，A出口减速车道起点处增设"100"和"出口""80"和"出口"限速标志，B出口匝道增设"100"和"出口"限速标志，采用单柱式结构。

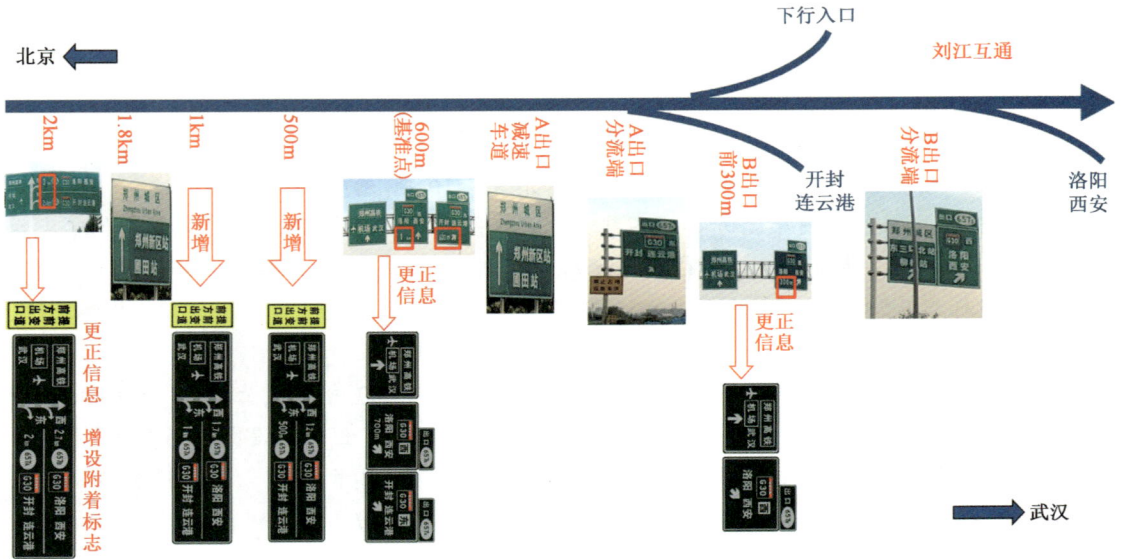

图2-73 上行标志改造方案

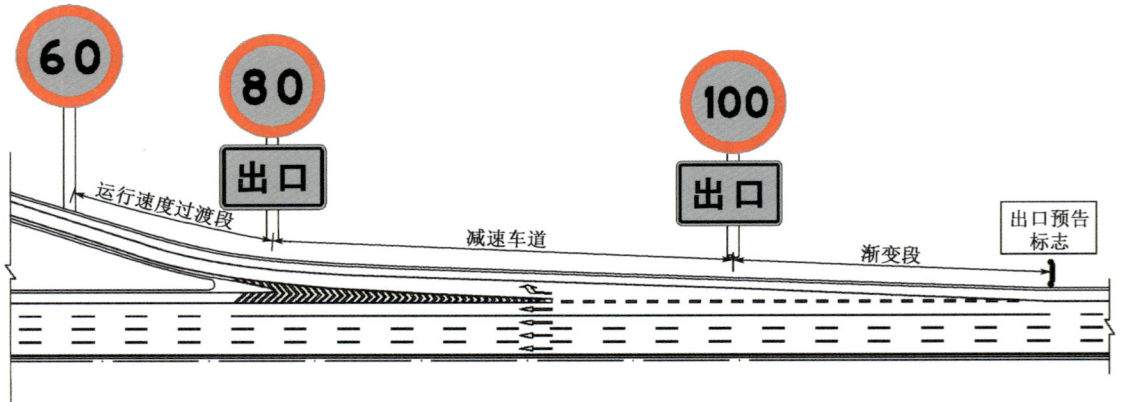

图2-74 主线出口分级限速标志布置图

下行方向标志设施改造方案（图2-75）如下：更正原2km、1.6km、600m预告标志距离信息；A、B出口基准点处增设门架式出口方向标志；对主线方向信息指引设置顺序调整，先新乡后北京；原A、B出口限速标志利用，维持出口匝道原最低限速值，A出口减速车道起点处增设

"100"和"出口""30"和"出口"限速标志,B出口匝道增设"100"和"出口"限速标志,采用单柱式结构。

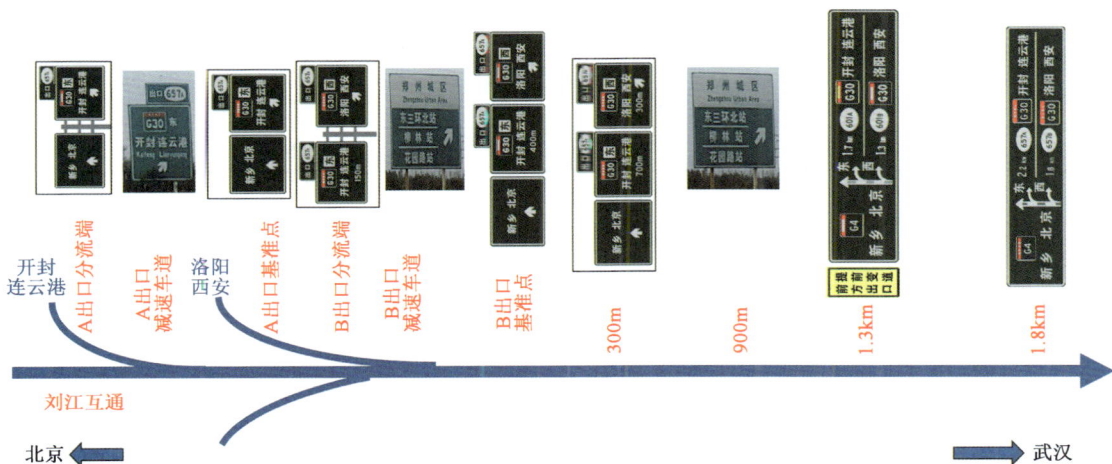

图2-75　下行指路标志改造方案

b. 标线设施。上行方向标线具体改造措施如下:500m、1km、2km预告标志处第1、2车道增设路面文字标记(前方出口、提前变道),A、B出口渐变段前第4车道以及减速车道的基准点前、终点前等位置增设"行驶方向+主线车道导向箭头";A出口渐变段前300m范围第2、3、4车道设置纵向减速标线;将A出口基准点至A出口分流端范围的第2、3车道分界线调整为实线,将B出口基准点至B出口分流端范围的第3、4车道分界线调整为实线,ETC门架前100m采用实线,其余车道分界线均保持为虚线。

下行方向标线具体改造措施如下:基准点前500m、1km、2km处第1、2车道增设路面文字标记(前方出口、提前变道),A、B出口渐变段前第4车道以及减速车道的基准点前、终点前等位置增设"行驶方向+主线车道导向箭头";取消贯通车道,优化B出口分流端导流线,将A出口基准点至A出口分流端范围的第3、4车道分界线调整为实线,第2、3车道分界线调整为虚线,其余车道分界线保持虚线;B出口减速车道渐变段前300m范围第2、3、4车道设置纵向减速标线。

c. 视线诱导设施。本次改造在该互通主线及匝道范围内设置视线诱导设施,见表2-6、表2-7。其中,上行方向主线设置1300m,2处出口匝道、1处入口匝道各在匝道段设置200m,均为双侧设置,下行方向设置原则与上行一致。主线共计设置2600m,匝道共计设置1200m,合计设置诱导灯312套。

主线设置情况一览表　　　　　　　　　　　　　　　　　　　表2-6

主线设置范围			长度(m)	设备数量(套)	备注
上行	出口	开封、连云港方向	300	24	双侧设置
		洛阳、西安方向	500	42	双侧设置
	入口	北京方向	500	42	双侧设置

续上表

主线设置范围			长度（m）	设备数量（套）	备注
下行	出口	开封、连云港方向	300	24	双侧设置
		洛阳、西安方向	500	42	双侧设置
	入口	武汉方向	500	42	双侧设置
合计			2600	216	

匝道设置情况一览表　　　　　　　　　　表2-7

匝道设置范围			长度（m）	设备数量（套）	备注
上行	出口	开封、连云港方向	200	16	双侧设置
		洛阳、西安方向	200	16	双侧设置
	入口	北京方向	200	16	双侧设置
下行	出口	开封、连云港方向	200	16	双侧设置
		洛阳、西安方向	200	16	双侧设置
	入口	武汉方向	200	16	双侧设置
合计			1200	96	

2.3　道路交通标志施工

2.3.1　标志基础

1）基坑开挖

基础应放样定点后开挖，基坑的位置和几何尺寸均应满足设计文件的要求，基坑开挖时应保护施工现场周围。双柱或多柱基础不宜同时施工。开挖的基坑四周应进行围封，设立明显的警示标志。

2）基底处理

基坑开挖后应平整基底、清理坑壁、检测基底的地基承载力。设计文件未具体规定时，地基承载力可采取直观或触探等方法进行检测。每个基坑至少选取一个检测点，地基承载力不小于150kPa。当出现软弱地基等不良地质条件时，应按设计文件的规定对基坑进行处理。

3）模板安装

基坑验收合格后，在基础混凝土外露部分和基坑上沿以下10~20cm位置安装模板，然后按设计文件要求安装钢筋和绑扎。模板的制作、安装以及钢筋绑扎、安装应符合现行《公路桥涵施工技术规范》（JTG/T 3650—2020）的规定。

4）法兰盘安装

模板和钢筋验收合格后，在浇筑混凝土之前应按照设计图纸安装底座法兰盘。可在与公路中心线平行或垂直的方向各拉一条线作为定位线，然后在侧模板上中分画线。放置法兰盘时，应确保基础纵横轴线与法兰盘纵横轴线两两重合。预埋地脚螺栓应与法兰盘垂直固定，底座法兰盘应安置水平。

5）混凝土浇筑

法兰盘安装合格后,应固定底座法兰盘和地脚螺栓,然后开始浇筑混凝土。混凝土的强度应符合设计文件要求,混凝土浇筑应符合现行《公路桥涵施工技术规范》(JTG/T 3650)的规定。混凝土浇筑不应影响地脚螺栓和法兰盘的位置。

6）调整养护

混凝土浇筑完成后,应再次对法兰盘水平情况进行检查、调整。法兰盘表面应擦拭干净,不得留有混凝土或其他异物,预埋螺栓的外露部分应清理干净并采取保护措施。对基础外露部分进行抹平后,应按照现行《公路桥涵施工技术规范》(JTG/T 3650)的规定进行混凝土养护。拆模时间应根据气温和混凝土强度而定,夏季宜在混凝土终凝后24h,冬季混凝土强度不宜低于5MPa,拆模不得破坏混凝土表面和棱角。

7）基础回填

基础的回填土应分层夯实,与相邻地面平齐。

2.3.2　标志钢构件

1）钢构件加工

应根据施工放样协调后标志基础实际位置、净空要求和设计文件确定立柱和横梁的加工长度。悬臂、门架式标志横梁制作应按照设计文件的要求设置预拱度。所有钢构件的切割、钻孔、冲孔、焊接等加工均应按现行《公路桥涵施工技术规范》(JTG/T 3650—2020)和设计文件的要求,在防腐处理之前完成。

2）钢构件运输

所有钢构件在运输过程中不应出现变形或损坏,不应损坏防腐层,宜采用保护性包装材料隔离保护。

3）支撑结构钢构件安装

标志支撑结构应在基础混凝土强度达到设计强度的80%及以上后,方可安装。标志板安装前应依据设计文件对交通标志基础、立柱和标志板一一进行核对。检查标志板、支撑结构是否存在裂缝、变形等影响安装的缺陷。

4）标志板连接、紧固

小型交通标志可在立柱安装固定后安装标志板,门架、悬臂等交通标志宜将交通标志板安装后整体吊装。紧固件的紧固方法应符合设计要求,加肋法兰盘与底座法兰盘应水平、密合,拧紧螺栓后支柱不得倾斜。标志安装完毕后应进行板面清洁,清洁过程中不应损坏标志面或产生其他缺陷。

5）支撑结构竖直度

标志架安装时应利用水平尺校正立柱竖直度,最后用扳手将螺栓均匀拧紧,用水泥砂浆对加肋法兰盘与基础之间的缝隙进行封闭。

6）标志板安装角度

标志板安装到位后,应调整标志板面平整度,根据设计地点公路的平、竖曲线线形调整标志板安装角度,标志板安装角度应满足设计文件要求。设计文件无要求时,标志板安装角度应符合下列规定：

（1）路侧标志宜与公路中线垂直或成一定角度，其中，禁令和指示标志为0°～45°，指路和警告标志为0°～10°。

（2）悬臂、门架或附着式支撑结构标志板面应垂直于公路行车方向，标志板面宜前倾0°～15°。

2.3.3 标志底板加工

交通标志底板可采用铝合金板、挤压成型的铝合金型材、薄钢板、合成树脂类板材等板材制造，板材相关指标及制作应符合现行《道路交通标志板及支撑件》(GB/T 23827—2021)的规定，底板度应满足强度要求。

1)底板拼接

圆形、三角形、八角形等特殊形状标志底板宜使用最大尺寸板材制作。矩形标志底板在工艺控制的条件下，可使用弯边拼接式、拼嵌拼接式或平板铆接式等底板拼接工艺(图2-76)。大型标志板现场拼接时，拼缝应平顺、紧密，不大于3mm，不得影响标志中图形、文字和重要符号的视认性，铆钉应与铝板无明显缝隙，拼接后标志板面应平整，板面应保持平整，不得有错台，整体强度应不低于单板。

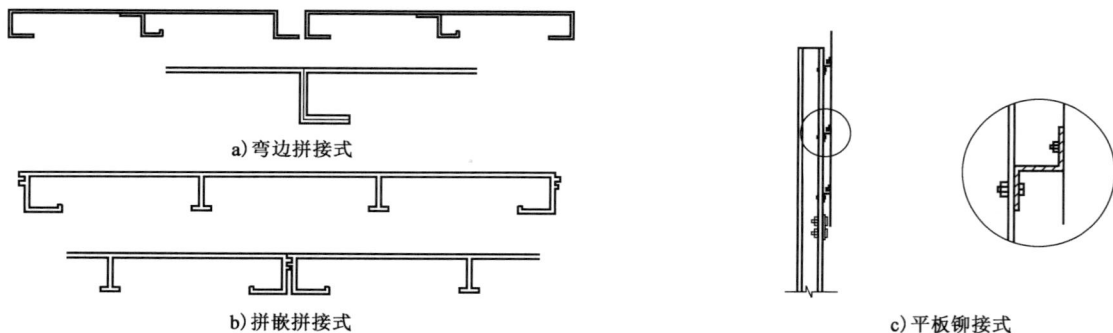

图2-76 标志板拼接处理方式

2)卷边处理

标志底板应根据设计尺寸在工厂进行加工成型，底板边缘宜进行卷边加固，标志板的边缘和端角应适当倒棱，使之圆滑(图2-77)。

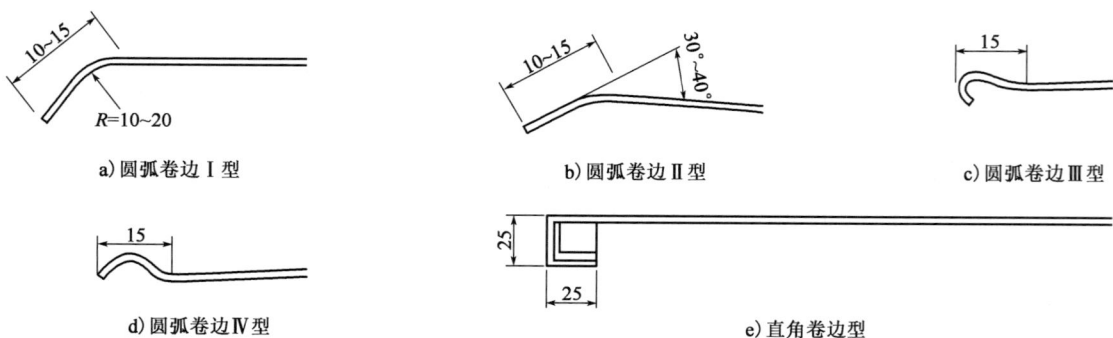

图2-77 标志板卷边处理方式(尺寸单位:mm)

2.3.4 标志反光膜

标志底板加工完成后,应进行打磨、清洗、干燥等工艺处理,板面应平整,无裂缝、无刻痕,标志底板彻底干透后进行贴膜。

注意:清洗处理完成后直接粘贴反光膜前,不得用手直接触摸标志底板,也不应再与油脂或其他污物接触。

1)加工工艺

反光文字、符号和图案的制作工艺有很多,包括贴膜、丝网印刷、电刻膜和数码打印等,在保证所有交通标志各项性能和耐候性满足要求的前提下,可以根据标志特点和实际条件选择制作工艺。

(1)贴膜方法。贴膜主要有手工贴膜和机器贴膜两种。手工贴膜工艺较为成熟,在粘贴好的底膜上,将刻字机做好的字膜进行人工粘贴。这种贴膜方法对操作人员的技术要求比较高,适合以文字和简单图案为主的交通标志。机器贴膜由于反光膜所受到的粘贴压力均匀连续,粘贴后标志面平整光滑、无皱纹、起泡、条纹、变形等,其粘贴效果要好于手工贴膜,因此除现场贴膜的情况外,鼓励采用机器贴膜,采用手工贴膜工艺时至少底膜的粘贴要在专用的贴膜机上进行。

(2)丝网印刷。该法需要定制网板,适合大批量制作图案固定、板面较小的警告、禁令等标志。

(3)电刻膜。该法是将标志字体镂空,贴敷于白色反光膜表面,呈现白色文字,适合制作绿底白字或蓝底白字的标志(图2-78)。

图2-78 电刻膜工艺

(4)数码打印。将不同颜色的透光油墨打印在反光膜上,形成文字、符号和图案(图2-79)。数码打印解决了传统工艺刻字、扣字、画线、定位造成的差异问题,在制作图案复杂、颜色多变、密集文字的各类标志方面有优势。

2)贴膜要求

版面的形状、颜色、文字、箭头、编号、图形及边框等应按现行《道路交通标志和标线》(GB 5768)和设计文件的规定制作。反光膜制作和粘贴工艺可根据标志特点和实际条件进行选择,所选工艺不得影响反光膜颜色、反光性和耐候性等指标。除特殊情况外,宜采用机器贴膜。标志反光膜应在干净、无尘土、温度不低于18℃、相对湿度在20%~50%的车间内,按照反光膜产品要求进行粘贴。新设置的交通标志应采用同一品牌、同一批次的反光膜。反光膜拼接应符合下列规定:

(1)当标志底板的长度和宽度小于反光膜产品的最大宽度时,不得拼接。

（2）当不能避免拼接时，应使用反光膜产品的最大宽度进行拼接，距标志板边缘50cm之内，不得有贯通的拼接缝。

（3）拼接时宜竖向，压接宽度不应小于5mm。在反光膜拼接粘贴后，反光膜自行开裂前，应沿着拼接缝将反光膜切割断开，并刮压。

（4）棱镜形反光膜应平接。平接接缝间隙不应超过1mm，平接缝应垂直于地面，不得平行于地面。

图2-79　数码打印工艺应用

2.4　道路交通标志验收

公路交通标志调整工程所采用的铝合金标志板、反光膜、支撑结构、混凝土基础等材料应经过有资质的检测机构检测，取得合格证，并经监理检验确认满足设计要求后才能使用。高速公路交通标志施工过程应按下列规定进行质量控制。

2.4.1　标志基础

标志基础验收标准如下：

（1）标志基础应依据设计位置放样，门架式交通标志两个立柱中心之间的连线应与道路中心线垂直，允许偏差为±1°。

（2）基坑尺寸不应小于设计值，基础埋深应符合设计要求。

（3）基坑的地基承载力应不小于150kPa。

（4）钢筋应平直、无折弯，表面应洁净，无油渍、漆皮、鳞锈。每片受力钢筋网应在中断面取一点进行检查，钢筋位置允许偏差见表2-8。

钢筋位置允许偏差（单位：mm）　　　　　　　　　　　表2-8

检查项目		允许偏差
受力钢筋间距		±10
钢筋骨架尺寸	长	±10
	宽、高	±5
保护层厚度		10,0

（5）模板不得有移位和凸出，应对其平面位置、顶部高程、节点联系以及纵横向稳定性进行检查。模板安装规定值或允许偏差见表2-9。

模板安装规定值或允许偏差（单位：mm） 表2-9

检查项目	规定值或允许偏差
模板高程	±10
模板内部尺寸	±20
相邻两板表面高低差	≤2
表面平整度	≤5
预埋件中心位置	±3

（6）浇筑混凝土前后均应用水平尺等仪器检查法兰盘水平情况，法兰盘平整度≤4mm/m。

（7）混凝土外漏表面应密实、平整，蜂窝麻面面积不超过结构同侧面积的0.5%，不得有肉眼可见的明显裂缝。混凝土强度检测应符合现行《公路工程质量检验评定标准 第一册 土建工程》（JTG F80/1—2017）的规定。

2.4.2 标志结构

标志结构验收标准如下：

（1）标志结构所有钢构件应无变形或损坏。所有钢构件防腐层应均匀、颜色一致，不得有流挂、滴瘤或多余结块，表面应无缺漏、损伤等缺陷。

（2）用钢卷尺或游标卡尺测量立柱、横梁的断面尺寸，应符合设计要求，用钢尺测量标志立柱、横梁的制作长度，与经现场调整确定的长度允许偏差为±5mm。

（3）法兰盘尺寸应正确，连接紧密，无裂纹、未熔合、夹渣、凹槽等缺陷。抱箍、扣压块、螺栓、螺母等紧固件应符合设计要求。各部位连接螺栓应齐全，拧紧程度应一致。

（4）标志立柱、横梁的焊接部分质量应符合现行《公路桥涵施工技术规范》（JTG/T 3650）的规定，无裂缝、未熔合、夹渣夹渣等缺陷。

（5）标志面应清洁干净，平整完好，无起皮、开裂、缺陷或凹凸变形，标志面任一处面积为500mm×500mm表面上，起泡面积不得大于10mm²。

（6）用钢卷尺或万能尺等检查外形尺寸，外形尺寸允许偏差为±5mm。标志板长度大于1.2m时，允许偏差为其外形尺寸的±0.5%，板面不平整度不应大于7mm/m。

（7）柱式标志板、悬臂式和门架式标志立柱的内边缘距土路肩边缘线的距离应符合设计文件要求。

（8）悬臂式、门架式等标志板最不利处下缘距路面高差应符合设计要求。

（9）外观质量。标志板反光膜和标志金属构件镀层应无明显损伤。紧固件数量及规格应符合设计规定，并应拧紧。

交通标志实测项目应符合表2-10的规定。

交通标志实测项目 表2-10

项次	检查项目		规定值或允许偏差	检查方法和频率
1△	标志面反光膜逆反射系数 (cd×lx^{-1}×m^{-2})		满足现行《道路交通反光膜》 (GB/T 18833—2012)的规定	逆反系数测试仪:每标志面板测3点
2△	标志面色度性能		满足现行《道路交通反光膜》 (GB/T 18833—2012)的规定	测色计:每标志面板测3点
3	标志板外形尺寸 (mm)	边长<1200	±6	钢卷尺:每标志板长、宽各测2点
		边长≥1200	±0.5%	
4△	标志板下缘至路面净空高度 (mm)		+200,0	全站仪或钢卷尺:检查100%
5	立柱的内边缘距土路肩边缘距离 (mm)		≥250	钢卷尺:检查100%
6	立柱竖直度(mm/m)		≤5	全站仪或靠尺、垂线:检查100%
7	基础尺寸(mm)		+100,−50	钢卷尺:每基础长、宽各测2点
8△	基础混凝土强度(MPa)		不小于现行《公路钢筋混凝土 及预应力混凝土桥涵设计规范》 (JTG 3362—2018)要求值	根据现行《公路养护工程质量检验评定标准 第一册 土建工程》(JTG 5220—2020)中规定的"水泥混凝土抗压强度评定标准"检测

注:"△"为关键项目,合格率应符合现行《公路养护工程质量检验评定标准 第一册 土建工程》(JTG 5220—2020)的规定。

3

道路交通标线

3.1 道路交通标线概述

道路交通标线是由施划或安装于道路上的各种线条、箭头、文字、图案及立面标记、实体标记、突起路标和轮廓标等所构成的交通设施,它的作用是向道路使用者传递有关道路交通的规则、警告、指引等信息,可以和标志配合使用,也可以单独使用。

设置于路面的道路交通标线应使用抗滑材料,标线表面的抗滑性能一般不应低于所在路面的抗滑性能。连续设置的实线类标线,应每隔15m设置排水缝;其他标线有可能阻水时,应沿排水方向设置排水缝,排水缝宽度一般为3~5cm。

3.1.1 标线类型介绍

道路交通标线按功能可分为指示标线、禁止标线和警告标线。

1)指示标线

指示标线是指指示车行道、行车方向、路面边缘、人行道、停车位、停靠站及减速丘等的标线。

2)禁止标线

禁止标线是指告示道路交通的遵行、禁止、限制等特殊规定的标线。

3)警告标线

警告标线是指促使道路使用者了解道路的特殊情况,提高警觉准备应变防范措施的标线。

（1）警告标线按设置方式可分为纵向标线、横向标线、字符标记或其他形式标线。

①纵向标线：沿道路行车方向设置的标线。

②横向标线：与道路行车方向交叉设置的标线。

③其他标线：字符标记或其他形式标线。

（2）警告标线按形态可分为线条、字符、突起路标、轮廓标等。

①线条：施划于路面、缘石或立面上的实线或虚线。

②字符：施划于路面上的文字、数字及各种图形、符号。

③突起路标：安装于路面上用于标示车道分界、边缘、分合流、弯道、危险路段、路宽变化、路面障碍位置等的反光体或不反光体。

④轮廓标：安装于道路两侧，用于指示道路边界轮廓、道路的前进方向的反光柱（反光片）。

3.1.2　标线涂料介绍

道路交通标线应具有鲜明的视认效果、优良的夜间反光性能，路面附着力强、耐久性与环保性好等特点。依据《路面标线涂料》（JT/T 280—2022），路面交通标线涂料按类别可分为以下四类。

（1）热熔型标线涂料以低相对分子质量的热塑性树脂为主要成膜物，并配以颜填料、聚乙烯蜡以及反光材料等，经物理混合而成（图3-1）。施工时需将常温下的粉块状涂料加热到180～220℃，使成膜物质及聚乙烯蜡熔融成可流动的液体，各组分经机械充分搅拌均匀后刮涂于路面，一般干膜厚度为0.7～2.5mm。热熔性标线涂料具有施工简单、干燥快、耐久性与反光性好、造价低、环保等优点。

图3-1　热熔型标线涂料

（2）溶剂型标线涂料以热塑性高分子树脂为主要成膜物质，溶于有机溶剂中，在常温或加热条件下涂刷施工，溶剂挥发后形成涂层，一般湿膜厚度为0.3～0.8mm（图3-2）。溶剂型标线涂料具有施工简单、便捷、成本低、适用性广等优点。

（3）双组分标线涂料是一种化学反应型涂料，主要以丙烯酸酯类居多，由两种或两种以上组分按一定比例混合，涂覆路面后发生化学反应固化成膜（图3-3）。一般干膜厚度0.4～

2.5mm。双组分标线涂料具有附着力强、耐久性与反光性优良、使用期长等优点。

图3-2　溶剂型标线涂料

图3-3　双组分标线涂料

　　（4）水性标线涂料相比溶剂型标线涂料，是以水为溶剂，用快干型丙烯酸乳胶替代树脂，并配以颜填料和水性助剂，常温下喷涂施工于路面，并在涂层表面撒上反光材料(图3-4)。一般湿膜厚度为0.3～0.8mm。水性标线涂料具有反光性好、环保安全无污染等优点。

图3-4　水性标线涂料

3.1.3 标线规范更新情况

2009年,《道路交通标志和标线 第3部分:道路交通标线》(GB 5768.3—2009)发布,部分代替《道路交通标志和标线》(GB 5768—1999),主要对标线释义进行完善,丰富了标线类型,补充了标线设置示例,使标线设计要求更为具体完善。其具体更新情况如下:

(1)标线规定突出了其作用和服务功能。

(2)增加了用于作业区标线施划的橙色虚、实线及作为非机动车专用道标线,免费停车位的蓝色虚、实线。

(3)标线类型中增加了潮汐车道线、路面图形标记、公交专用车道线、车行道横向与纵向减速标线、实体标记等内容,明确了其定义、使用范围及要求。

(4)调整部分标线的设置参数及形式,如人行横道路面预告标识尺寸、设计新的禁止掉头(转弯)标线形式、新的车距确认线形式等。

(5)增加标线设置示例。

(6)增加交叉路口标线设置示例及要求。

2009年,《道路交通标线质量要求和检测方法》(GB/T 16311—2009)发布,代替《道路交通标线质量要求和检测方法》(GB/T 16311—2005)。新规范修订了部分术语,补充完善了标线具体要求,对标线的部分质量要求进行统一。其具体更新情况如下:

(1)对"逆反射色"术语、定义及其质量要求、测试方法进行规定。

(2)新增标线类别,将标线按材料、用途、设置方式进行分类。

(3)将不同宽度标线的允许误差进行了统一,降低了不同间断线的纵向间距允许误差标准。

(4)标线色度性能新增了红色、橙色和蓝色,同时调整了原规范的黄色和白色色品坐标。

(5)标线光度性能中,将逆反射系数修正为逆反射亮度系数。

(6)分别规定了标线初始状态下与正常使用期间的逆反射亮度系数值。

(7)新增雨夜标线在湿状态下的逆反射性能要求。

2020年,《路面标线用玻璃珠》(GB/T 24722—2020)发布,代替《路面标线用玻璃珠》(GB/T 24722—2009)。新规范主要对玻璃珠定义、型号、参数要求、试验方法等内容进行修订完善。其具体修订情况如下:

(1)新增了缺陷玻璃珠、雨夜玻璃珠的术语及定义。

(2)新增了4号玻璃珠型号,并对3号与4号玻璃珠的粒径、质量分数进行细化调整,明确了4号玻璃珠的产品用途。

(3)对玻璃珠部分技术要求的规定进行细化、修改与补充。

(4)试验方法中对试样制备及试验条件进行修改。

(5)新增了成圆率/缺陷玻璃珠百分数、铅含量、砷含量、锑含量的试验要求。

(6)粒径分布试验增加了1400μm的筛网孔径及粒径测试仪法。

(7)补充完善了折射率试验方法。

(8)对耐水性试验与磁性颗粒含量试验,补充了试验次数及处理试验结果的具体要求,具体要求为:需试验3次,取3次试验结果的算术平均值为测试结果。

（9）对检验规则进行更新补充。

（10）对玻璃珠的包装要求进行补充完善。

2022年，《路面标线涂料》（JT/T 280—2022）发布，代替《路面标线涂料》（JT/T 280—2004）。新规范主要修订了标线涂料的部分技术要求，补充完善了部分涂料的试验方法。其主要更新情况如下：

（1）调整了玻璃珠含量与使用方法。

（2）删除了热熔普通型产品。

（3）增加了预混玻璃珠成圆率、有害物质含量的技术要求。

（4）增加或更改了溶剂型、水性、热熔型、双组分标线涂料部分性能的技术要求。

（5）丰富了标线涂料的颜色。

（6）更改了亮度因数、包装的技术要求。

（7）附录中增加了热熔型路面标线涂料用树脂、热熔型路面标线涂料用聚乙烯蜡和热熔型路面标线涂料用乙烯-醋酸乙烯酯共聚物（EVA）包装袋的技术要求、试验方法等。

3.1.4 标线整体现状

标线是道路使用的说明书，起着管制和引导交通的作用。标线的设计与使用状况影响交通的通行效率与行车安全。

随着交通组成的不断完善，标线合理性问题日益突出。据统计，2022年全国共发生交通事故111.3923万起，死亡人数4.5032万，受伤人数12.6268，相比2021年，事故数量减少1.51%，死亡人数减少6.91%，受伤人数减少1.65%。每年发生的交通事故数量与事故死亡人数巨大，而事故产生的原因固然很多，如无照驾驶、违规驾驶、道路等级低、急弯陡坡、线形问题、交通流复杂、道路病害问题等，但标线病害问题或设计不合理、不完善，导致不能有效地为驾驶人提供及时、准确的信息指引，也是导致事故发生的重要原因之一。同时，标线是判断事故责任的重要依据。

据公安部交管局统计，高速公路上40%的事故发生在高速互通及出入口区域，主要原因为驾乘人员随意变道、停车、倒车，如2018年绍兴交警查处各类高速出入口压实线违法变道1.67万起。为规范驾乘人员的驾乘行为，降低事故率，在互通区紧邻出口车道的两个车道分界标线由虚线施划为实线。该实线作为一条安全高压线，同时与电子抓拍设备结合作为处罚红线，约束驾乘人员的驾乘行为。

高速公路互通区部分出口，由于标线设计不合理，受到过往驾乘人员的投诉，产生了天价罚单。2021年，广东佛山某高速Y字形路口有62万名车主在此发生违章，总罚款超1.2亿元，被媒体曝光引发舆论热议。众多驾乘人员认为，标线指示不明，没有提醒提前转弯，导致压线行驶被罚款（图3-5）。部分高速公路存在ETC门架设置距离出口较近问题，为防止驾乘人员在ETC门架位置变道影响计费，将ETC门架前后标线均设置为实线，和出口车道实线标线施划在一起，导致驾驶人不能及时变道，错过出口。此外，部分互通出入口位置预留后期改扩建加宽路面，导致现状互通出入口路面变宽，标线施划后行车道宽度远超出正常宽度，行车混乱，影响行车安全。

根据《高速公路交通工程及沿线设施设计通用规范》（JTG D80—2006），标线设计使用年限为3年。随着使用年限的增长及行驶车辆的不断碾压，路面标线性能指标不断衰减。用标

线逆反射测量仪对某高速路面标线6年使用情况进行检测,结果如下(图3-6):

(1)上行左侧边缘线逆反射系数平均为45.19mcd·m^{-2}·lx^{-1}。

(2)上行车行道分界线逆反射系数平均为29.39mcd·m^{-2}·lx^{-1}。

(3)上行右侧边缘线逆反射系数平均为34.47mcd·m^{-2}·lx^{-1}。

(4)下行左侧边缘线逆反射系数平均为46.28mcd·m^{-2}·lx^{-1}。

(5)下行车行道分界线逆反射系数平均为29.61mcd·m^{-2}·lx^{-1}。

(6)下行右侧边缘线逆反射系数平均为32.71mcd·m^{-2}·lx^{-1}。

图3-5 标线施划不明引发天价罚单与预留加宽路面影响行车安全

a)标线逆反射测量仪

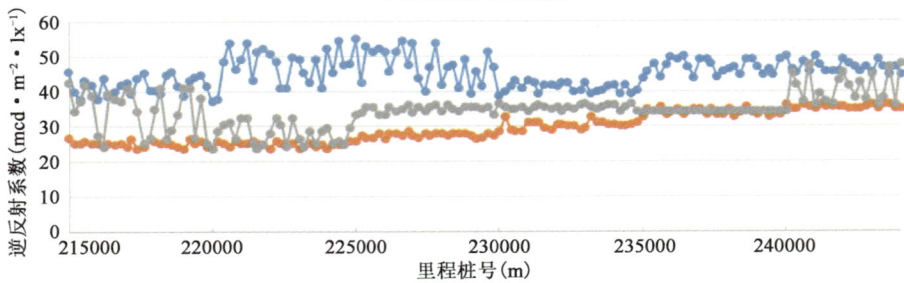

b)上行逆反射系数散点表

图 3-6

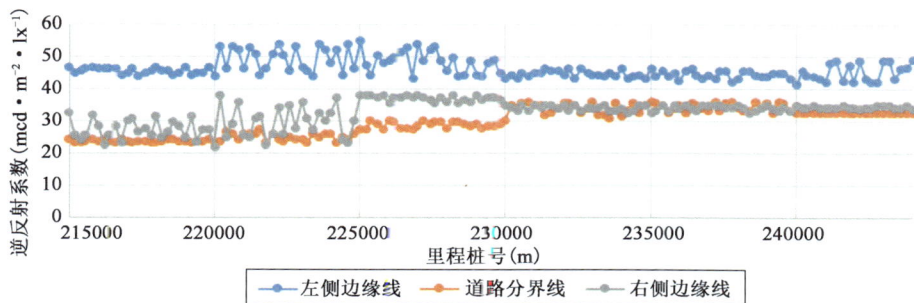

图3-6　标线逆反射测量仪及路面逆反射系数检测结果

检测数据发现,路面现状标线的逆反射系数普遍偏低,其中车道分界线的逆反射系数<右侧边缘线<左侧边缘线,标线夜间识认性受到影响。同时,现状标线出现了不同程度的污染、脱落、破损、裂纹等病害。

3.2　道路交通标线设计

道路交通标线作为道路信息、交通管理信息的重要载体,影响交通的运行。因此,合理的交通标线设计可有效提高公路的通行效率与安全性。

3.2.1　标线涂料适用性分析

为充分提高新施划标线方案的合理性,本研究对标线涂料市场进行调研。目前常用标线涂料主要有热熔型标线涂料、双组分标线涂料、水性标线涂料以及与预成型标线带四种。各种标线材料特点见表3-1。

标线材料特点一览表　　　　　　　　　　　　　　　　　　表3-1

涂料类型	热熔型标线涂料	双组分标线涂料	水性标线涂料	预成型标线带
反光性	一般	好	一般	好
耐久性	一般	好	差	好
施工便利性	一般	好	一般	好
干燥时间(min)	≤5	≤60	≤15	无须干燥
环保型	一般	好	好	好
附着力	好	好	一般	好
经济性(元/m²)	50	110	35	600

车道边缘线、导流线车辆碾压次数较少,在使用过程中标线磨损较轻,标线满足使用需求即可,从经济实用角度出发推荐采用热熔型标线涂料。

车行道分界线、导向箭头以及文字标志标线车辆碾压频繁,现状标线磨损程度也较为严重,标线涂料需要具有很好的耐久性能,推荐采用双组分标线涂料。

水性标线涂料一般采用喷涂施工,标线厚度较薄且无法设置突起形式,耐久性以及使用效果较差,高速公路标线改造,不推荐使用。

预成型标线带各项指标均较好,但经济性缺点突出,适用于有特殊需求的位置。

3.2.2 旧道路标线清除方法

目前常用标线清除方法主要有常规机械清除法、喷砂及抛丸清除法、高压水射流清除法、人工火烧清除法、化学试剂清除法五种。各种标线清除原理如下:

(1)常规机械清除法(图3-7)。 由打磨机、铣刨机带动合金打磨刀头进行高速旋转,通过刀头的物理摩擦,对路面标线进行打磨、铣削,从而达到清除标线的目的。

图3-7　常规机械清除标线

(2)喷砂及抛丸清除法(图3-8)。 以压缩空气为动力形成高速喷射束将喷料高速喷射到标线表面,利用磨料对路面的冲击和切削作用,使路面标线得以清除。

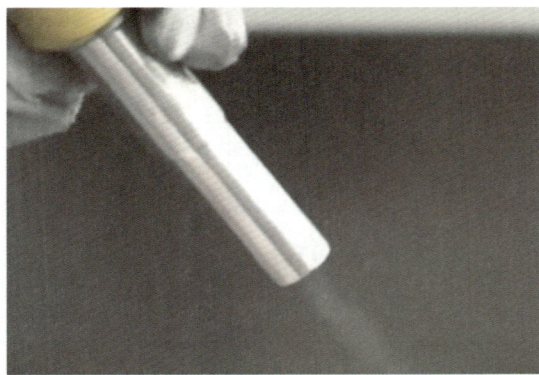

图3-8　喷砂及抛丸清除标线

(3)高压水射流清除法(图3-9)。 利用设备增压系统使水由喷头高速射出,这种水射流具有极强的冲击力和切削力,可直接深入沥青孔隙对标线进行清除。

(4)人工火烧清除法(图3-10)。 采用液化天然气火枪对标线进行烘烤,标线烤软后用铁铲等工具对标线面层涂料进行人工清除,然后再次使用火枪对底层标线进行加热,加热后用钢刷对底层标线进行人工清理。

(5)化学清除法。 由特殊添加剂组成的水溶性清除剂,在表面活性剂、助溶剂和辅助添加剂的浸润、渗透和亲和作用下,降低标线漆与路面的黏结性,从而达到清除标线的目的。

图3-9 高压水射流清除标线

各种标线清除方法优缺点见表3-2。

各和标线清除方法优缺点 表3-2

清除方法	常规机械清除法	喷砂及抛丸清除法	高压水射流清除法	人工火烧清除法	化学清除法
清除效果	差	一般	好	一般	好
清除速度	快	快	快	慢	慢
施工便利性	优	优	优	差	差
对现有路面影响	无影响	留下明显印痕	高压水流容易破坏路面材料	加热容易破坏路面材料	化学试剂容易破坏路面材料
环保性	噪声、扬尘污染	噪声、扬尘污染	无污染	无污染	存在化学污染
经济性（元/m²）	3~5	10~20	30~40	10~15	10~15

对于养护类工程,需要在保证主线正常通行的前提下进行标线的施工,对施工效率要求较高。人工火烧清除法以及化学清除法,由于清除速度以及施工便利性都较差,不推荐采用。

常规机械清除法施工便利性以及经济性最好,但清除效果一般。车行道边缘线以及中心线在清除后均需要在原位置进行重新施划,因此对标线清除效果要求不高,推荐采用常规机械清除法。

高压水射流清除法施工的便利性、环保性以及清除效果都较好,但经济性较差。为减少

图3-10 人工火烧清除标线

未清除干净的标线影响新施划标线的辨识度时,或对标清线除效果要求较高时,推荐采用高压水射流清除方案。

3.2.3 特殊点位道路标线优化设计

1)互通立交出口段标线设计

(1)车行道分界实线。

为防止立交出口段车辆频繁变道,影响主线车辆正常行驶,在渐变段起点(前基准点)至出口标线导流线末端,自外向内第1、2车行道间施划禁止跨越同向车行道分界实线。

(2)互通立交出口导向箭头施划。

距前基准点500m处和50m处,沿行车方向各布设一组3个前方可直行或右转导向箭头,间距50m,其余车道均设置直行箭头;此外,在导流线末端匝道车行道内设置右转箭头,主线车行道范围内设置直行箭头。

(3)减速标线。

进入出口匝道前,设置6组横向振荡减速标线,每组2道,用于提醒驾乘人员前方进入弯道,减速行驶。

以双向八车道为例,具体标线布置如图3-11所示。

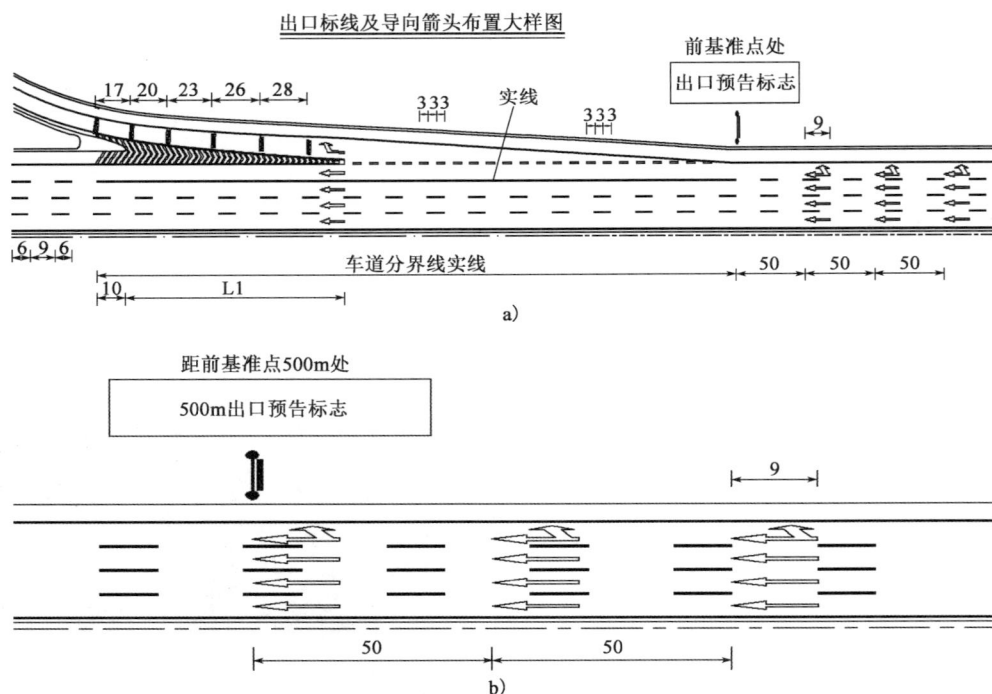

图3-11 互通立交出口标线(尺寸单位:m)

鉴于部分高速公路车流量大且货车较多,互通立交出口匝道位置时常出现车辆剐蹭、碰撞等交通事故,通过对前基准点前180m范围内最外侧两个车道施划纵向减速标线,用于提醒驾乘人员减速慢行,以减少事故发生(图3-12)。

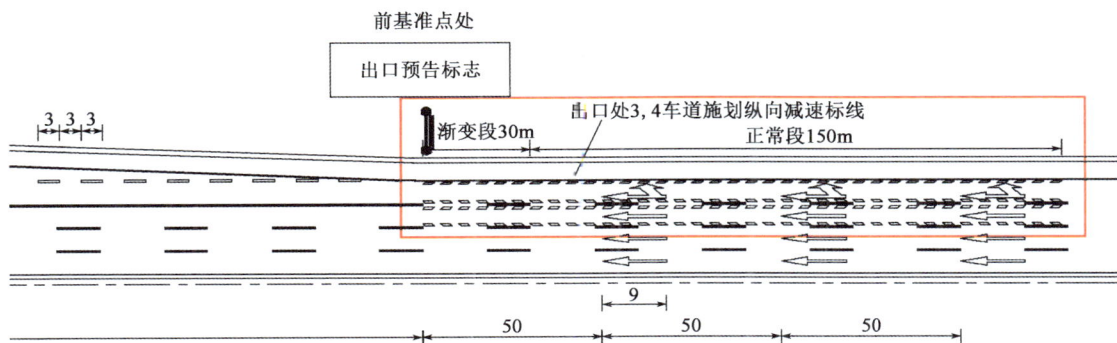

图 3-12 互通立交出口标线优化(尺寸单位:m)

2)互通立交入口段标线设计

互通立交入口标线设计主要为导向箭头施划,即自导流线前端至加速车道终点位置,加速车道内依次布设 3 个左转合流箭头,其余车道设置直行箭头;减速车道渐变段终点位置车行道内设置直行箭头。以双向八车道为例,具体标线布置如图 3-13 所示。

入口标线及导向箭头布置大样图 1 : 1000

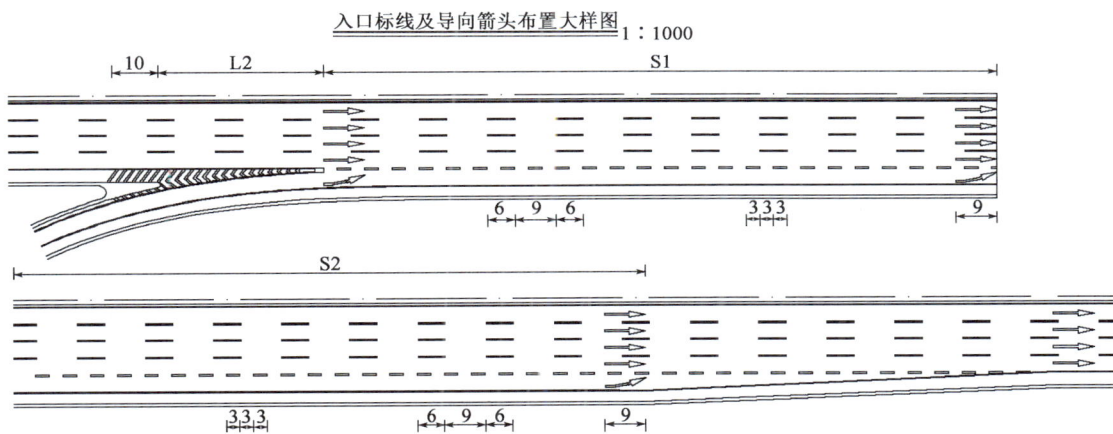

图 3-13 互通立交入口标线(尺寸单位:m)

鉴于部分高速公路互通立交入口段加速车道过长,即 S1、S2 过长,为提醒驾乘人员及时汇入主线道路,可根据加速车道实际长度每间隔 100m 增设一组直行箭头,即加速车道内为左转合流箭头,主线车行道内为直行箭头。

3)匝道标线设计

匝道标线设计方案一般选用热熔型反光标线,但在实际运营过程中,互通立交匝道由于多为小半径弯道,车辆行驶时频繁碾压行车道右侧边缘线,导致右侧标线磨损严重,夜间反光视认性变差,影响行车安全。考虑经济性与使用性,建议匝道行车道两侧边缘线区分设计,将频繁碾压的右侧边缘线采用耐磨性好、耐久性强的双组分反光标线,不易被碾压的左侧边缘线采用热熔型反光标线。匝道标线如图 3-14 所示。

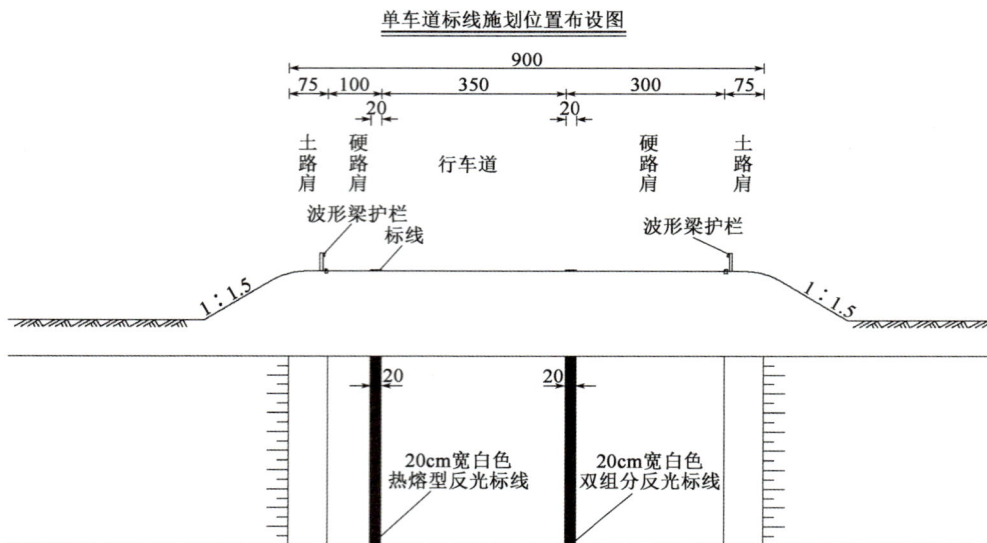

图 3-14　匝道标线(尺寸单位:m)

4)收费广场标线设计

为规范全国高速公路收费站标志、标线统一建设,提高通行效率与服务水平,在满足现有规范要求的基础上,交通运输部路网检测与应急处置中心发布了《取消高速公路省界收费站工程收费站标志标线实施指南》,对地面标线及文字要求如下:对车行道内黄色导流线施划双组分标线,对限速文字标记施划黄色热熔型标线,对纵向视觉减速标线施划白色热熔型标线,对单向岛车道边缘线施划白色振动标线,对双向岛边缘线施划黄色振动热熔型标线等;对收费岛岛头导流线末端建议采用警示柱,提醒驾乘人员(图 3-15)。

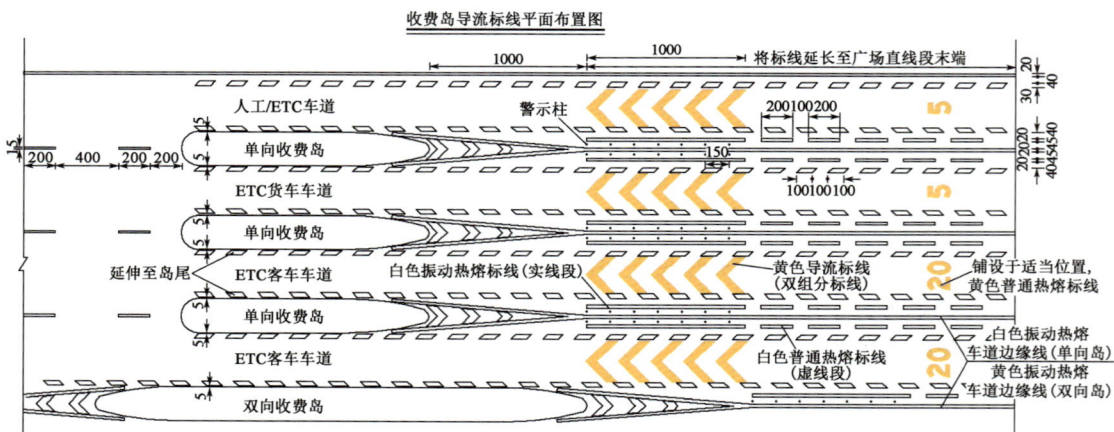

图 3-15　收费广场标线(尺寸单位:cm)

5)隧道出入口标线设计

近年来,随着隧道入口事故率增加,事故严重程度升高,尤其是陕西安康京昆高速秦岭隧道"8·10"特别重大交通事故,事故客车撞向隧道口,造成36人死亡,13人受伤,事故主要原因之一为隧道口路面宽度收窄。为切实提升高速公路隧道安全运营水平,保障人民群众的生命和财产安全,标线作为道路的说明书,合理设置能够引导或提醒驾乘人员,对降低事故的发生具有重要作用。

对于隧道口标线设计,首先注重减速标线的设计,它对驾驶人起到警示提醒的作用,建议第一道横向减速标线设于距隧道入口100m处,设计速度80km/h的路段施划长度为240m,施划10道,设计速度100km/h的路段施划长度为272m,施划11道;第二是车道分界线的设置,隧道口路面宽度一般变窄,易引发交通事故,为合理管制交通,隧道段车道分界线应施划实线,其起点位于隧道入口前150m处,终点位于隧道出口向洞外延伸100m处(图3-16);对于隧道入口前路面宽度变窄,应在硬路肩位置施划导流标线,提示宽度变化,用于向驾驶人传递信息,同时,在隧道口侧墙端面上应粘贴黄黑相间的立面标记,起到警示作用(图3-17)。

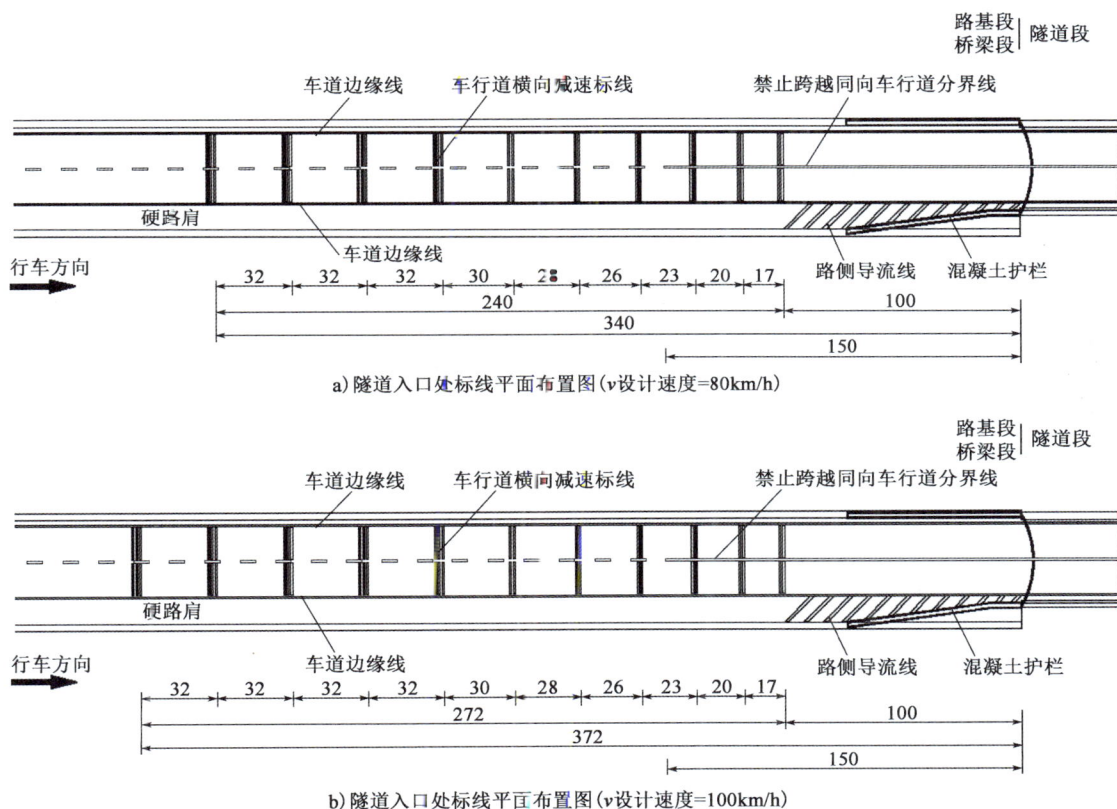

a)隧道入口处标线平面布置图(v设计速度=80km/h)

b)隧道入口处标线平面布置图(v设计速度=100km/h)

图3-16　隧道口标线(尺寸单位:m)

6)门架、桥梁、弯道段标线设计

对于ETC门架位置,为防止车道变道影响计费,建议ETC门架位置前100m、后50m车道分界线施划为实线;对于ETC门架较互通立交出口较近,ETC门架位置车道分界线施划为实线后,影响车辆驶离高速的路段,建议根据实际情况调整为虚线。

依据《道路交通标志和标线　第3部分:道路交通标线》(GB 5768.3—2009)要求,桥梁、弯道位置车道分界线设为实线,建议桥梁段实线进行前后适当延伸;弯道段车道分界实线长度主要取决于线形指标,并和超车视距有关。

7)T形互通立交匝道事故点标线优化设计方案

某高速互通立交采用直连式T形立交,在临近出口的匝道弯道处,多次发生车辆侧翻事故,存在安全隐患。该位置车辆经过桥梁上坡时,视距有限,驶过桥头后,加之上下坡坡率较大,车速较快,来不及减速,引起事故。通过对事故点前后交通安全设施进行排查,现场护栏与标志设施已按规范要求设计,较为完善。为进一步提高行车安全,对事故点匝道标线进行优化。设计方案(图3-18)如下:

(1)进入匝道桥前施划横向减速标线,与主线段减速标线相接,提醒驾驶人提前减速。

(2)事故匝道为双车道匝道,将车道分界线右虚线调整为实线,禁止车辆超车变道。

(3)车行道全线范围内施划纵向减速标线,防止车辆行驶过快。

(4)在现有护栏立柱上粘贴立面反光膜,匝道弯道处增设线形诱导标志,提示弯道轮廓,指引车辆行驶。

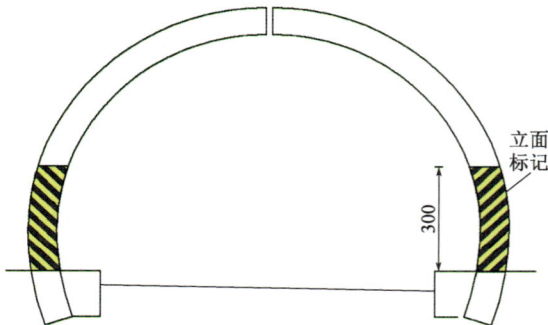

图3-17 隧道口侧墙端面立面标记(尺寸单位:cm)

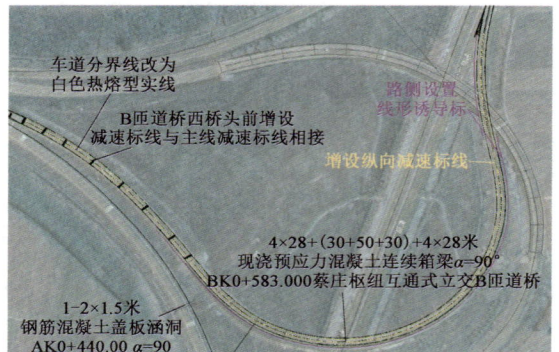

图3-18 T形互通立交匝道标线优化设计

3.3 道路交通标线施工

(1)新铺沥青路面的交通标线施工,可在路面施工完成7d后开始。新建水泥混凝土路面的交通标线施工,应在混凝土养护膜老化起皮并清除后开始。

(2)交通标线宜在白天施工。在雨、雪、沙尘暴、强风、气温低于材料规定施工温度的天气,应暂停施工。突起路标宜在交通标线施工完成后安装,且不得影响标线质量。在清除原有交通标线、突起路标时,应清理干净并不得损坏路面。

(3)交通标线宜采用机械化施工。施工专用机械设备应符合设计文件或产品使用说明书的规定。

(4)交通标线正式施划前应在试验路段进行试划,试验路段应有代表性,长度不宜短于200m,高速公路、一级公路可按单向计算。

(5)试验路段应结合设计文件和交通标线材料使用说明书的规定对划线车的行驶速度、试划标线的长度、宽度、厚度,玻璃珠面撒率,标线的逆反射亮度系数等进行现场检测,确定施工参数。检测结果符合规定时,施工参数可作为正式施工的依据;否则应调整施工参数,直至检测结果符合规定为止。

(6)交通标线的施工规定。

①路面清洁。路面应清洁干燥,不得存在松散颗粒、灰尘、沥青渣、油污或其他有害材料。

②标线放样,确定参数。应根据设计文件的要求确定标线位置、宽度、长度,标线应与公路线形相协调,流畅美观;根据试验路段确定的施工参数进行施工。

③预留位置。应采取措施为位于禁止跨越同向或对向车行道分界线上的突起路标预留位置。

④溶剂型标线涂料施工。溶剂型标线涂料可用气动喷涂机或高压无气喷涂机等设备施工。采用气动喷涂机时,应控制好稀释剂用量和喷涂直径。施工完成后15min,不得受到车辆碾压。标线干燥后,可开放交通。

⑤热熔型标线涂料施工。热熔型标线涂料施工时,应在路面上先涂抹 $60 \sim 230 g/m^2$ 的下涂剂。下涂剂不黏车轮胎、不黏附灰尘和砂石时,可进行标线涂布作业。根据热熔型标线涂料采用的树脂类型和配方,将热熔型标线涂料加热至 $180 \sim 220℃$ 范围内的合适温度后,可用划线机涂敷于路面,同时撒布玻璃珠,撒布时间应严格控制。施工完成后5min,涂料不黏附轮胎时,可开放交通。

⑥水性标线涂料施工。水性标线涂料应采用专用设备施工。施工前应根据施工工艺要求对设备进行调试,施工过程中应注意对设备行驶速度等喷涂参数的控制。当施工持续时间较长时,应检查涂料喷枪、喷头等配件的磨损情况,并提前准备好替换配件。施工中如有间断或每天工作完成后,应对设备进行及时清洗。施工完成后15min不黏附轮胎时,可开放交通。

⑦双组分标线涂料施工。双组分标线涂料应采用专用设备施工。施工前应将主剂、固化剂组分按产品说明书规定的比例搅拌均匀。其中固化剂组分用量应根据环境温度等进行调整。施工过程中应注意各组分出料量的控制,并结合实际情况对设备压力、喷嘴口径、涂料黏度等进行调整。施工后应按设备生产厂家提供的方法对设备进行及时清洗。施工完成后60min不黏附轮胎时,可开放交通。

⑧预成型标线带施工。预成型标线带可分为自带背胶型和底胶、标线带分离式两种。自带背胶型预成型标线带可在清理拟划线区域后直接铺装,然后进行压实;底胶、标线带分离式预成型标线带应先清理拟划线区域,然后涂布底胶,最后铺筑标线带并进行压实。

⑨跟踪检测。交通标线施划过程中应对交通标线厚度、逆反射亮度系数等检查项目进行跟踪检测,检测频率宜为每150m检测1次。

⑩改扩建工程。改扩建工程标线施工可在施工过程中根据设计文件的规定临时施划溶剂型标线;在全幅路面施工完成后,可在溶剂型标线上施划热熔型标线。

(7)突起路标的施工规定。

①应根据设计文件的要求确定突起路标的设置位置,突起路标反射体应面向行车方向。

②路面和突起路标底部应清洁干燥,并涂加胶黏剂。胶黏剂应通过检测单位的抗拉拔能力及抗衰老能力检测。

③突起路标就位后,应在其顶部施加压力,排除空气,并调整就位。

交通标线施工如图3-19所示。

图 3-19　交通标线施工

3.4　道路交通标线验收

（1）交通标线、突起路标的颜色、形状、文字、图案和尺寸应符合现行《道路交通标志和标线》（GB 5768）和设计文件的规定。

（2）交通标线、突起路标的设置位置应符合设计文件的规定。

（3）标线线形应流畅，与公路线形相协调，其中曲线标线应圆滑，不得出现折线。

（4）反光标线面撒玻璃珠应撒布均匀、附着牢固、反光均匀，标线的逆反射亮度系数应满足设计文件的规定。

（5）标线涂料表面不应出现网状裂缝、断裂裂缝、气泡、变色、剥落、纵向有长的起筋或拉槽等现象。

（6）交通标线以外的路面，应保持清洁。当标线材料导致的污染面积超过 $1000mm^2$ 时，应进行清除。

（7）交通标线的外观质量、外形尺寸偏差、厚度偏差、色度性能、光度性能和抗滑性能应符合现行《道路交通标线质量要求和检测方法》（GB/T 16311—2024）和设计文件的要求。除施划过程控制交通标线质量外，在开放交通后，可结合其设计使用年限，对在用交通标线每隔半年或定期进行 1 次厚度、光度性能跟踪检测；或按交通标线养护相关标准执行。

（8）突起路标的色度性能、逆反射性能、抗冲击性能、抗压荷载等应满足现行《突起路标》（GB/T 24725—2024）的规定。

（9）根据需要，可按照现行《道路交通标线质量要求和检测方法》（GB/T 16311—2024）的规定采用钻芯取样方法，对施工完成后热熔型标线涂料预混玻璃珠含量、总有机物含量、重金属含量等进行试验检测。

（10）路面标线验收阶段实测项目及要求见表 3-3。

路面标线验收阶段实测项目　　　　　　　　　　　　　表3-3

项次	检查项目		规定值或允许偏差	检查方法和频率
1	标线长度 （mm）	2000~6000	±0.005L	钢卷尺：每200m测1处，每处测2段
		1000	±10	
2	标线纵向间距 （mm）	2000~9000	±0.005L_1	钢卷尺：每200m测1处，每处测2个间距
		1000	±10	
3	标线宽度（mm）		+6,0	钢卷尺：每100m测1处
4△	标线厚度（mm）		不小于设计值	标线厚度测量仪或卡尺：每100m测1处，每处测2点
5	标线横向偏位（mm）		≤30	钢卷尺：每100m测1处
6△	反光标线逆反射亮度系数 （mcd·m^{-2}·lx^{-1}）		符合设计要求	标线逆反射测试仪、干湿表面逆反射标线测试仪：每200m测1处，每处测5点

注：1. 项次1中L为标线纵向长度，项次2中L_1为标线纵向间隔距离。

　　2. "△"为关键项目，合格率应符合现行《公路养护工程质量检验评定标准　第一册　土建工程》（JTG 5220—2020）的规定。

4

波形梁护栏

4.1 波形梁护栏概述

4.1.1 波形梁护栏等级

波形梁护栏是道路安全的重要组成部分,为了满足不同道路的安全需求,它们通常按照等级进行分类。波形梁护栏的等级分类主要基于其防撞性能,具体的选择应根据道路的设计速度、交通流量、周边环境等因素进行评估。较高等级的波形梁护栏能够提供更好的安全保障,但也会相应增加成本。波形梁护栏按照等级共分为15类,见表4-1。

波形梁护栏等级分类一览表 表4-1

位置	等级							
	一	二	三	四	五	六	七	八
路侧	C	B	A	SB	SA	SS	HB	HA
中央分隔带	—	Bm	Am	SBm	SAm	SSm	HBm	HAm
碰撞能量	40kJ	70kJ	160kJ	280kJ	400kJ	520kJ	640kJ	760kJ

在实际应用中,波形梁护栏的设置还需要考虑其他因素,如护栏的高度、厚度、立柱间距等。此外,定期的维护和检查也是确保护栏正常工作的关键,任何损坏或松动的部分都应及时修复或更换。

4.1.2　波形梁护栏构造

波形梁护栏由波形横梁、防阻块、托架、横隔梁、护栏立柱组成。不同等级的组成构件尺寸不同,见表4-2。

不同等级及形式的波形梁护栏的尺寸区别　　　　　　　　　表4-2

等级	波形横梁规格尺寸(mm)	立柱与横梁连接方式	立柱规格尺寸(mm)
Gr-C	4320×310×85×2.5	托架	φ114×4.5
Gr-B	4320×310×85×3	托架	φ114×4.5
Grd-Am	4320×310×85×4	横隔梁	φ140×4.5
Gr-A	4320×506×85×3	防阻块	φ140×4.5
Gr-A	4320×506×85×4	托架	φ140×4.5
Gr-SB	4320×506×85×4	防阻块	130×130×6
Gr-SA	3320×506×85×4	防阻块	130×130×6
Gr-SS	4320×506×85×4	防阻块	130×130×6
Gr-HB	4320×506×85×4	防阻块	130×130×6

4.1.3　波形梁护栏埋设情况

波形梁护栏可以根据埋设方式的不同进行分类,以适应各种道路条件和需求。波形梁护栏埋设条件一览表见表4-3。

波形梁护栏埋设条件一览表　　　　　　　　　表4-3

代号	埋设方式	埋设位置	适用范围
n E	直接埋设式	埋设于土中,柱距为 n 米	土方路段
n B1	预埋基础式	基础处理:预埋套管,柱距为 n 米	小桥、通道、明涵路段
n B2	钻孔灌注桩式	基础处理:预埋地脚螺栓,柱距为 n 米	小桥、通道、明涵路段
n C	法兰连接式	基础处理:混凝土基础,柱距为 n 米	石方、挡土墙路段

波形梁护栏埋设方式如下:

(1)直接埋设式。最常见的埋设方式,将波形梁护栏的立柱直接埋入地下,通过土壤的固定作用来保持护栏的稳定性。这种埋设方式适用于土质较好、地基承载力较高的地区。

(2)预埋基础式。在立柱埋设之前,先在地下预置混凝土基础或钢制基础,然后将立柱固定在基础上。这种埋设方式适用于地基条件较差或需要更高稳定性的地区,可以提供更好的支撑和抗冲击能力。

(3)钻孔灌注桩式。通过钻孔灌注桩的方式将立柱固定在地下,使其具有更好的承载能力和稳定性。这种埋设方式适用于地质条件较为复杂或需要承受较大侧向力的地区。

(4)法兰连接式。立柱通过法兰与基础连接,便于安装和拆卸。这种埋设方式适用于需要经常更换或维修护栏的地区,或者在已有基础结构上进行安装的情况。

不同的埋设方式会影响波形梁护栏的稳定性、耐久性和安装维护成本。在选择埋设方式时,需要综合考虑道路条件、交通流量、防撞要求等因素,并遵循相关的设计规范和标准。同时,定期的检查和维护是确保波形梁护栏正常运行的关键,及时发现和处理任何损坏或松动的部分,以保障道路使用者的安全。

4.1.4 规范更新情况

在高速公路交通安全设施系统中,护栏是引导车辆行驶和防护车辆冲出路外的重要屏障。波形梁护栏作为护栏结构形式的一种,既具有护栏结构的普遍特征,又具有自己的独特特点。波形梁护栏是设置于公路行车道外侧或中央分隔带的一种带状吸能结构,在车辆碰撞时通过自体变形吸收碰撞能量,从而降低乘员的受害程度。随着高速公路的发展,从20世纪90年代起,波形梁护栏就作为防护体系的一种常用形式设置在道路上,其设置的规范随着交通的发展也经历了新旧规范的更替。

我国在1994年颁布了第一部波形梁护栏技术规范——"94规范"。

随着我国经济和公路交通的不断发展,公路交通量和车型也发生了变化,为适应公路交通的发展,满足安全需求,我国于2006年对"94规范"进行了修订并颁布了"06规范"。

随后,我国又对"06规范"进行了修订,并于2017年11月发布了修订后的《公路交通安全设施设计规范》(JTG D81—2017)和《公路交通安全设施设计细则》(JTG/T D81—2017)等系列规范(以下简称"17规范")。三个版本规范护栏等级对比见表4-4。

三个版本规范护栏防护等级对比表　　　　　　表4-4

相关规范	"94规范"		"06规范"				"17规范"							
防护等级	A	S	B	A	SB	SA	SS	C	B	A	SB	SA	SS	HB	HA
防护能量(kJ)	3	165	0	160	280	400	520	40	70	160	280	400	520	640	760

由表4-4可以看出,为了适应交通的发展,最大限度地发挥波形梁护栏所设置的作用,护栏的防护能量从最初"94规范"的中最大165kJ到现在最大的760kJ,其最大防护能量增加了近4倍。

1)"94规范"要求

"94规范"对高速公路护栏的设计、设置与施工进行了规定,要求高速公路路基护栏防护等级不低于A、Am级,对应防护能量为93kJ,防护车型为总质量10t的东风EQ140中型货车;特大桥的桥梁护栏采用PL3防护等级,对应防护能量为230kJ,设计防护车型为总质量14t的东风EQ144中型货车。

2)"06规范"要求

高速公路路基护栏的最低A、Am级防护等级对应的防护能量应达到160kJ;要求高速公路桥梁护栏的最低SB、SBm级防护等级对应的防护能量应达到280kJ,防护对象均为1.5t小客车和10t大型车。

3)"17规范"要求

高速公路护栏最低防护等级为A、Am级,对应防护能量为160kJ;路侧3.5m及以上高度的边坡路段应设置SB级防护等级,对应防护能量为280kJ;对于桥梁护栏来说,"17规范"要求桥梁跨高速公路、水源保护区等路段的桥梁护栏最低防护等级应为SS、SSm级(设计速度

120km/h），对应防护能量为520kJ。

由以上我国交通安全设施技术规范的发展来看，公路护栏的安全性能从技术标准要求的角度不断提升与完善，以适应相应时期的公路交通条件及安全需求。

4.2　波形梁护栏设计

4.2.1　等级选取及设计方案

1）安全净区计算

《公路交通安全设施设计细则》（JTG/T D81—2017）附录B的B.0.3中要求："实际净区宽度应从外侧车行道边缘线开始，向公路外侧延伸的平缓、无障碍物区域的有效宽度，包括硬路肩、土路肩及可利用的路侧边坡（图4-1）。"路侧边坡坡度与安全的关系见表4-5。

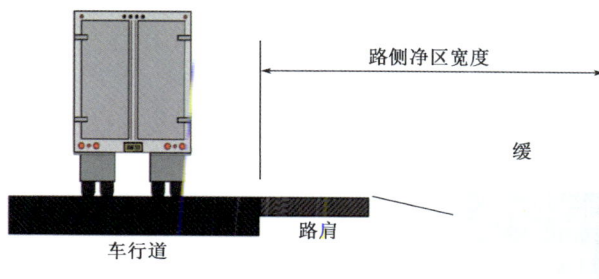

图4-1　安全净区示意图

路侧边坡坡度与安全的关系　　　　　　　　　　　表4-5

边坡坡度	缓于1:6	1:6～1:4	陡于1:4
可安全穿过	是,有效宽度为整个边坡坡面宽度	有效宽度为整个坡面的1/2	否,边坡上不能行车,不作为有效宽度
可安全驶回	是,有效宽度为整个边坡坡面宽度	有效宽度为整个坡面的1/2	否,边坡上不能行车,不作为有效宽度

路侧存在的未设盖板的砌石边沟、排水沟区域，不可移除的行道树、花坛、标志立柱或其他障碍物，不作为有效宽度。

计算安全净区宽度应根据公路平面线形指标状况、路基填挖情况、运行速度确定（图4-2）。

曲线段计算安全净区宽度宜采用相同路基类型对应的直线段计算净区宽度乘以调整系数 F_c 进行修正（图4-3）。

2）等级选取

路侧护栏的设置根据路侧计算净区宽度范围内的障碍物结合公路技术等级和设计速度选取。按照现行《公路交通安全设施设计规范》（JTG D81—2017）的规定，事故严重程度可分为三个等级：高、中、低。按照表4-6设置路侧护栏并选取路侧护栏的防护等级。边坡坡度、路堤高度与设置护栏的关系如图4-4所示。

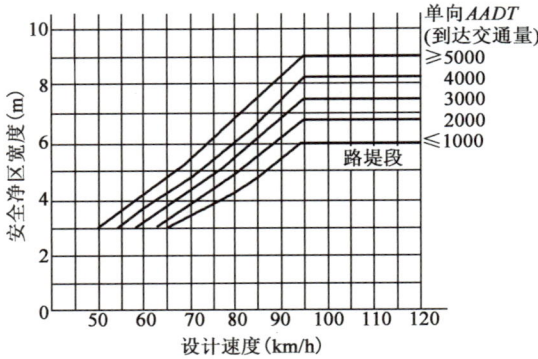

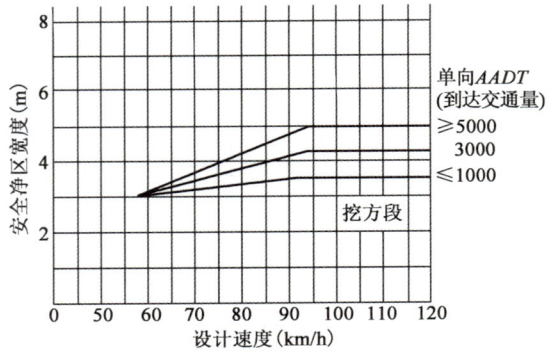

图4-2　直线段计算安全净区宽度

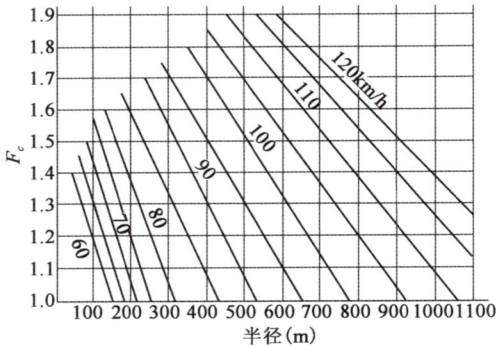

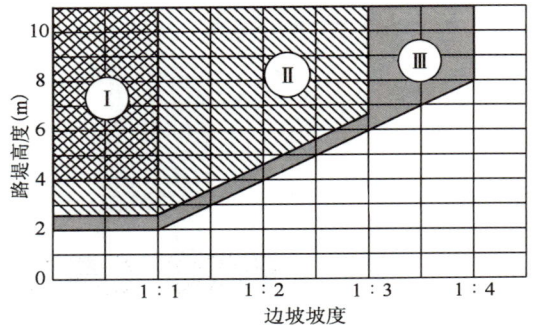

图4-3　曲线段计算安全净区宽度调整系数F_c

图4-4　边坡坡度、路堤高度与设置护栏的关系

路侧护栏设置原则及防护等级选取条件　　　　　　　　　　　　　　　表4-6

事故严重程度及护栏设置原则	路侧计算安全净区宽度范围内有以下情况	公路技术等级和设计速度（km/h）	防护等级（代码）
高，必须设置	高速铁路、高速公路、高压输电塔、危险品储藏仓库等设施	高速公路120	六(SS)级
		高速公路、一级公路100、80	五(SA)级
		一级公路60	四(SB)级
		二级公路80、60	四(SB)级
		三级公路40	三(A)级
		三、四级公路30、20	二(B)级
中，应设置	（1）二级及以上公路边坡坡度和路堤高度在Ⅰ区、Ⅱ区阴影范围内的路段，三、四级公路路侧有深度30m以上的悬崖、深谷、深沟等路段。 （2）江、河、湖、海、沼泽等水深1.5m以上的水域。 （3）Ⅰ级铁路、一级公路等。 （4）高速公路、一级公路路侧外设有车辆不能安全通过的照明灯、摄像机、交通标志、声屏障、上跨桥梁的桥墩或桥台、隧道入口处的检修道或洞门等设施	高速公路、一级公路120、100、80	四(SB)级
		一级公路60	三(A)级
		二级公路80、60	三(A)级
		三级公路40	二(B)级
		三、四级公路30、20	一(C)级

事故严重程度及护栏设置原则	路侧计算安全净区宽度范围内有以下情况	公路技术等级和设计速度（km/h）	防护等级（代码）
低，宜设置	（1）二级及以上公路边坡坡度和路堤高度在Ⅲ区阴影范围之内的路段，三、四级公路边坡坡度在Ⅰ区阴影范围之内的路段。 （2）二级及以上等级公路路侧边沟无盖板、车辆无法越过的挖方路段。 （3）高出路面或开挖的边坡坡面有30m以上的混凝土砌体或大孤石等障碍物。 （4）出口匝道的三角地带有障碍物	高速公路、一级公路120、100、80	三（A）级
		一级公路60	二（B）级
		二级公路80、60	二（B）级
		三、四级公路40、30、20	一（C）级

　　中央分隔带护栏的设置及防护等级按照中央分隔带及障碍物情况结合公路技术等级和设计速度选取。高速公路和作为干线的一级公路，整体式断面中间带宽度小于或等于12m，或者12m宽度范围内有障碍物时，必须设置中央分隔带护栏。根据中央分隔带的条件，事故严重程度可分为三个等级：高、中、低。中央分隔带护栏的防护等级应符合表4-7的规定。

中央分隔带护栏的防护等级选取　　　　　　　　　　　表4-7

事故严重程度	中央分隔带条件	公路技术等级和设计速度（km/h）	防护等级（代码）
高	高速公路、一级公路中央分带宽度小于2.5m并采用整体式护栏形式	高速公路120	六（SSm）级
		高速公路、一级公路100、80	五（SAm）级
		一级公路60	四（SBm）级
中	对双向六车道高速公路，或未设置左侧硬路肩的双向八车道及以上高速公路，中央分隔带宽度小于2.5m并采用分设式护栏形式，同时中央分隔带内设有车辆不能安全穿越的障碍物[1]的路段	高速公路120、100、80	四（SBm）级
	对双向六车道及以上一级公路，中央分隔带宽度小于2.5m并采用分设式护栏形式，同时中央分隔带内设有车辆不能安全穿越的障碍物[1]的路段	一级公路100、80	四（SBm）级
		一级公路60	三（Am）级
低	不符合上述条件的其他路段	高速公路、一级公路120、100、80	三（Am）级
		一级公路60[2]	二（Bm）级
		二级公路[3]80、60	二（Bm）级

　　注：①障碍物是指照明灯、摄像机、交通标志的支撑结构，上跨桥梁的桥墩等设施。
　　　　②设计速度为60km/h的一级公路一般为作为集散的一级公路受地形、地质等条件限制的路段，本表适用于其需要设置中央分隔带护栏的情况。
　　　　③适用于设置了超车道，未设置隔离设施，且有驶入对向车行道可能性的二级公路。
　　　　应结合上述条件确定拟建波形梁护栏等级。

3)设计方案

（1）路基填土高度小于3.5m且路侧计算安全净区内无车辆不能安全越过设施的路基段采用Gr-A-4E型波形梁护栏。

（2）路基高度小于3.5m明涵段采用Gr-A-2B2型波形梁护栏。

（3）路基高度小于3.5m的石方、挡土墙路段采用Gr-A-4C型波形梁护栏。

（4）匝道路段直线段路侧护栏采用Gr-A-4E波形梁护栏，曲线段采用Gr-A-2E型波形梁护栏，匝道中央分隔带采用Grd-Am-2E波形梁护栏。

（5）路基填土高度大于3.5m或路侧计算净区内有单悬臂、双悬臂、监控立柱的路段采用Gr-SB-2E型波形梁护栏。

（6）路基高度大于或等于3.5m明涵段采用Gr-SB-1B2型波形梁护栏。

（7）路基高度大于或等于3.5m的石方、挡土墙路段采用Gr-SB-4C型波形梁护栏。

4.2.2　护栏过渡原则及方式

1)过渡原则

（1）安全性：过渡方式应确保车辆在碰撞时能够有效地被护栏阻挡，减少事故伤害。

（2）视觉效果：过渡方式应尽量避免突兀和不协调，与周围环境相融合，提供良好的视觉感受。

（3）施工和维护：选择易于施工和维护的过渡方式，以降低成本和工作量。

（4）交通流量和车速：根据道路的交通流量和车速，选择适合的过渡方式，以满足防撞要求。

（5）地形和环境：考虑地形起伏、边坡等因素，确保过渡方式在不同地形条件下的可行性。

综上所述，混凝土护栏与波形梁护栏的过渡方式应根据具体情况进行合理选择，以保障道路使用者的安全，并与周围环境协调一致。

2)三波波形梁护栏与两波波形梁护栏过渡

当需要在三波波形梁护栏和两波波形梁护栏之间进行过渡时，可以使用过渡加强板（Transition Reinforcement Board，TRB）。TRB过渡板是一种一端为三波波形梁护栏一端为两波波形梁护栏的特殊部件（图4-5），由机床冲压成型，用于实现两种不同波形梁护栏系统之间的平稳过渡。

图4-5　TRB过渡板

3)混凝土护栏与波形梁护栏过渡

使用专门设计的连接件将混凝土护栏和波形梁护栏连接在一起,确保两者之间的力学传递和稳定性。连接件可以是螺栓、扣板等。常见的过渡方式为规范中示例的BT-1过渡段,如图4-6、图4-7所示。

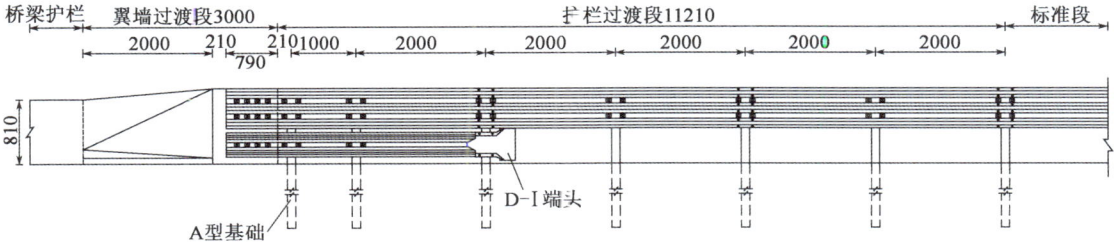

图4-6　BT-1过渡段平面图(尺寸单位:mm)

图4-7　BT-1过渡段实物图

4)组合式护栏与波形梁护栏过渡

使用专门设计的连接件(如螺栓、扣板等)将两种护栏牢固连接,确保力学传递和稳定性(图4-8)。常见的组合式护栏与波形梁护栏过渡时需要进行外展,外展斜率不宜超过JTG/T D81—2017规范中表6.2.2-2中的规定值要求,这种过渡一般应用在高速匝道和收费站广场。创新和优化也是可选方案,如在过渡区域设置缓冲区、增加反光标识等。

图4-8　组合式护栏与波形梁护栏渐变过渡

5)隧道搭接

隧道入口护栏的搭接就像一位忠实的卫士,守护着隧道的安全。它不仅可以防止车辆意外驶出隧道,保护行人和车辆的安全,还可以减少事故发生的可能性。良好的搭接设计可以增强护栏的结构稳定性,提高其抗冲击能力,延长使用寿命。以下是参考《公路交通安全设施设计规范》(JTG D81—2017)的要求对隧道洞口防护进行优化的方案设计,其设计思路如下:

(1)隧道入口优先采用混凝土翼墙渐变(图4-9)。根据《公路交通安全设施设计细则》(JTG/T D81—2017)第6.2.2条规定,即"宜通过混凝土护栏渐变或采用混凝土翼墙进入隧道洞口处,护栏进入隧道洞口的渐变率不宜超过JTG/T D81—2017规范中表6.2.2-2中的规定值,混凝土护栏或翼墙迎交通流一侧在隧道洞口处宜与检修道内侧立面平齐。"应优先采用混凝土翼墙进入隧道洞口,并设置波形梁护栏渐变至土路肩位置。

图4-9 隧道入口护栏搭接

(2)积极使用可靠的新技术、新材料、新工艺、新产品。根据《公路交通安全设施设计规范》(JTG D81—2017)第1.0.8条规定,"在满足安全和使用功能的条件下,应积极推广使用可靠的新技术、新材料、新工艺、新产品"(图4-10)。若无法设置混凝土翼墙时,则采用隧道入口过渡护栏进行防护,隧道入口的过渡护栏需拥有实车碰撞试验报告。

(3)无法设置混凝土翼墙及隧道入口过渡护栏时采用可导向防撞垫防护(图4-11)。根据《公路交通安全设施设计规范》(JTG D81—2017)第6.5.1条规定,"高速公路主线分流端、匝道分流端、隧道入口等位置应设置可导向防撞垫。隧道入口与外侧护栏已经进行了护栏过渡处理的,可不设置防撞垫"。

图4-10　隧道入口过渡护栏

图4-11　隧道入口防撞垫

(4)护栏端头设置防撞端头。根据《公路交通安全设施设计规范》(JTG D81—2017)第6.2.13条规定,"护栏无法外展时,高速公路、一级公路及作为干线的二级公路应设置防撞端头,或在护栏端头设置防撞垫"。若路侧设有90cm排水沟,可在护栏端头处设置防撞端头进行防护(图4-12)。

图4-12　防撞端头

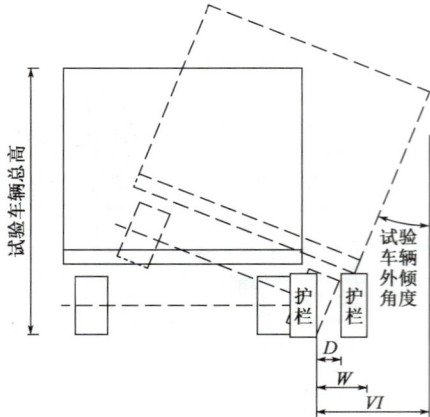

图4-13 护栏 D、W、VI 值示意图
D-护栏最大横向动态变形量；W-护栏最大横向动态
位移外延值；VI-车辆最大动态外倾值

4.2.3 波形梁护栏变形值

波形梁护栏发生碰撞后通过自身的变形来吸收或抵消碰撞能量。不同等级的波形梁护栏变形值不同，其中 W（护栏最大横向动态位移外延值）和 VI_n（车辆最大动态外倾当量值）是两个非常重要的使用指标。当障碍物前设置护栏时，包括路侧或中央分隔带的护栏面距离其防护的障碍物的距离应大于护栏最大横向位移外延值 W 或车辆最大动态外倾当量值 VI_n，否则车辆碰撞护栏时，仍会碰撞到障碍物（图4-13）。

$$VI_n = VI + (4.2 - VH)\sin\alpha \qquad (4-1)$$

式中：VI_n——大中型车辆的车辆最大动态外倾当量值，m；

VI——实车足尺碰撞试验测出的车辆最大动态外倾值，m；

VH——试验车辆总高，m；

α——试验车辆外倾角度，°。

W 值和 VI_n 值的使用应根据护栏离障碍物的距离、障碍物的高度而定，如果障碍物不高，重点考虑 W 值，若计划布设护栏的外侧上空有较高固定物，不能移除，且主要车型为大型车辆时候，需重点考虑 VI_n/W 值。表4-8列了部分波形梁护栏变形值。

部分波形梁护栏变形值   表4-8

护栏形式	测试项目	车型	测试结果
一(C)级波形梁	护栏最大横向动态外延值 W，m	小型客车	0.23
		中型客车	0.25
		中型货车	0.56
	车辆最大动态外倾当量值 VI_n，m	中型客车	0.19
		中型货车	0.91
二(B)级波形梁	护栏最大横向动态外延值 W，m	小型客车	0.79
		中型客车	0.64
		中型货车	—
	车辆最大动态外倾当量值 VI_n，m	中型客车	1.15
		中型货车	—
三(A)级波形梁	护栏最大横向动态外延值 W，m	小型客车	1.10
		中型客车	1.15
		中型货车	1.35
	车辆最大动态外倾当量值 VI_n，m	中型客车	1.55
		中型货车	2.73

续上表

护栏形式	测试项目	车型	测试结果
四(SB)级波形梁	护栏最大横向动态外延值W,m	小型客车	0.85
		中型客车	1.34
		中型货车	—
	车辆最大动态外倾当量值VI_n,m	中型客车	2.27
		中型货车	—
三(Am)级 组合型波形梁	护栏最大横向动态外延值W,m	小型客车	0.88
		中型客车	1.32
		中型货车	—
	车辆最大动态外倾当量值VI_n,m	中型客车	1.88
		中型货车	—

4.2.4 护栏防护长度计算

根据现场路外障碍物类型和距离路面的距离,对于需要防护的单悬臂、监控立柱采用四(SB)级波形梁护栏进行防护,[对于重点路段或重要结构物采用五(SA)级波形梁护栏防护,重点路段是由经过综合评价该位置平纵线形、货车占比、车辆冲出路外的概率等因素后确定的,重要结构物是指在发生事故后会对道路造成严重影响,且有可能中断交通的设施],外倾值不满足规范要求时,在防护物体的位置采用混凝土护栏或一组低变形量护栏进行防护。护栏防护长度如图4-14所示。护栏防护长度由a_1、b_1、b_2、c_1和c_2五部分组成。其中a_1是障碍物长度;b_1和b_2为避免驶出路外车辆碰撞障碍物的延长部分;c_1和c_2为护栏端头,包括锚固部分。假定防护物体为标志牌及路灯,a_1为防护物体长度,取0.3m,α取规范保守值5°,F值取4m,b_1计算为45.72m可取整数50m。b_2为b_1的1/2=25m。因b_1取值为整数且大于计算所得值,故a_1长度不再单计。所得防护障碍物最小护栏长度为75m(不含c_1、c_2长度)。

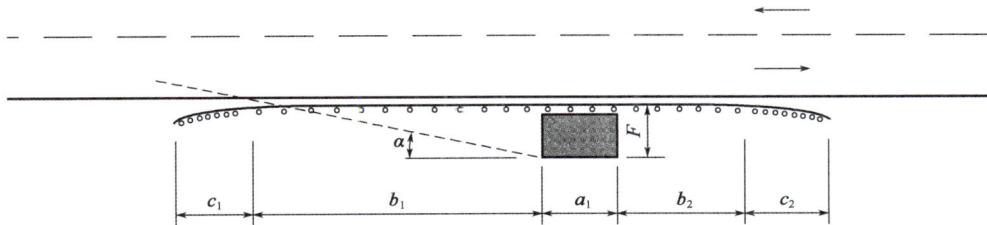

图4-14 护栏防护长度

4.2.5 护栏端头

1)迎交通流端头

高速公路波形梁护栏的迎交通流端头处治对于道路交通安全至关重要。这些端头处是车辆与护栏发生碰撞的关键部位,良好的迎交通流端头处治可以有效吸收碰撞能量,减少车辆碰撞的冲击力,保护车内人员的生命安全。

端头处治可以提高护栏的导向功能。在车辆偏离道路时,端头能够引导车辆回到正确的行驶方向,减少事故的发生概率。同时,端头处治可以增强波形梁护栏的整体稳定性和耐久性,延长其使用寿命,降低维护成本。

合理的端头处治有助于提升道路的美观度和驾驶舒适性。一个整齐、美观的端头会给驾驶人带来良好的视觉感受,减轻驾驶压力。高速公路波形梁护栏迎交通流端头处治的重要性不言而喻。它不仅关乎道路使用者的安全,还对道路的整体性能和形象产生了重要影响。以下是参考规范《公路交通安全设施设计规范》(JTG D81—2017)要求对护栏迎交通流端头进行优化的方案设计,其设计思路如下:

(1)针对护栏端头上游存在护栏的情况。临近护栏间距小于70m或外展后的端头与临近护栏间距小于70m时将两段护栏贯通。统计实际工程量后确定参照现行技术标准或建设期技术标准,尽可能保证方案的统一性(图4-15、图4-16)。

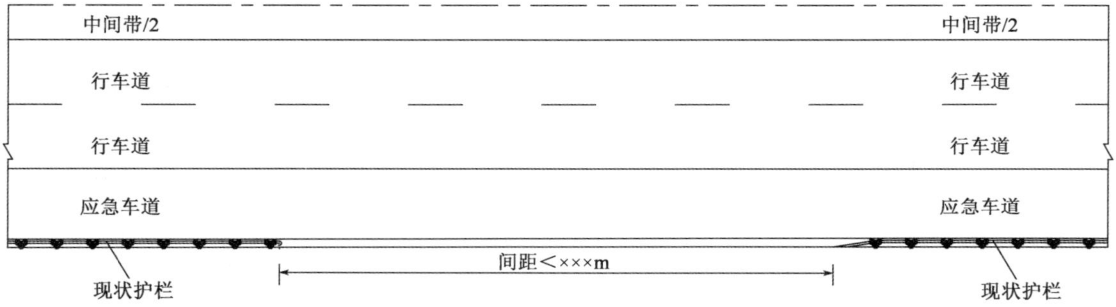

图4-15　间距小于70m端头整治前

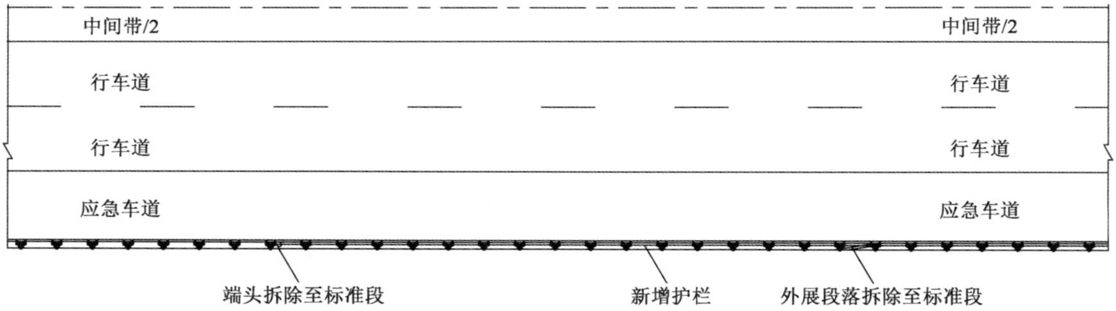

图4-16　间距小于70m端头整治后

(2)对于有条件进行外展的位置。按照规范要求的外展斜率外展至边坡坡体,合理选择跨边沟方案(改移边沟、改造盖板)或采用专利产品进行布设(图4-17～图4-19)。

(3)对于无法进行外展的位置。采用防撞端头进行防护,若该处临崖、临河,则将波形梁护栏延长20m后再布设防撞端头,并将防撞桶布设在碎落台上,避免车辆碰撞后冲出路外(图4-20)。

现浇C30端墙　埋设φ50波纹管　现浇C30端墙封堵　端部设1.5m×1.5m沉淀池　M16膨胀螺栓锚固或插入边坡土体中

边沟　碎落台　土路肩

边沟回填土方夯实　1:17　a　b　应急车道
标准段12m　边沟改造范围16m　外展段

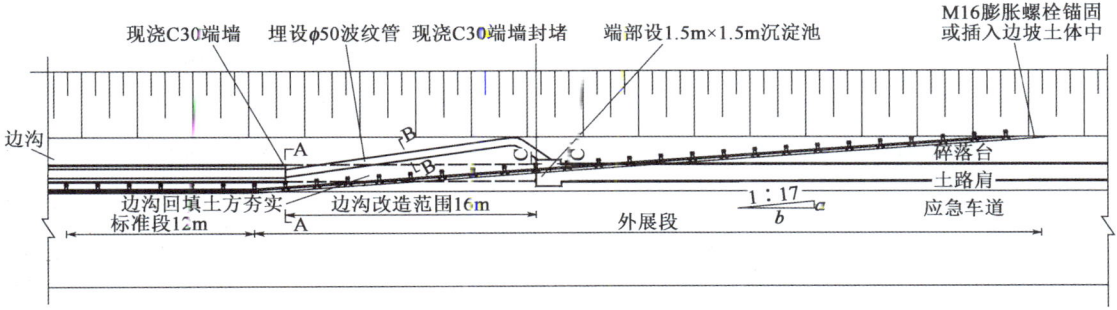

图4-17　跨边沟方案——改移边沟

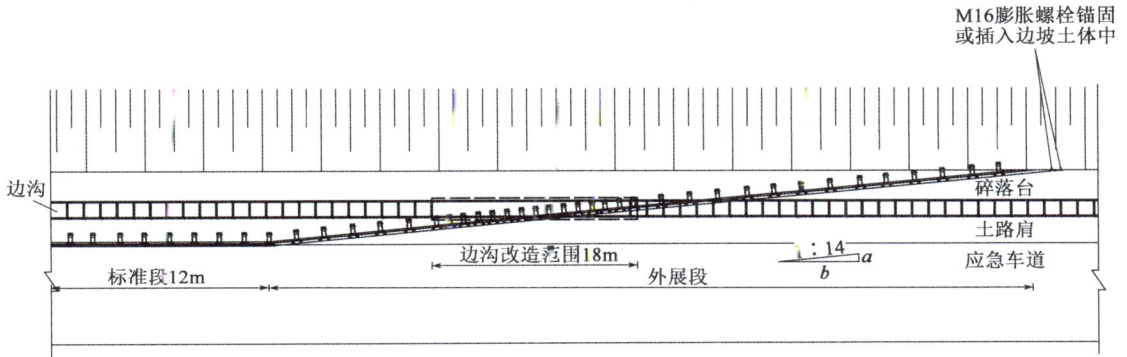

M16膨胀螺栓锚固或插入边坡土体中

边沟　碎落台　土路肩

1:14　a　b　应急车道
标准段12m　边沟改造范围18m　外展段

图4-18　跨边沟方案——改造盖板

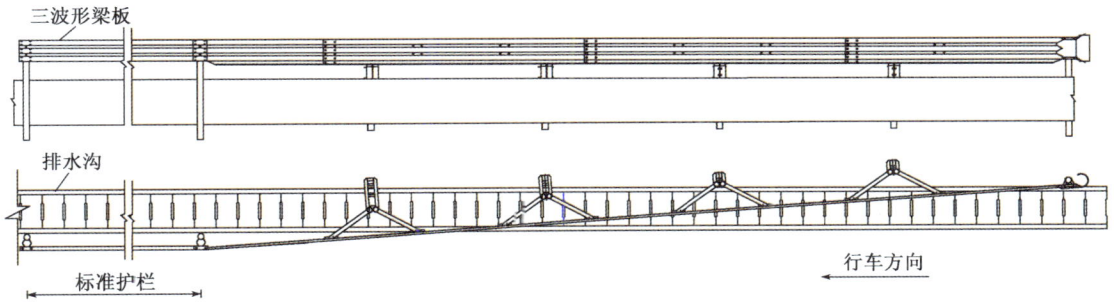

三波形梁板

排水沟

标准护栏　　行车方向

图4-19　跨边沟方案——采用专利产品

091

图4-20　防撞端头

2)分流三角区

高速公路主线分流端、匝道出口等，在车辆撞击时，容易造成冲击伤害的路侧障碍物，均属于危险区域，考虑到事故发生的概率因素，一般在主线分流端、匝道出口位置设置防撞垫。高速公路的主要功能为道路使用者提供安全、快捷的出行条件，防撞垫在提供安全防护的时候，不能影响其主要功能的发挥。设置防撞垫的要求如下：

（1）根据《公路立体交叉设计细则》（JTG/T D21—2014）要求，当分流鼻端位于路基段，且土路肩上设置防撞护栏时，护栏端部距分流鼻端之间距离应大于6m，在分流鼻端与护栏端部之间安装防撞垫等（图4-21）。

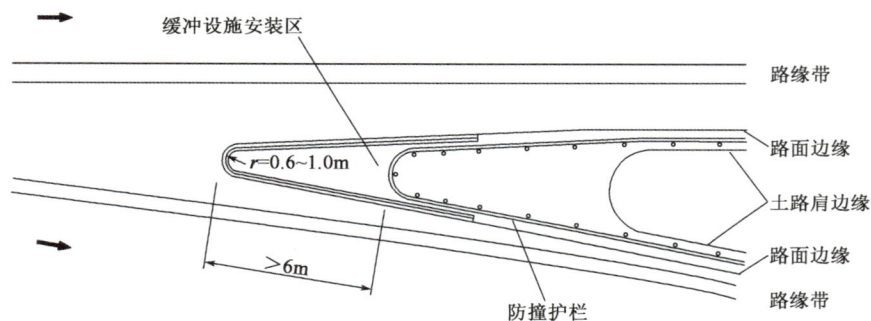

图4-21　防撞垫安装位置示意图

（2）防撞垫要与后方护栏合理搭接，避免护栏出现碰撞点。防撞垫要具有符合《公路护栏安全性能评价标准》（JTG B05-01—2013）规定的碰撞试验报告。

（3）防撞垫的平面布设应与公路线形一致，设置于主线分流端、匝道出口前端时，防撞垫的轴线宜与防撞垫两侧公路路线交角的中心线重叠，并与所在位置的其他公路交通设施协调。

4.2.6　波形梁护栏的材质

波形梁护栏的材质有很多种，常见的材质有碳素结构钢、高强钢、耐候钢等。《波形梁钢护栏》（GB/T 31439.1—2015）第4.3.1条规定，波形梁护栏所用基底金属材质应为碳素结构钢，其力学性能及化学成分指标应不低于《碳素结构钢》（GB/T 700—2006）规定的Q235牌号钢的要求。

1)碳素结构钢

碳素结构钢是一种高强度钢材,通常用于需要更高强度的场合,如山区道路的防护。

(1)碳素结构钢的质量等级。

《波形梁钢护栏　第2部分:三波形梁钢护栏》(GB/T 31439.2—2015)4.3.1条要求:"三波形梁板、三波形背板、过渡板、立柱、防阻块、横隔梁、端头等构件等所用基底金属材料应为碳素结构钢,其力学性能及化学成分指标应不低于GB/T 700—2006规定的Q235牌号钢的要求。Q235主要力学性能考核指标为下屈服强度不小于235MPa、抗拉强度不小于375MPa、断后伸长率不小于26%。"

Q235是一种常见的碳素结构钢牌号,根据GB/T 700—2006,Q235钢材可分为Q235A、Q235B、Q235C、Q235D 4个质量等级。这4个质量等级在化学成分、力学性能等方面略有差异。其中,Q235A:不做冲击试验,该等级钢材的硫、磷含量略高于其他3个等级,力学性能相对较低,通常用于对性能要求不高的结构,如一般的金属构件、拉杆、螺栓等。Q235B:做温室冲击试验,是常见的Q235牌号,其性能适中,适用于一般的结构件,如建筑、桥梁、车辆等。Q235C:做0℃冲击试验,此等级的钢材在冷弯性能方面有更高要求,适用于需要一定冷弯加工的零件,如冷轧薄板等。Q235D:做-20℃冲击试验,该等级钢材的质量要求最高,主要用于重要的结构或需要特殊质量保证的场合。

(2)碳素结构钢的化学成分、生产工艺、力学性能如下:

①化学成分。碳素结构钢的化学成分主要包括碳、硅、锰、硫、磷等元素。其中,碳是主要的强化元素,可以提高钢材的强度和硬度;硅和锰可以提高钢材的强度和韧性,同时可以改善钢材的耐腐蚀性和抗疲劳性;硫和磷是有害元素,会降低钢材的机械性能和耐腐蚀性。

②生产工艺。碳素结构钢的生产工艺主要包括炼钢、轧制和热处理等环节。其中,炼钢是将铁矿石、焦炭和石灰石等原料在高炉中熔炼成钢水,然后将钢水铸成钢锭或连铸坯;轧制是将钢锭或连铸坯在轧机上轧制成各种形状的钢材,如钢板、型钢等;热处理是将钢材在高温下进行加热、保温和冷却,以改善钢材的机械性能和耐腐蚀性。

③力学性能。碳素结构钢的力学性能主要包括强度、硬度、韧性和疲劳性等。其中,强度是指钢材抵抗外力的能力,通常用抗拉强度和屈服强度来表示;硬度是指钢材表面抵抗外力的能力,通常用布氏硬度或洛氏硬度来表示;韧性是指钢材抵抗冲击的能力,通常用冲击韧性来表示;疲劳性是指钢材抵抗重复荷载的能力,通常用疲劳强度来表示。

2)高强钢

高强钢是一种强度高、韧性好、耐腐蚀的钢材。与常规波形梁护栏相比,高强钢波形梁护栏具有减薄降耗、省工节能、节约环保、可塑性较好的优点。高强钢的化学成分、生产工艺、力学性能如下:

(1)化学成分。高强钢的化学成分主要包括碳、硅、锰、磷、硫等元素。其中,碳是主要的强化元素,可以提高钢材的强度和硬度;硅和锰可以提高钢材的强度和韧性,同时可以改善钢材的耐腐蚀性和可加工性;磷和硫是有害元素,会降低钢材的力学性能和耐腐蚀性。

(2)生产工艺。高强钢的生产工艺主要包括熔炼、铸造、锻造、热处理、冷加工等环节。其中,熔炼是将钢材原料在熔炉中熔炼成液态钢水;铸造是将液态钢水浇铸到模具中,制成钢锭或铸件;锻造是将钢锭在锻压机中锻压成各种形状的钢材;热处理是将钢材在高温下进行加热和冷却,以提高钢材的力学性能和耐腐蚀性;冷加工是将钢材在常温下进行加工,以提高钢材的尺寸精度和表面质量。

(3)力学性能。高强钢的力学性能主要包括强度、硬度、韧性、疲劳性等。其中,强度是指钢材抵抗外力的能力,通常用抗拉强度和屈服强度来表示;硬度是指钢材表面抵抗外力的能力,通常用布氏硬度或洛氏硬度来表示;韧性是指钢材抵抗冲击的能力,通常用冲击韧性来表示;疲劳性是指钢材抵抗重复荷载的能力,通常用疲劳强度来表示。

3)耐候钢

耐候钢是一种特殊的钢材,它具有良好的耐腐蚀性能,可以在恶劣的环境中使用。耐候钢波形梁护栏的优点包括:

(1)耐腐蚀性。耐候钢具有良好的耐腐蚀性能,可以在恶劣的环境中使用,如海洋、工业区等。

(2)美观性。耐候钢波形梁护栏的外观简洁大方,与周围环境相协调。

(3)安全性。耐候钢波形梁护栏可以有效地保护行人、车辆等的安全,减少交通事故的发生。

(4)经济性。耐候钢波形梁护栏的价格相对较低,可以降低工程成本。

4.2.7 波形梁护栏的表面防腐方式

波形梁护栏的表面防腐方式有热浸镀锌、喷塑、浸塑、环氧锌基四种。

1)热浸镀锌

热浸镀锌是指将护栏板工件经过除油、除锈,呈现出无污、浸润的表面,立即浸入预先将锌加热融熔了的镀槽,在护栏板表面形成一层锌镀层。

热浸镀锌的原理是将护栏浸入熔融的锌液,使锌层与护栏表面形成冶金结合。这种锌层能够有效地防止护栏受到腐蚀,包括大气腐蚀、电化学腐蚀等。热浸镀锌具有以下几个优点:

(1)良好的防腐性能。锌层能够形成一层致密的保护膜,阻止氧气、水分和其他腐蚀性介质进入护栏表面,从而大大减少了护栏腐蚀的发生。

(2)耐久性。热浸镀锌的防腐效果可以持续很长时间,通常可以达到数十年甚至更长,这使得护栏具有较长的使用寿命。

(3)耐磨性。锌层具有一定的耐磨性,能够抵抗车辆碰撞和刮擦等机械损伤,保持护栏的完整性。

(4)美观性。热浸镀锌后的护栏表面呈现出光亮的锌色,具有较好的外观效果。然而,热浸镀锌的防腐效果也受到一些因素的影响,如镀锌层的厚度、镀锌工艺的质量控制、使用环境的腐蚀性等。在实际应用过程中,需要确保严格的质量控制和适当的维护保养,以最大限度地发挥热浸镀锌的防腐效果。

热浸镀锌的缺点包括如下:

(1)成本较高。热浸镀锌需要专门的设备和工艺,成本相对较高。这可能会增加护栏的制造成本。

(2)环境影响。热浸镀锌过程中可能会产生一些污染物,如废气、废水等,对环境造成一定的影响。因此,需要采取适当的环保措施来减少其对环境的负面影响。

(3)锌层厚度限制。热浸镀锌的锌层厚度通常是有限的,可能无法完全满足某些极端腐蚀环境下的防腐需求。在一些特殊情况下,可能需要采取更高级的防腐措施。

(4)外观限制。热浸镀锌后的护栏颜色通常为银色或锌灰色,可能无法满足一些对于外观有特殊要求的项目。

(5)维护要求。虽然热浸镀锌具有较好的防腐性能,但在使用过程中仍然需要进行一定的维护,如定期检查和修复锌层的损伤。

需要指出的是,这些缺点并不是热浸镀锌的普遍问题,而是在特定情况下可能会出现的限制。实际上,热浸镀锌仍然是一种广泛应用且非常有效的防腐方法,其优点通常远远超过缺点。在选择护栏防腐方法时,需要综合考虑各种因素,包括防腐效果、成本、环境影响、使用要求等,以确定最佳方案。

2)喷塑

喷塑,也就是常讲的静电粉末喷涂,它是利用静电发生器使塑料粉末带电,附着在护栏板表面,再经高温热烘烤熔融固化。

喷塑的防腐效果主要取决于以下几个因素

(1)涂层质量。喷塑涂层的质量对防腐效果有重要影响。高质量的喷塑涂层通常具有良好的附着力、密封性和耐腐蚀性,能够有效地阻止外界腐蚀性介质的侵入。

(2)涂层厚度。适当的涂层厚度可以提供更好的防腐性能。较厚的涂层能够增加对护栏基材的保护,并延长护栏防腐时间。

(3)基材处理。在进行喷塑之前,对护栏基材进行适当的表面处理,如除锈、磷化等,可以提高涂层的附着力和防腐效果。

(4)环境条件。喷塑的防腐效果也受到使用环境的影响。例如,在恶劣的气候条件、高湿度或腐蚀性介质较多的环境中,喷塑的防腐性能可能会受到一定挑战。

喷塑的优点包括如下:

(1)美观性。喷塑可以提供多种颜色和表面效果的选择,满足不同的审美需求,使护栏具有良好的外观。

(2)耐腐蚀性。喷塑涂层可以有效地防止腐蚀,保护护栏免受大气、水分和化学物质的侵蚀。

(3)成本相对较低。与其他防腐方法相比,喷塑的成本相对较低,是一种经济实惠的选择。

(4)适应性强。喷塑适用于各种形状和尺寸的护栏,可以对复杂的结构进行有效的防腐处理。

(5)环保性。喷塑过程中产生的污染物较少,相对较为环保。

喷塑的缺点包括如下:

(1)耐磨性相对较弱。喷塑涂层的耐磨性可能不如其他一些防腐方法,容易在长期使用中出现刮花和磨损。

(2)涂层厚度有限。喷塑涂层的厚度通常较薄,可能在某些苛刻的环境下需要更频繁地维护和重新喷涂。

(3)施工要求高。喷塑施工需要专业的设备和操作技术,施工质量的好坏直接影响防腐效果。

（4）耐候性受限。在一些极端的气候条件下，如高温、严寒或强烈的紫外线照射，喷塑涂层的性能可能会受到一定影响。

3）浸塑

浸塑粉末是一种热固性粉末涂料，是由特制树脂、颜填料、固化剂及其他助剂，以一定的比例混合，再通过热挤塑和粉碎过筛等工艺制备而成，经流化床浸涂，再加热烘烤熔融固化，形成平整光亮的永久性涂膜，达到装饰和防腐蚀的目的。

浸塑是将基材放入熔融的塑料，使其表面覆盖一层塑料涂层的过程。这种涂层可以隔绝基材与外界环境的接触，起到防腐、防锈、耐磨损等作用。然而，浸塑的防腐效果会受到多种因素的影响，如塑料的质量、浸塑的厚度、基材的预处理以及使用环境等。一般来说，高质量的浸塑涂层可以提供较好的防腐性能，但在一些苛刻的环境条件下，可能需要采取更高级的防腐措施。此外，定期维护和检查也是确保浸塑防腐效果持久的重要环节。

浸塑的优点包括如下：

（1）绝缘性好。浸塑可以提供良好的绝缘性能，减少电流泄漏和电击风险。

（2）耐化学腐蚀性。对于一些化学物质，浸塑具有较好的抵抗能力，能延长护栏的使用寿命。

（3）易于清洁和维护。表面光滑的浸塑涂层相对容易清洁，可以减少污垢和污染物的附着。

（4）广泛的应用领域。浸塑可用于多种基材，如金属、木材、塑料等，具有较强的适应性。

（5）可定制性。可以根据具体需求定制浸塑的颜色、纹理和图案，满足个性化设计要求。

这些优点使得浸塑在许多领域得到广泛应用，特别是对于一些对外观、绝缘性和防腐性能有要求的场合。

浸塑的缺点包括如下：

（1）烘烤温度高，有时影响工件的硬度或产生变形，因此不能耐高温（160～280℃）的工件，不宜采用浸塑加工工艺。

（2）由于变换涂层的颜色须分槽浸塑，因此要求经常更换涂层颜色的产品不宜采用液体浸塑加工工艺。

（3）在浸塑液中不能下沉的产品，不宜采用浸塑加工工艺。

（4）对于基体本身有气孔的生铁铸造工件，在浸塑时易产生鼓泡、气孔等缺陷，故其不能浸塑。

（5）由于大型工件操作复杂，塑料涂膜质量不易保证，故不适合用于大型工件的整体或局部浸塑。

（6）液体浸塑的涂膜厚度较大，不适合要求薄膜涂层的产品。

4）环氧锌基

环氧锌基采用喷丸工艺做前处理，避免了酸碱污染；采用静电喷涂工艺降低了熔融锌锭、铝锭所需的高温和+热损失，以其优异的腐蚀防护能力、清洁生产工艺及良好的再生利用性能获得市场好评。

环氧锌基聚波形护栏是我国第四代钢护栏，节能降耗环保，防腐效果更优。其中，耐盐雾试验1500h，耐湿热试验1000h，分别是传统热镀锌护栏产品的9倍和6倍。

在成本造价及使用年限方面，环氧锌基护栏造价略高，长时间高温暴晒或受到严重腐蚀后,表面防腐层易脱落,会缩短护栏的使用年限。

环氧锌基的优点主要包括如下:

(1)防腐性能优异。环氧锌基具有很好的耐腐蚀性,能够有效抵抗腐蚀介质的侵蚀,延长护栏的使用寿命。

(2)附着力强。涂层与基材之间具有较强的附着力,不易剥落,保证了防腐效果的持久性。

(3)耐磨性好。环氧锌基涂层具有一定的耐磨性,能够减少护栏在使用过程中的磨损。

(4)外观质量高。这种涂层通常具有平整、光滑的表面,外观质量较好。

(5)环保性。相比一些传统的防腐方法,环氧锌基在生产和使用过程中对环境的影响较小。

这些优点使得环氧锌基在一些对防腐性能要求较高的领域得到了广泛应用。

环氧锌基的缺点主要包括如下:

(1)成本较高。与其他一些防腐方法相比,环氧锌基的成本可能相对较高,这可能会对项目的预算产生一定影响。

(2)施工要求严格。环氧锌基的施工过程需要严格控制环境条件和施工工艺,以确保涂层的质量和性能。

(3)耐候性有限。在一些极端的气候条件下,如高温、严寒或强烈的紫外线照射,环氧锌基的性能可能会受到一定影响。

(4)颜色选择相对较少。不像其他的一些防腐方法,如喷塑可以提供更多的颜色选择,环氧锌基的颜色通常较为有限。

4.2.8 护栏基础

1)立柱钻孔工艺

波形梁护栏立柱钻孔打入的实施步骤包括:

(1)现场准备。清理施工现场,确保地面平整,移除可能影响钻孔和打入的障碍物。

(2)测量定位。使用测量工具确定立柱的准确位置,标记钻孔点。

(3)钻孔设备选择。根据立柱的尺寸和地质条件,选择合适的钻孔设备,如钻机或冲击钻。

(4)钻孔。按照标记的位置,使用钻孔设备进行钻孔。确保钻孔的深度和直径符合设计要求。

(5)清理钻孔。清除钻孔内的杂物和尘土,以确保立柱能够顺利插入。

(6)立柱安装。将立柱小心地插入钻孔,确保立柱垂直和稳固。

(7)固定立柱。可以使用适当的方法,如灌浆或使用膨胀螺栓,将立柱固定在钻孔中。

(8)检查和调整。检查立柱的垂直度和位置,如有需要,进行微调以确保安装质量。

(9)完成安装。确认立柱安装牢固后,进行后续的护栏安装工作。

2)压实度检测

波形梁护栏立柱的压实度要求通常是为了确保立柱安装的稳定性和安全性。以下是一些常见的压实度要求:

(1)基础密实。立柱基础应确保密实,无空鼓、松动等情况。这可以通过合适的基础处理方法,如填方、压实等来实现。

(2)土壤密度。立柱周围的土壤应达到一定的密度要求,以提供足够的支撑力。具体的密度要求可能会因为不同的地区和项目要求而有所差异。

一般采用环刀法对项目路段进行取样并进行压实度检测（图4-22），检测内容有湿密度、含水率、平均含水率、干密度、最大干密度、压实度等。

图4-22　取土及压实度检测

4.2.9　护栏整体现状

据不完全统计，1998—2000年，参照"94规范"所建设高速公路波形梁护栏板完全变形或被撞断，立柱严重弯曲或倒伏、拔起，基础完全破坏的事故约占车辆碰撞护栏事故的7%，这些事故造成了严重的人员伤亡和车辆破损。路侧和中央分隔带的事故约各占50%，其中严重的冲出路侧、穿越中央分隔带或进入中央分隔带的事故占10%左右。

交通事故造成护栏严重损坏的主要原因是：车辆速度快、汽车质量大、碰撞角度大以及护栏防护强度不够。"94规范"对护栏的碰撞条件规定偏低，对护栏立柱和地基土施工质量带来的问题规定不够严密，已不能适应目前公路交通条件，护栏整体强度偏弱。

目前，越来越多的波形梁护栏正在接近其使用寿命，尤其以"94规范"设置的波形梁护栏，不仅防护等级低，个别高速公路波形梁护栏甚至超出了其使用寿命。

护栏防护等级设置的合理性直接影响车辆碰撞护栏后的穿越概率，尤其是近年来车辆重型化的发展，大货车的质量越来越重，护栏防护等级的不足而引发的特大交通事故时有发生。

4.3　波形梁护栏施工

4.3.1　施工技术要求

1）立柱放样

（1）应根据设计文件进行立柱放样，包括过渡段及渐变段的护栏立柱，并以桥梁、通道、涵洞、隧道、中央分隔带开口、互通式立体交叉等为控制立柱的位置，进行测距定位。

（2）立柱放样时可利用调节板调节间距，并利用分配方法处理间距零头数。

（3）应调查立柱所在位置是否存在地下管线、排水沟、泄水槽等设施，或构造物顶部埋土深度不足的情况。

2)立柱安装

(1)立柱纵向和横向位置应符合设计文件的规定,并与公路线形相协调。

(2)位于土基中的立柱,宜采用打入法施工;位于石方区或填石区的立柱,宜采用钻孔法施工,也可采用挖埋法施工,或根据设计文件的要求设置混凝土基础。

①采用打入法施工时,立柱表面可标注表示打入深度的刻度尺。当立柱打入过深时,不得将立柱部分拔出加以矫正,而应将其全部拔出,将基础压实到设计规定的要求后再重新打入。当立柱无法打入到要求深度时,不得将立柱的地面以上部分焊割、钻孔,不得使用锯短的立柱,宜采用钻孔法安装立柱,也可采用挖埋法安装立柱,或依据设计变更的要求改成混凝土基础。

②采用钻孔法施工时,可根据土质条件确定钻孔深度,立柱固定后缝隙应灌注砂浆或混凝土并夯实。

③采用挖埋法施工时,回填土应分层夯实,每层回填土厚度不应超过15cm,回填土的压实度不应小于设计规定值。填石路基中的柱坑应用粒料回填并夯实。采用挖埋法施工时,也可直接回填混凝土并振捣。

(3)在铺有路面的路段设置立柱时,柱坑从路基至面层以下5cm处应采用与路基相同的材料回填并分层夯实,余下部分应采用与路面相同的材料回填并压实。

(4)位于小桥、通道、明涵等混凝土基础中的立柱,设置在预埋的套筒内时,可通过灌注砂浆或混凝土固定;通过地脚螺栓与混凝土基础相连时,应控制立柱的安装方向和高程。

(5)护栏渐变段、过渡段及端部的立柱,应按设计文件规定的位置进行安装。

(6)立柱安装就位后,其水平方向和竖直方向应形成平顺的线形,立柱端部不得有明显的变形、破损。

(7)立柱位于排水设施位置处时,施工安装后应使用砂浆灌满立柱周围的缝隙,并在表面涂抹沥青。

3)防阻块、托架、横隔梁安装

(1)防阻块、托架应通过连接螺栓固定于护栏板和立柱之间,在拧紧连接螺栓前应调整防阻块、托架,使其准确就位。注意:不得改变防阻块、托架的形状,以适应安装条件。

(2)防护等级为SA、SS和HB的路侧波形梁护栏以及防护等级为SAm、SSm和HBm的分设型波形梁护栏在安装防阻块时,应同时安装上层立柱,线形应与下层立柱相同。

(3)设有横隔梁的中央分隔带护栏,应在立柱准确定位后安装横隔梁。在护栏板安装前,横隔梁与立柱间的连接螺栓不应过早拧紧。

4)护栏板安装

(1)护栏板应通过拼接螺栓相互连接成纵向横梁,并用连接螺栓固定于防阻块、托架或横隔梁上。护栏板拼接方向应与行车方向一致。拼接螺栓必须采用高强螺栓。

(2)防护等级为SA、SAm、SS、SSm、HB、HBm的波形梁护栏的上层横梁与上层立柱通过螺栓连接。

(3)立柱间距不规则时,可利用调节板、梁进行调节,不得采用现场切割护栏板的方法。

(4)所有的连接螺栓及拼接螺栓应在护栏的线形达到规定要求时才能拧紧。终拧扭矩应符合表4-9的规定。

波形梁护栏连接螺栓及拼接螺栓的终拧扭矩规定值　　　表4-9

螺栓类型	螺栓直径(mm)	扭矩值(N·m)
普通螺栓	M16	60～68
	M20	95～102
	M22	163～170
高强螺栓	—	315～430

5)端头安装

(1)波形梁护栏应按设计文件的规定进行端部处理,护栏端头应通过拼接螺栓与护栏板牢固连接。拼接螺栓应采用高强螺栓,或符合设计文件的要求。

(2)端头外展埋入路堑土体时,根据定位开挖土体,开挖至能够打入立柱并安装端部结构即可,打入端部锚固立柱并安装端部结构后,回填、夯实土体恢复原土体坡面。

4.3.2　施工流程

1)立柱打入

波形梁护栏立柱打入的施工过程一般如下:

(1)准备工作。确定立柱的安装位置,清理好地面,确保打入区域没有障碍物。

(2)安装导向装置。根据立柱的设计位置,安装导向装置,以确保立柱打入的垂直度。

(3)立柱定位。将立柱放在导向装置上,调整好位置和垂直度。

(4)开始打入。使用合适的工具(如打桩机、气动锤等)将立柱逐渐打入地下。注意:在施工过程中控制打入的速度和力度,避免立柱变形或损坏。

(5)监测打入深度。实时监测立柱的打入深度,确保达到设计要求的深度。

(6)调整立柱位置。如果立柱的位置出现偏差,应及时进行调整,保证立柱的垂直度和水平度。

(7)固定立柱。立柱打入深度达到设计要求后,使用适当的方法将其固定,如灌浆、焊接等。

(8)检查验收。对打入的立柱进行检查,确保其符合质量要求。

立柱打入如图4-23所示。

图4-23　立柱打入

2）护栏拆除

波形梁护栏拆除的施工过程如下：

（1）安全措施。在拆除工作开始前，确保工作区域安全，设置警示标志，隔离施工区域。

（2）工具准备。准备合适的工具，如扳手、螺丝刀、起重机等，以拆除护栏的各个组件。

（3）拆除连接件。使用工具拆除护栏与立柱、基础等连接件，如螺钉、螺栓等。

（4）吊起或拆卸护栏板。根据具体情况，可以使用起重机或人工拆卸的方式将护栏板从立柱上卸下。

（5）移除立柱。如有需要，将立柱从路基中拔出或拆除。

（6）清理工作现场。及时清理拆除过程中产生的废料和杂物，保持工作区域整洁。

（7）运输和存放。将拆除的护栏组件妥善运输到指定地点存放，以便后续处理或再利用。

护栏拆除如图4-24所示。

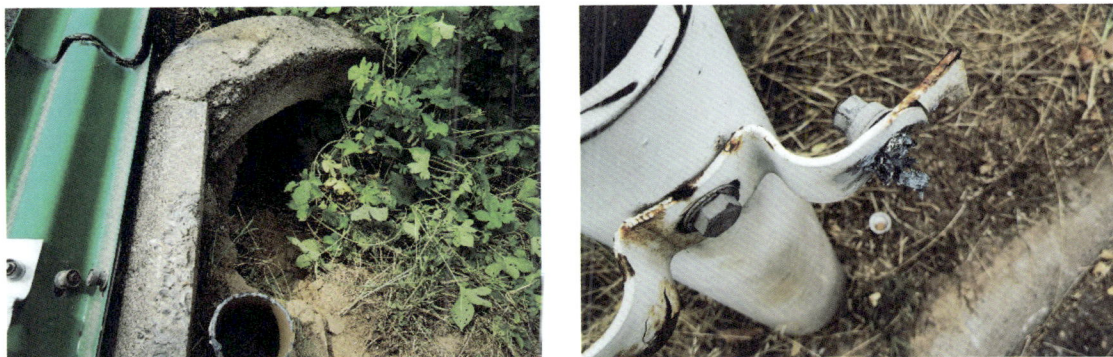

图4-24　护栏拆除

3）防阻块安装

波形梁护栏防阻块的安装过程如下：

（1）准备工作。确保防阻块和护栏的其他组件准备齐全，检查防阻块是否完好无损。

（2）定位。将防阻块放置在护栏立柱的相应位置，通常是在立柱之间的横梁上。

（3）安装固定。使用螺栓、螺母等连接件将防阻块固定在横梁上。确保连接件紧固，以防止防阻块松动。

（4）调整位置。在安装过程中，可能需要对防阻块的位置进行微调，使其与护栏的其他部分对齐，保持整体美观和稳定。

（5）检查核实。安装完成后，检查防阻块是否安装牢固，与护栏的连接是否紧密。

防阻块安装如图4-25所示。

4）安装波形横梁

波形梁护栏波形横梁的安装过程如下：

（1）准备工作。确保有足够的波形横梁材料，并检查其质量和规格是否符合要求。清理安装区域，确保基础平整。

（2）测量和定位。根据设计图纸，确定波形横梁的安装位置和尺寸，使用测量工具进行精确标记。

（3）安装波形横梁。将波形横梁小心地放在支架或托架上，确保波形横梁与立柱对齐，并根据实际需要进行调整。

（4）连接和固定。使用螺栓或其他适当的连接件将波形横梁固定到立柱上，确保连接牢固，以防止横梁松动。

（5）检查和调整。检查波形横梁的安装质量，包括水平度、垂直度和直线度。如有需要，进行微调，以确保符合要求。

（6）完成安装。在确认波形横梁安装正确后，进行最后的清理和整理工作。

波形横梁安装如图4-26所示。

图4-25　防阻块安装

图4-26　波形横梁安装

5）轮廓标、百米牌安装

波形梁护栏中轮廓标、百米牌安装过程如下：

（1）准备工作：确保轮廓标或百米牌的数量足够，并检查其质量和完整性；准备安装工具，如螺丝刀、扳手等。

（2）确定安装位置：根据设计要求或相关标准，确定轮廓标或百米牌在波形梁护栏上的具体安装位置。通常，它们会按照一定的间距进行安装。

（3）清洁安装区域：使用清洁剂或擦拭工具，清洁波形梁护栏上的安装区域，以确保轮廓标或百米牌能够牢固粘贴或固定。

（4）安装轮廓标/百米牌：根据具体的安装方式，将轮廓标/百米牌固定在波形梁护栏上。这可能包括使用螺钉、黏合剂、夹子或其他适当的固定装置。

（5）调整和校准：确保轮廓标/百米牌安装水平、垂直，并与护栏对齐。如果需要，进行微调和校准。

（6）检查和测试：在安装完成后，检查轮廓标/百米牌是否牢固固定，是否符合相关标准和要求。可以进行简单的测试，如摇动或拉扯，以确保其稳定性。

（7）完成安装：清理安装过程中产生的垃圾和杂物，使安装区域整洁干净。

百米牌安装如图4-27所示。

图4-27　百米牌安装

4.3.3　施工经验总结

波形梁护栏立柱打入时可以隔20~50cm先打入1根，确保位置准确后，两根立柱中间绑上细绳方便其余立柱打入（图4-28）。立柱打入期间可以再实时微调位置。

图4-28　立柱打入时放线

4.4　波形梁护栏验收

4.4.1　验收指标要求

1）基本要求

（1）波形梁钢护栏的防撞等级和路侧最小设置长度应符合现行《公路交通安全设施设计

规范》(JTG D81—2017)和《高速公路交通工程及沿线设施设计通用规范》(JTG D80—2006)的规定。

（2）波形梁钢护栏构件的材质、几何尺寸应符合现行《波形梁钢护栏　第1部分：两波形梁钢护栏》(GB/T 31439.1—2015)、《波形梁钢护栏　第2部分：三波形梁钢护栏》(GB/T 31439.2—2015)的规定，防腐层质量应符合现行《公路交通工程钢构件防腐技术条件》(GB/T 18226—2015)的规定；局部更换的波形梁钢护栏材质、几何尺寸应与相邻的原有波形梁钢护栏一致。

（3）波形梁钢护栏板的端部、中央分隔带开口及护栏过渡段的处理应符合设计要求。

（4）波形梁钢护栏立柱、波形梁、防阻块及托架的安装应符合设计要求，不得现场焊割和钻孔；波形梁板应沿行车方向平顺搭接。

（5）路肩和中央分隔带的土基压实度不应小于设计值，达不到压实度要求的路段不应进行护栏立柱打入施工；桥梁、石方路段和挡土墙上的护栏立柱的埋深及基础处理应符合设计要求。

2）检测指标

波形梁钢护栏实测项目应符合表4-10的规定。

波形梁钢护栏实测项目

表4-10

项次	检查项目	规定值或允许偏差	检查方法和频率
1△	波形梁板基底板厚度(mm)	符合现行《波形梁钢护栏　第1部分：两波形梁钢护栏》(GB/T 31439.1)、《波形梁钢护栏　第2部分：三波形梁钢护栏》(GB/T 31439.2)的规定	板厚千分尺：抽检5%
2△	镀(涂)层厚度(μm)	符合设计要求	涂层测厚仪：抽检5%
3	立柱埋入深度(mm)	不小于设计值	钢卷尺、过程检查：抽检5%
4	立柱中距(mm)	±40	钢卷尺：每200m每侧检查1处
5	立柱竖直度(mm/m)	±10	靠尺、垂线：每200m每侧检查1处
6	立柱外边缘距土路肩边线距离(mm)	≥250	钢卷尺：每200m每侧检查1处
7△	横梁中心高度(mm)	±20	钢卷尺：每200m每侧检查1处
8	螺栓终拧扭矩(N·m)	±10%	扭力扳手：每200m每侧检查1处

注："△"为关键项目，合格率应符合现行《公路养护工程质量检验评定标准》(JTG 5220)的规定。

3）外观质量

（1）波形梁钢护栏镀锌构件表面应具有均匀完整的锌层，颜色一致，表面实用、光滑，不得有流挂、滴瘤或多余结块、漏镀、气泡、剥落和宽度超过0.5mm的擦痕等缺陷；构件涂塑层应均匀光滑、连续，无肉眼可分辨的小孔、空间、孔隙、裂缝、脱皮等有害缺陷。

（2）护栏安装线形应顺畅，并应与道路线形及两端既有护栏线形协调一致。

（3）立柱、柱帽、波形梁板及防阻块、托架、端头均应安装牢固，不得有明显变形；紧固件不得缺失。

4.4.2 验收注意事项

当波形梁护栏与翼墙搭接时，施工验收的注意事项如下：

（1）搭接牢固性。检查波形梁护栏与混凝土翼墙的搭接（图4-29）是否牢固，连接处有无松动或裂缝。确保搭接部分能够承受车辆碰撞等外力。

图4-29　波形梁护栏与混凝土翼墙搭接

（2）垂直度和水平度。检查波形梁护栏的垂直度和水平度，确保其安装垂直且水平，以提供有效的防护。

（3）外观质量。检查护栏的表面是否平整，无明显划痕、腐蚀等缺陷。同时，检查焊接处是否牢固、无裂缝。

（4）尺寸符合性。核实波形梁护栏的尺寸是否符合设计要求，包括高度、宽度、厚度等。

（5）材料质量。检查所使用的波形梁护栏材料是否符合规定的标准，如钢材的质量和规格。

（6）安装间距。检查波形梁护栏的安装间距是否均匀，符合设计要求，以保证整体防护效果。

（7）与翼墙的连接。检查护栏与翼墙之间的连接是否紧密，有无缝隙或漏洞，防止物体穿过。

（8）基础稳定性。检查护栏的基础是否牢固，有无沉降或松动现象。

（9）防护性能测试。可以进行一些简单的防护性能测试（如模拟碰撞等），以验证护栏的防护能力。

（10）文件资料。检查施工过程中的相关文件资料，如设计图纸、施工记录、验收报告等是否齐全。

在施工验收过程中，要严格按照相关标准和规范进行检查，确保波形梁护栏与翼墙的搭接符合安全要求，保障道路使用者的安全。

5

混凝土护栏

5.1 混凝土护栏概述

混凝土护栏是一种纵向吸能结构,通过车辆爬升来吸收碰撞能量,从而改变车辆行驶方向、阻止车辆越出路外或进入对向车道,最大限度地减少对驾乘人员的伤害。

5.1.1 混凝土护栏现状

据统计,每年高速公路发生一次性死亡10人以上的重特大事故高达数十起,给人民的生命和财产带来了极大损失。分析这些事故,发现主要是大型客货车,载重量大、载人多,穿越中央分隔带护栏进入对向车道或穿越桥梁护栏跌入水中造成群死群伤的恶性事故。作为交通事故的最后一道防线,防撞护栏的防护等级和设置形式的选择尤为重要。高速公路中央分隔带护栏除应具备隔离交通的功能外,最主要的功能是有效避免车辆穿越中央分隔带造成二次事故。

截至2023年底,我国高速公路总里程18.36万km。随着高速公路运营时间不断增加,达到护栏设计使用年限的路段占比逐年增多,同时发生重特大事故的概率也相应增大。2019年9月28日,长深高速宜兴段一辆大客车冲破中央分隔带护栏进入对向车道后与一辆半挂车相撞,致36死、36伤。2021年4月4日,沈海高速盐城段一辆半挂车冲破中央分隔带护栏进入对向车道后与一辆大客车发生碰撞,造成11死、19伤。目前我国中央分隔带护栏普遍使用波形梁钢护栏进行防护,虽然绝大部分符合设计标准和行业规范,但护栏等级低,不能有效地防止大型车辆冲破中央分隔带护栏进入对向车道,实际防护能力远不能满足安全需要,而使用混凝土护栏能够显著提升防护能力,有效避免穿越中央分隔带护栏事故发生。

5.1.2 交通安全设施规范更新

我国在1994年颁布了《高速公路交通安全设施设计及施工技术规范》(JTJ 074—94)。"94规范"仅有A级混凝土护栏,建议混凝土护栏设置于交通量大、重车比例高的中央分隔带和防止车辆越出的路侧危险路段。

随着我国经济和公路交通的不断发展,公路交通量和车型均发生了变化,为适应公路交通的发展和安全需求,2006年交通部对"94规范"进行了修订并颁布了修订后的《公路交通安全设施设计规范》(JTG D81—2006)和《公路交通安全设施设计细则》(JTG/T D81—2006)等系列规范。"06规范"总结了自1994年以来我国交通安全设施的使用经验,借鉴和吸收国外的相关标准和先进技术经验,充分体现了"以人为本,安全至上"的指导思想,进一步完善了护栏等级;在"94规范"的基础上增加并加强了SB、SA、SS级混凝土护栏,同时增加了F型、单坡型、加强型三种混凝土护栏构造,并对每种构造给出了示例图及尺寸,同时要求高速公路、一级公路混凝土强度等级不低于C30,其他公路混凝土强度等级不低于C20。

考虑到我国交通安全设施产品的开发和生产实际状况,为避免重复开发、造成浪费,2017年新版《公路交通安全设施设计细则》(JTG/T D81—2017)基于《公路护栏安全性能评价标准》(JTG B05-01—2013)和已有的实车碰撞试验,增加了护栏的防护等级,同时对路侧护栏的设置条件和防护等级的确定更加具体,并参考国外发达国家的一些成熟技术,对2006版《公路交通安全设施设计细则》(JTG/T D81—2006)中的部分缆索护栏、波形梁护栏和混凝土护栏的结构进行了优化调整,补充完善了一些新的护栏形式和结构。

由以上我国交通安全设施技术规范的发展来看,公路护栏的安全性能在技术标准要求方面在不断提升与完善,以适应相应时期的公路交通条件及安全需求。

5.1.3 混凝土护栏类型

混凝土护栏作为刚性护栏的代表,可以减缓车辆撞击造成的冲击能量,有效降低事故严重性。

混凝土护栏可设置在路侧或中央分隔带,按照构造可分为F型混凝土护栏、单坡型混凝土护栏等,具体可根据路段不同情况及防护需求进行设置;路侧混凝土护栏一般情况下采用F型混凝土护栏、单坡型混凝土护栏等形式,结合路侧车辆驶出路外可能产生的事故后果、车辆构成比例和远期路面养护方案等因素选用;中央分隔带混凝土护栏设置受中央分隔带宽度、中央分隔带结构物、防眩等影响可采用整体式混凝土护栏或分离式混凝土护栏,整体型或分离式混凝土护栏按构造可分为F型和单坡型两种。

(1)F型混凝土护栏(图5-1)迎撞面采用两个变坡点通过引导车辆爬升降低车辆高速运行碰撞后的惯性压力,可根据需要在护栏顶部设置阻坎,加强护栏防撞性能。

(2)单坡型混凝土护栏(图5-2)相较于F型混凝土护栏,其防撞性能虽基本类似,但单坡形护栏的综合性防撞性能较F型稍好。

(3)中央分隔带分离式混凝土护栏(图5-3)采用双排护栏设置于中央分隔带位置,提高两侧车辆的行车安全。

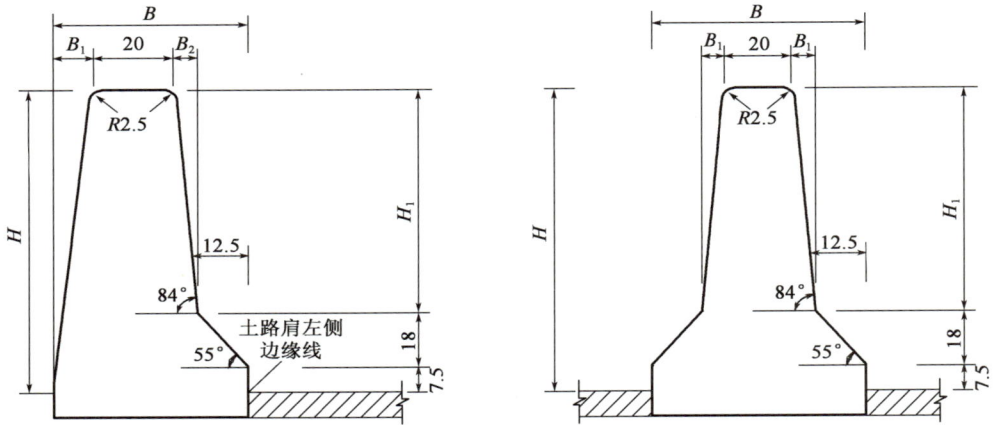

图 5-1 F 型混凝土护栏(尺寸单位:cm)

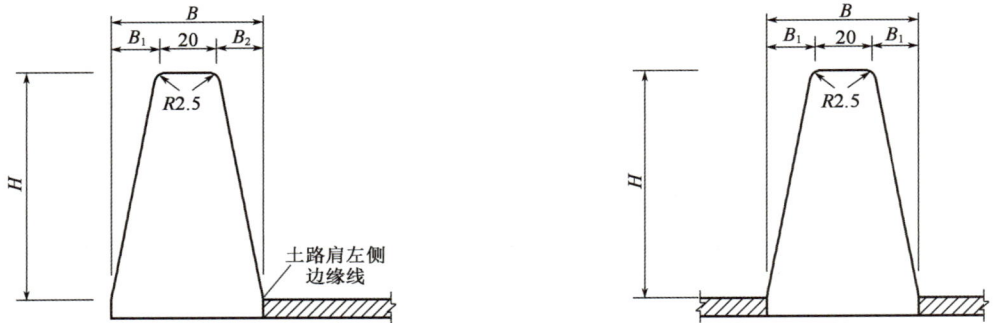

图 5-2 单坡型混凝土护栏(尺寸单位:cm)

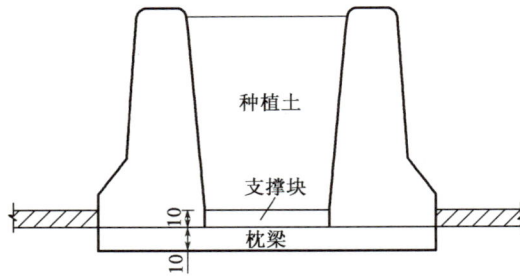

图 5-3 中央分隔带分离式混凝土护栏(尺寸单位:cm)

5.2 混凝土护栏设计

5.2.1 设置原则

护栏是一种障碍物,实际净区宽度小于计算净区宽度,且驶出路外车辆碰撞护栏的后果比不设置护栏的后果轻时,应考虑设置护栏。混凝土护栏作为刚性护栏的代表,常用于易发生穿越中央分隔带、临崖、高填方路基路段等事故危险路段,该位置设置混凝土护栏后能够有效防止车辆穿越护栏造成更加严重的后果。

5.2.2　等级选取

1)路侧护栏

路侧护栏的设置,根据路侧计算净区宽度范围内的障碍物,结合公路技术等级和设计速度选取,按照现行《公路交通安全设施设计规范》(JTG D81—2017)的规定,事故严重程度可分为三个等级:高、中、低。按照表5-1设置路侧护栏并选取路侧护栏的防护等级。

路侧护栏设置原则及防护等级选取条件　　表5-1

事故严重程度及护栏设置原则	路侧计算净区宽度范围内有以下情况	公路技术等级和设计速度(km/h)	防护等级(代码)
高,必须设置	高速铁路、高速公路、高压输电线塔、危险品储藏仓库等设施	高速公路120	六(SS)级
		高速公路、一级公路100、80	五(SA)级
		一级公路60	四(SB)级
		二级公路80、60	四(SB)级
		三级公路40	三(A)级
		三、四级公路30、20	二(B)级
中,应设置	(1)二级及以上公路边坡坡度和路堤高度在图5-4Ⅰ区、Ⅱ区阴影范围内的路段,三、四级公路路侧有深度30m以上的悬崖、深谷、深沟等的路段。 (2)江、河、湖、海、沼泽等水深1.5m以上的水域的路段。 (3)Ⅰ级铁路、一级公路等。 (4)高速公路、一级公路路外设有车辆不能安全越过的照明灯、摄像机、交通标志、声屏障、上跨桥梁的桥墩或桥台、隧道入口处的检修道或洞门等设施	高速公路、一级公路120、100、80	四(SB)级
		一级公路60	三(A)级
		二级公路80、60	三(A)级
		三级公路40	二(B)级
		三、四级公路30、20	一(C)级
低,宜设置	(1)二级及二级以上公路边坡坡度和路堤高度在图5-4Ⅲ区阴影范围之内的路段,三、四级公路边坡坡度在图5-4Ⅰ区阴影范围之内的路段。 (2)二级及二级以上公路路侧边沟无盖板、车辆无法安全越过的挖方路段。 (3)高出路面或开挖的边坡坡面有30m以上的混凝土砌体或大孤石等障碍物。 (4)出口匝道的三角地带有障碍物	高速公路、一级公路120、100、80	三(A)级
		一级公路60	二(B)级
		二级公路80、60	二(B)级
		三、四级公路40、30、20	一(C)级

边坡坡度、路堤高度与设置护栏的关系如图5-4所示。

同时存在下列情况时,导致事故发生可能性增加或后果更严重的路段,路侧护栏的防护等级宜在表5-1的基础上提升1个等级。

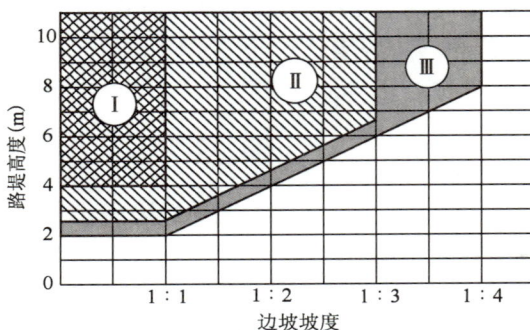

图5-4　边坡坡度、路堤高度与设置护栏的关系

（1）二级及二级以上公路纵坡等于或接近现行《公路工程技术标准》(JTG B01)规定的最大纵坡值的下坡路段；二级及二级以上公路圆曲线半径等于或接近现行《公路工程技术标准》(JTG B01)规定的最小半径的路段外侧。

（2）设计交通量中，总质量大于或等于25t的车辆自然数所占比例大于20%时。

（3）年平均日设计交通量(AADT)小于2000辆小客车且设计速度小于或等于60km/h的公路，宜进行交通安全及经济综合分析，确定是否设置护栏及护栏的防护等级。需要设置护栏时，其防护等级可在表5-1的基础上降低1个等级，但不得低于一(C)级。年平均日设计交通量小于400辆小客车的单车道四级公路，宜采取诱导和警示的措施。

2)中央分隔带护栏

中央分隔带护栏的设置及防护等级按照中央分隔带及障碍物情况结合公路技术等级和设计速度选取，应符合下列规定：

高速公路和作为干线的一级公路，整体式断面中间带宽度小于或等于12m，或者12m宽度范围内有障碍物时，必须设置中央分隔带护栏。根据中央分隔带的条件，事故严重程度可分为三个等级：高、中、低。中央分隔带护栏的防护等级应符合表5-2的规定。

中央分隔带护栏防护等级选取　　　　　　　　　　　　　　　表5-2

事故严重程度	中央分隔带条件	公路技术等级和设计速度(km/h)	防护等级(代码)
高	高速公路、一级公路中央分隔带宽度小于2.5m并采用整体式护栏形式	高速公路120	六(SSm)
		高速公路、一级公路100、80	五(SAm)
		一级公路60	四(SBm)
中	对双向六车道高速公路，或未设置左侧硬路肩的双向八车道及以上高速公路，中央分隔带宽度小于2.5m并采用分离式护栏形式，同时中央分隔带内设有车辆不能安全穿越的障碍物①的路段	高速公路120、100、80	四(SBm)
	对双向六车道及以上一级公路，中央分隔带宽度小于2.5m并采用分离式护栏形式，同时中央分隔带内设有车辆不能安全穿越的障碍物①的路段	一级公路100、80	四(SBm)
		一级公路60	三(Am)

事故 严重程度	中央分隔带条件	公路技术等级 和设计速度 （km/h）	防护等级 （代码）
低	不符合上述条件的其他路段	高速公路、一级公路 120、100、80	三（Am）
		一级公路60②	二（Bm）
		二级公路③80、60	二（Bm）

注:①障碍物是指照明灯、摄像机、交通标志的支撑结构,上跨桥梁的桥墩等设施;

②设计速度为60km/h的一级公路一般为作为集散的一级公路受地形、地质等条件限制的路段,本表适用于其需要设置中央分隔带护栏的情况;

③适用于设置了超车道,未设置隔离设施,且有驶入对向车行道可能性的二级公路。

同时存在下列情况时,中央分隔带护栏的防护等级宜在表5-2的基础上提高1个等级:

(1)二级及二级以上公路纵坡等于或接近现行《公路工程技术标准》(JTG B01)规定的最大纵坡值的下坡路段,二级及二级以上公路右转圆曲线半径等于或接近现行JTG B01规定的最小半径的路段。

(2)设计交通量中,总质量大于或等于25t的车辆自然数所占比例大于20%时。

(3)作为集散的一级公路,整体式断面口间带应设置保障行车安全的隔离设施。根据交通安全综合分析结果,可考虑是否设置中央分隔带护栏,事故严重程度等级可参考表5-2中央分隔带护栏条件的规定选取。

(4)二级公路设置超车道的路段,可根据驶入对向车行道事故的风险及经济分析,确定是否设置中央分隔带护栏或隔离设施。事故严重程度等级可参考表5-2中央分隔带护栏条件的规定选取。设置中央分隔带护栏时,应根据需要加宽路基;设置隔离设施时,应避免对行车安全造成隐患。

(5)中央分隔带护栏的设置位置宜综合考虑中央分隔带的宽度、开口、地形及设置于中央分隔带内的管线、桥梁墩柱及各类设施结构立柱等因素。

(6)整体式断面中央分隔带护栏端部,宜结合中央分隔带开口护栏处理;分离式断面行车方向左侧应按路侧护栏设置。

(7)中央分隔带护栏在隧道出入口处的处理方法同路侧护栏。

(8)一级公路平面交叉两端设置中央分隔带护栏和绿化设施时,不得影响通视三角区停车视距。

5.2.3 形式选择

1)路侧混凝土护栏

路侧混凝土护栏按构造可分为单坡型混凝土护栏、F型混凝土护栏等,应结合路侧危险情况、车辆构成比例和远期路面养护方案等因素选用。两种形式特点对比如下:

(1)造价对比。单坡型混凝土护栏和F型混凝土护栏两者造价相近,改造费用基本一致。

（2）施工难度对比。单坡型混凝土护栏整体坡面一致，能够振捣充分，容易脱模；F型混凝土护栏存在两个变坡点，容易振捣不充分导致混凝土表面产生蜂窝、麻面现象，其施工较单坡型混凝土护栏难以控制。

（3）与波形梁护栏过渡。单坡型混凝土护栏可以直接搭接波形梁护栏；F型混凝土护栏由于坡面的影响，需设置3m翼墙与波形梁护栏进行搭接。

（4）后期养护对比。单坡型混凝土护栏坡面不会因沥青路面加铺而有所改变，但加铺后护栏高度不足，不满足规范要求，需跟随路面加铺同步改造，后期改造费用较大；F型混凝土护栏底部预留7.5cm可供路面加铺使用，便于后期路面养护项目实施。

综上所述，单坡型混凝土护栏易于与波形梁护栏搭接，施工难度低，但不利于后期路面养护项目的实施，后期改造费用较大；F型混凝土护栏与波形梁搭接不便，需设置翼墙进行过渡处理，但坡面构造底部预留7.5cm供路面加铺，更利于后期有路面加铺计划的项目实施。混凝土护栏的选取需结合其通用性、后期改造成本、环境等因素决定，需要多方面统筹考虑。

2）中央分隔带混凝土护栏

中央分隔带混凝土护栏形式主要有分离式和整体式混凝土护栏两种设置方式，主要根据项目路段内中央分隔带内需要防护的设施或结构物类型确定。两种护栏形式的特点对比如下：

（1）造价对比。参照以往项目经验，分离式混凝土护栏双侧约2600元/m；整体式混凝土护栏价格略低于分设型混凝土护栏，约2200元/m。

（2）防护性能。分离式混凝土护栏、整体式混凝土护栏均能够有效防护大车穿越护栏。分离式混凝土护栏可以有效防护中央分隔带桥墩、门架等结构物，整体型混凝土护栏需频繁过渡。

（3）景观效果。分离式混凝土护栏可以根据中央分隔带宽度种植绿植用于防眩，整体式混凝土护栏仅能在护栏顶部设置防眩板、防眩网等防眩设施。

综上所述，若中央分隔带内存在上跨桥梁中墩、交通标志、照明灯杆等障碍物，或者需要经常与桥梁或隧道过渡，或与通信管道的协调较困难，可采用分离式混凝土护栏的形式，既提升了中央分隔带护栏的安全系数，又可以很好地防护中央分隔带结构物；否则可以采用整体式混凝土护栏。

5.2.4 基础设计

1）路侧混凝土护栏

路侧混凝土护栏的基础可采用座椅方式和桩基方式。

座椅方式是将护栏基础嵌锁在路面结构中（图5-5），借助路面结构对基础腿部位移的抵抗力来提高护栏的抗倾覆稳定性，常用于临崖路段等护栏下方基础受限位置。混凝土护栏地基的承载力应不小于$150kN/m^2$，基础应配置适量的构造钢筋，并与护栏钢筋牢固焊接，基础混凝土强度等级与护栏相同。

桩基方式是在现浇路侧混凝土护栏前先打入钢管桩（图5-6）。钢管桩规格为$\phi140mm\times$

4.5mm,长90～120cm,纵向间距为100cm。钢管桩必须牢固埋入基座,并与混凝土护栏连成整体。地基的承载力应不小于150kN/m²。

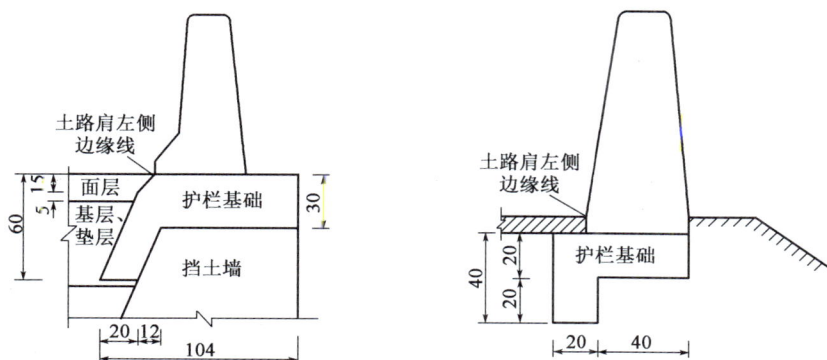

图5-5 座椅式基础(尺寸单位:cm)

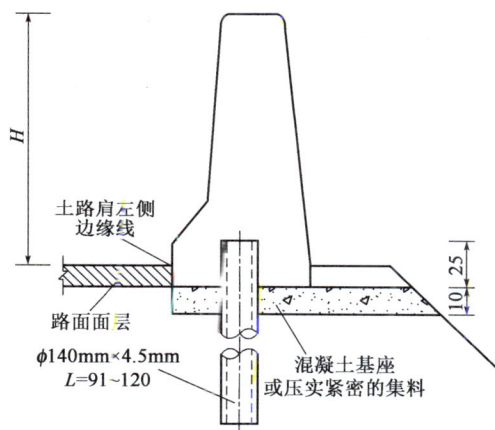

图5-6 桩基式(尺寸单位:cm)

桩基式混凝土护栏受碰撞能量较大时,存在错位、后移的风险,针对这种情况可对该基础进行加固处理:

(1)缩小钢管桩纵向间距,加强护栏基础稳定性。

(2)钢管基础在混凝土护栏内的保护层厚度按照7cm控制,钢管桩左右错开呈梅花状布置,提高基础抗变形刚度(图5-7)。

2)中央分隔带混凝土护栏

中央分隔带混凝土护栏的基础可采用以下两种方式:①整体型混凝土护栏基础可直接支承在土基上,土基的承载力不应小于150kN/m²,混凝土护栏嵌锁在基础内,埋置深度宜为10～20cm。混凝土护栏两侧应铺筑与车行道相同或强度高于车行道的路面材料;②分设型混凝土护栏下设置枕梁,护栏之间应设置支撑块。整体型和分设型混凝土护栏基础构造如图5-8所示。

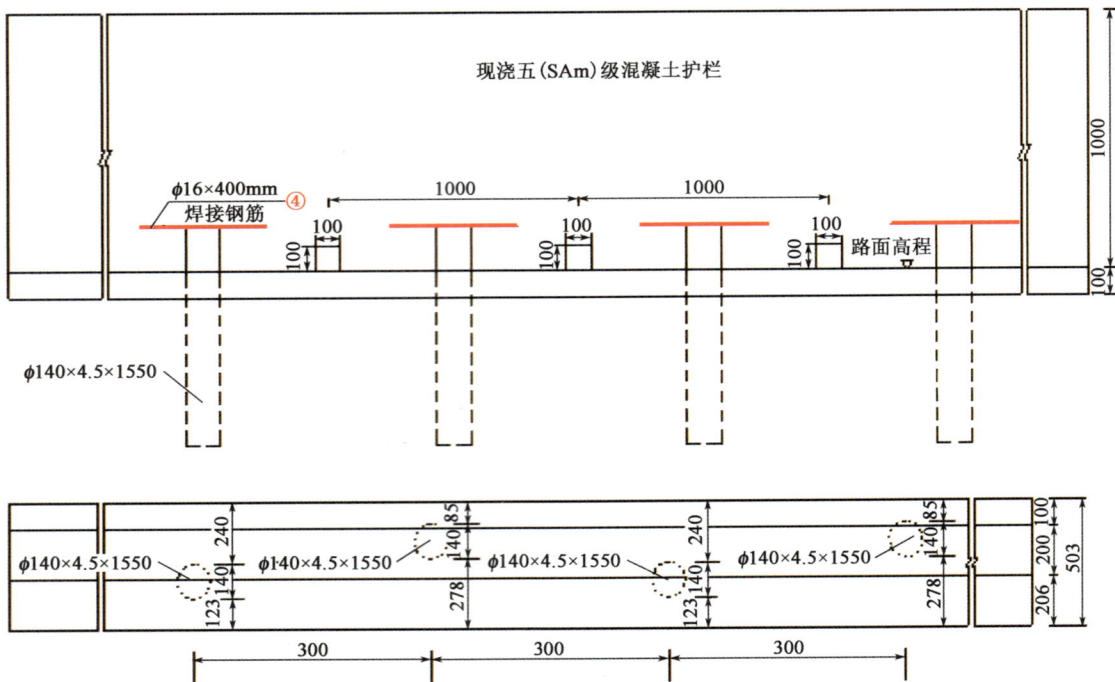

图5-7 桩基式混凝土护栏加强设计(尺寸单位:mm)

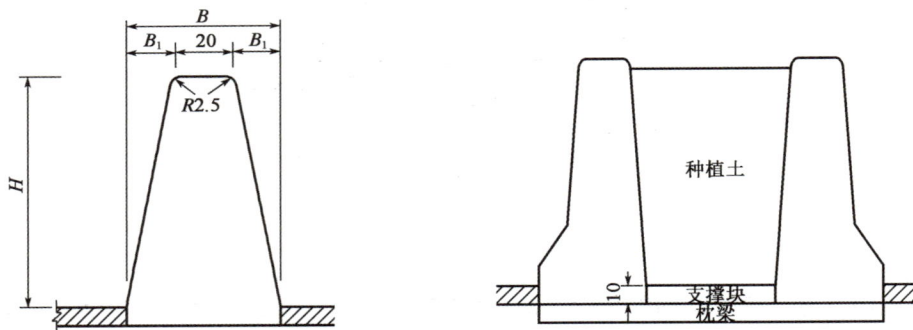

图5-8 整体式和分离式混凝土护栏基础构造(尺寸单位:cm)

5.2.5 纵向连接

现浇混凝土护栏块之间的纵向连接,可按平接头加传力钢筋处理。

预制混凝土护栏块之间的纵向连接,应按下列方法处理:

(1)纵向企口连接(图5-9)。适用于防护等级为三(A)级的路侧护栏和三(Am)级的中央分隔带混凝土护栏。

(2)纵向连接栓方式(图5-10)。在混凝土护栏端头上半部竖向预埋连接栓挡块,两块混凝土护栏对齐就位后,插入工字形连接栓,将混凝土护栏连成整体。这种连接方式适用于除三(A)级和三(Am)级外的其他较高防护等级的混凝土护栏。

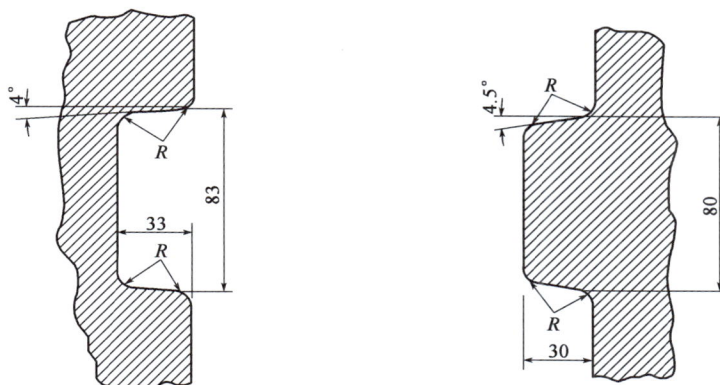

图5-9 纵向企口连接(尺寸单位:mm)

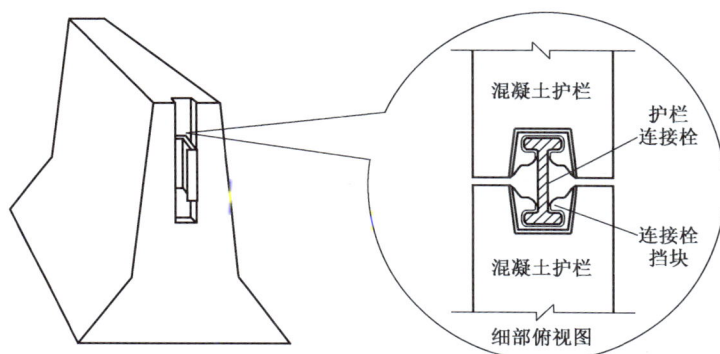

图5-10 纵向连接栓方式

（3）纵向连接钢筋方式(图5-11)。在混凝土护栏中预留钢套管,把钢筋插入套管将混凝土护栏连成整体,钢套管间距不宜大于35cm。

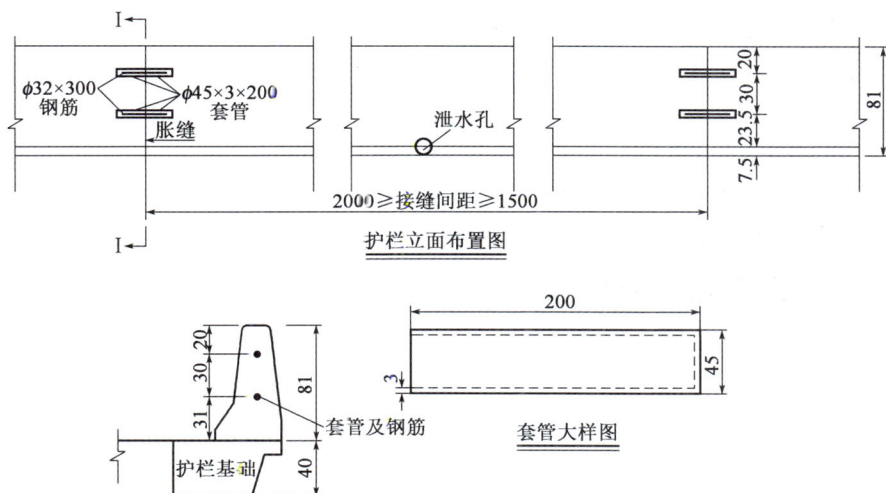

图5-11 纵向连接钢筋方式(尺寸单位:mm)

(4)"子母扣"连接方式(图5-12)。混凝土护栏预制时预留两端卡扣,护栏安装时直接按照卡扣拼接。该连接方式为规范外连接方式,需进行碰撞试验方可使用。

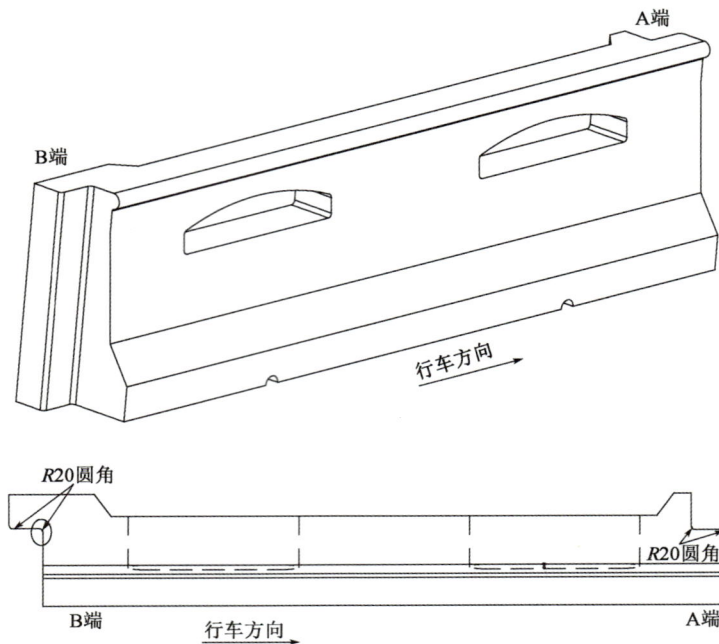

图5-12 连霍高速景观型混凝土护栏"子母扣"连接方式

5.2.6 护栏过渡

1)混凝土护栏与波形梁护栏过渡

(1)F型混凝土护栏与波形梁护栏过渡

F型混凝土护栏需设置3m翼墙与波形梁护栏进行有效搭接。翼墙一端与F型混凝土护栏连接,进行高度及迎撞面的渐变;另一端设置内嵌凹槽,波形梁护栏采用螺栓固定。这种连接形式多用于桥梁F型混凝土护栏与路基段波形梁护栏搭接(图5-13)。

图5-13 F型混凝土护栏与波形梁护栏搭接(尺寸单位:mm)

(2)单坡型混凝土护栏与波形梁护栏过渡

波形梁护栏可直接搭接在单坡型混凝土护栏迎撞面上,波形梁护栏采用螺栓固定。这种连接形式多用于隧道洞口混凝土护栏与路基段波形梁护栏搭接(图5-14)。

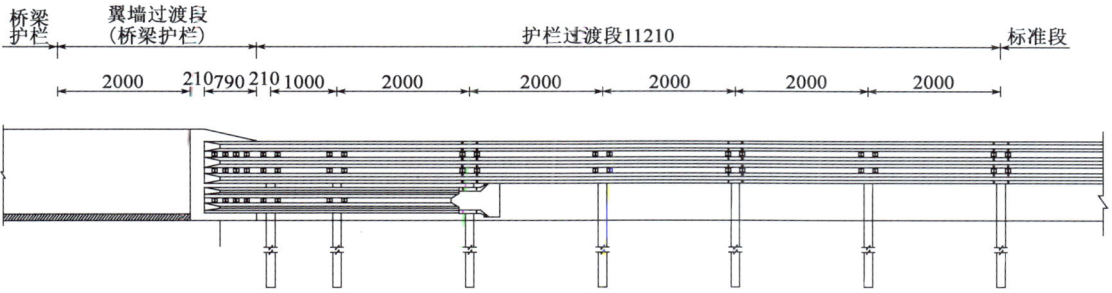

图 5-14　单坡型混凝土护栏与波形梁护栏搭接(尺寸单位:mm)

2)混凝土护栏与桥梁护栏过渡

(1)混凝土护栏与常规桥梁混凝土护栏过渡。

路基混凝土护栏通过设置路桥衔接段实现高度及迎撞面渐变过渡,渐变段采用现浇施工(图 5-15)。

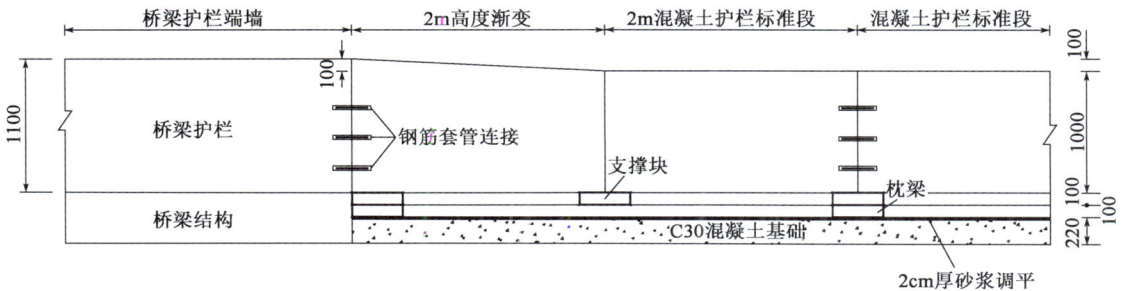

图 5-15　路基段混凝土护栏与桥梁混凝土护栏过渡(尺寸单位:mm)

(2)混凝土护栏与组合型桥梁混凝土护栏过渡。

桥梁护栏采用组合型混凝土护栏设置过渡段时不仅需要对桥梁护栏进行过渡,也应对横梁进行消能处理(图 5-16)。横梁应采取可伸缩措施,避免桥梁振动导致过渡段开裂。

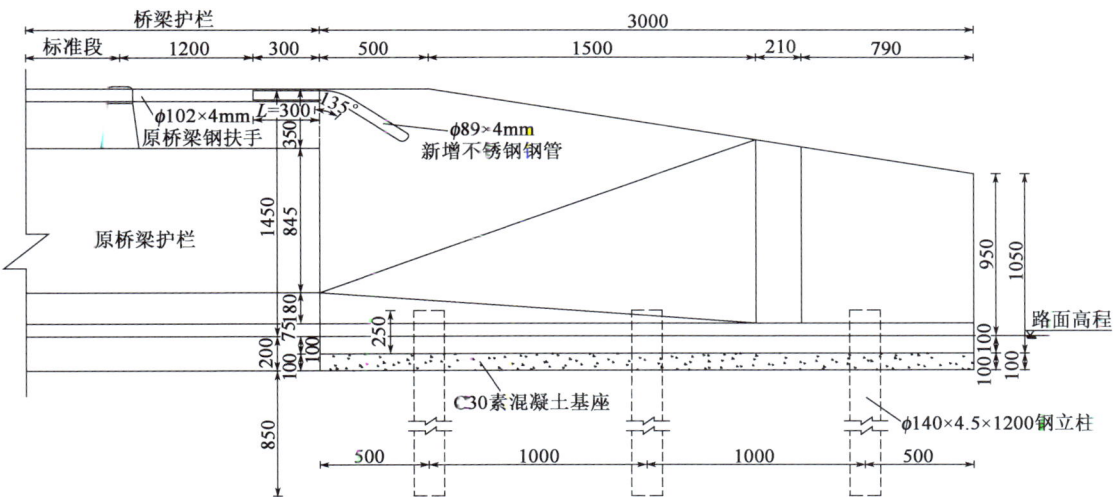

图 5-16　路基段混凝土护栏与组合型桥梁混凝土护栏过渡(尺寸单位:mm)

3)混凝土护栏与中央分隔带开口护栏过渡

中央分隔带混凝土护栏与中央分隔带开口护栏应设计过渡段。在中央分隔带开口两侧16m范围内,中央分隔带混凝土护栏宽度进行渐变处理,渐变率不得大于1:30,端部预留1m长度进行端头浇筑,开口护栏通过搭接板锚固在圆端头立面(图5-17)。

a)中央分隔带开口处护栏渐变立面图

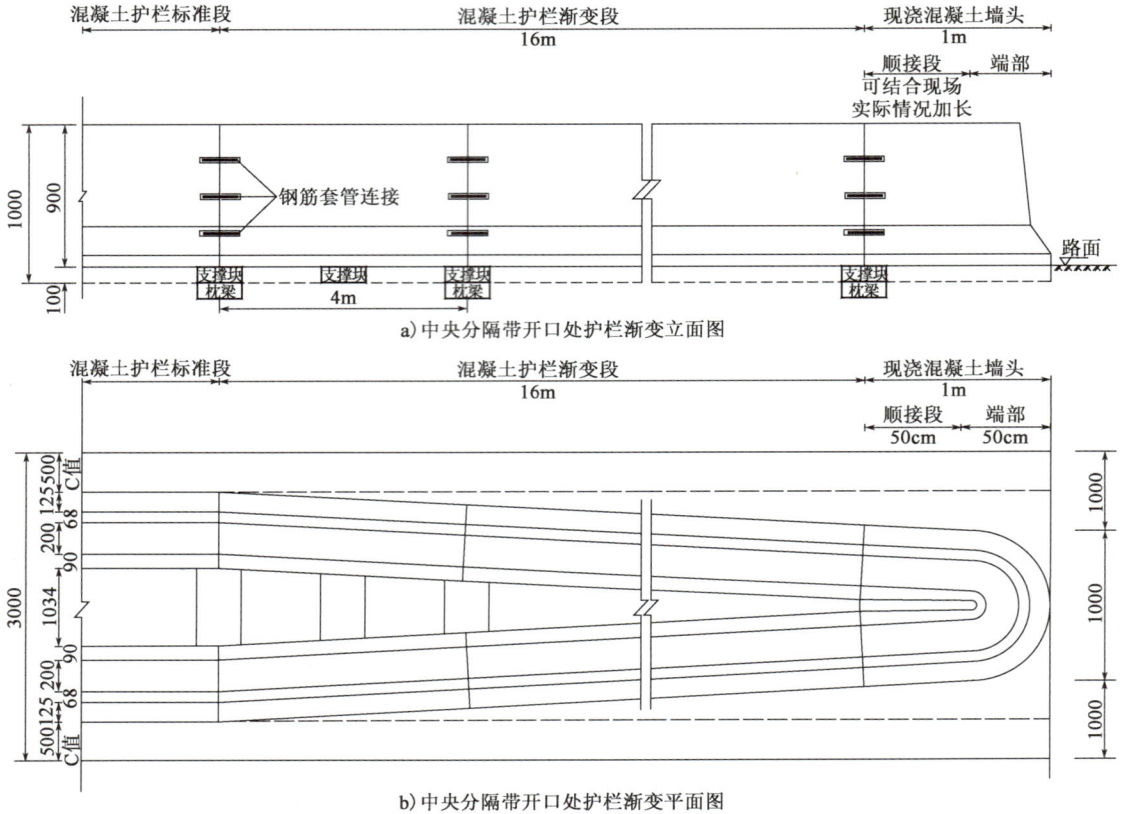

b)中央分隔带开口处护栏渐变平面图

图5-17　路基段混凝土护栏与开口护栏过渡(尺寸单位:mm)

4)隧道搭接

隧道入口处的混凝土护栏按照规定的外展斜率向隧道延伸,在隧道入口设置与检修道断面相匹配的过渡翼墙,隧道出口处的混凝土护栏可采用正常线形延伸至隧道洞口的处理方式(图5-18)。

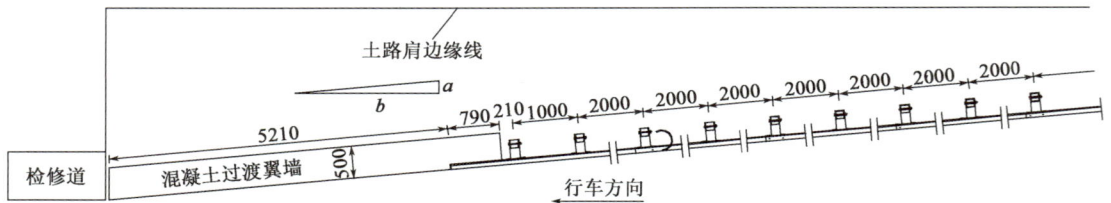

图5-18　路基段混凝土护栏与隧道洞口搭接(尺寸单位:mm)

5.2.7 重要结构物防护设计

中央分隔带位置存在桥墩、门架、人孔井等重要结构物时,需对该特殊点位进行特殊防护,以保证护栏顺利安装。

1)标志基础防护设计

中央分隔带分离式混凝土护栏跨越门架等标志基础时,混凝土护栏需嵌入路面结构层10cm深,一般情况下针对护栏安装位置的标志混凝土基础进行切割处理,切割至路面以下12cm,护栏安装前铺设2cm厚砂浆垫层进行调平处理。护栏切割时要求不破坏标志基础法兰盘,同时护栏安装后不得与标志接触,预防后期护栏受碰撞影响标志结构稳定性。

受中央分隔带管线影响,中央分隔带位置门架标志设置位置偏向中央分隔带一侧。在不影响建筑限界"C值"的情况下同时调整混凝土护栏厚度,避开门架法兰盘;若法兰盘距路面边缘余宽严重不足,可采用双层波形梁钢板进行过渡顺接(图5-19)。

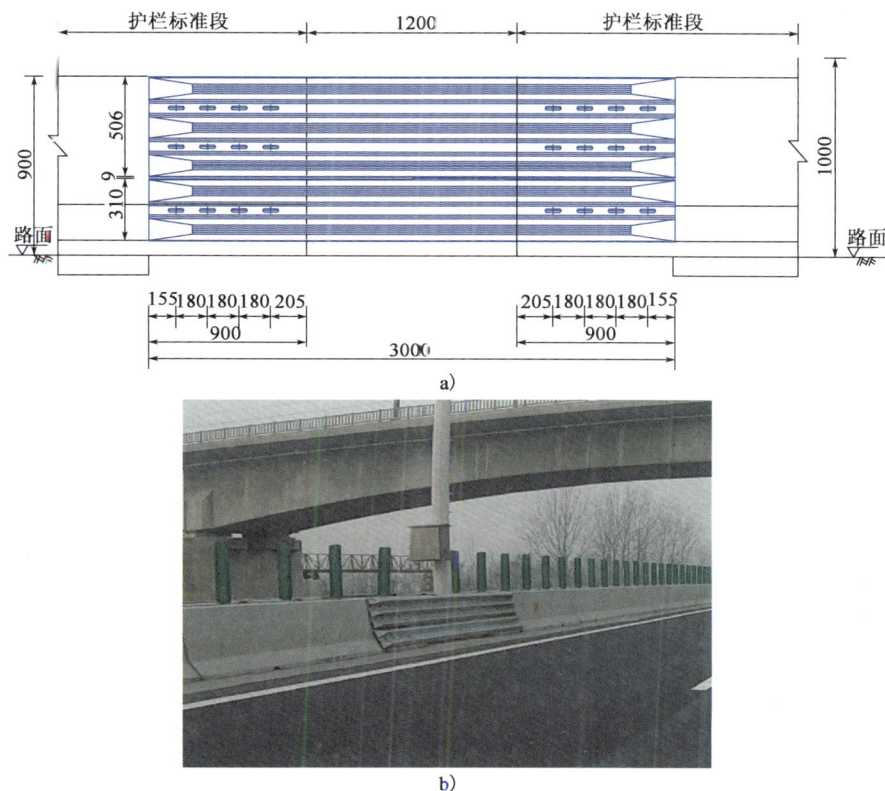

a)

b)

图5-19 标志基础过渡(尺寸单位:mm)

2)桥梁中墩处防护设计

考虑桥梁主体结构已设置完善,改造难度较大,为最大限度地提高桥墩防护水平,可将天桥桥墩处中央分隔带混凝土护栏高度加高至1.6m。根据现场不同中墩距路面距离,采用现浇混凝土护栏/钢板蒙皮在桥墩处作围绕包封处理。同时为保证桥梁护栏整体稳定性,现浇混凝土与桥墩不得浇筑为一个整体,确保两者间距不小于2cm。根据桥墩直径以及横断面相

对位置,可参照以下方法设置桥墩防护:

(1)距离路面边缘距离 $L \geq 82cm$ 的中央分隔带中墩。

对于距离路面边缘 $\geq 82cm$ 的中央分隔带中墩,桥墩过渡段采用现浇施工,桥墩前后7m范围内设置5m高度渐变段+2m平行段(图5-20)。桥墩左、右两侧现浇1.6m高混凝土护栏,对桥墩进行防护处理,桥墩前后两侧采用C30混凝土现浇横隔板支撑,提高护栏稳定性。桥墩与现浇混凝土护栏不得浇筑为一个整体,确保两者间距不得小于2cm,缝隙顶部填塞沥青麻絮作隔水处理,防止雨水灌入。

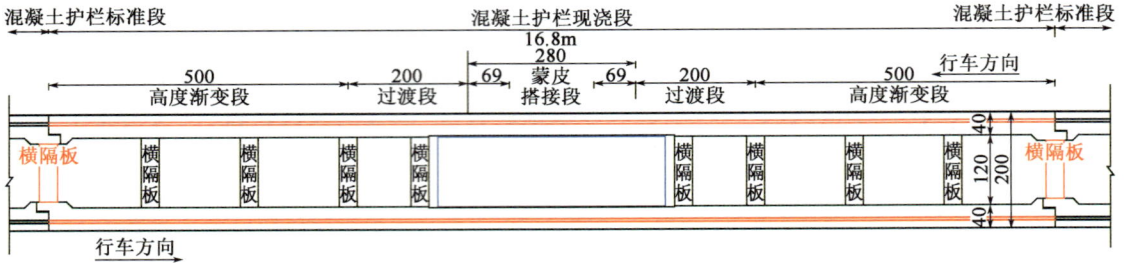

图5-20　混凝土护栏过中墩平面图(一)(尺寸单位:cm)

(2)过距离路面边缘一侧 $L \geq 82cm$、另一侧 $82cm > L \geq 70.5cm$ 的中央分隔带中墩。

对于距离路面边缘 $82cm > L \geq 70.5cm$ 的中央分隔带中墩,桥墩过渡段采用现浇施工,桥墩前后7m范围内设置5m高度渐变段+2m平行段(图5-21)。桥墩位置护栏断开处理,设置钢板蒙皮内嵌,钢板蒙皮外立面与混凝土护栏保持一致,桥墩前后两侧采用C30混凝土现浇横隔板支撑,提高护栏稳定性。桥墩与现浇混凝土护栏不得浇筑为一个整体,二者间距不得小于2cm,缝隙顶部填塞沥青麻絮作隔水处理,防止雨水灌入。对于距离路面边缘 $\geq 82cm$ 的一侧中墩过渡方案与本方案(1)一致。

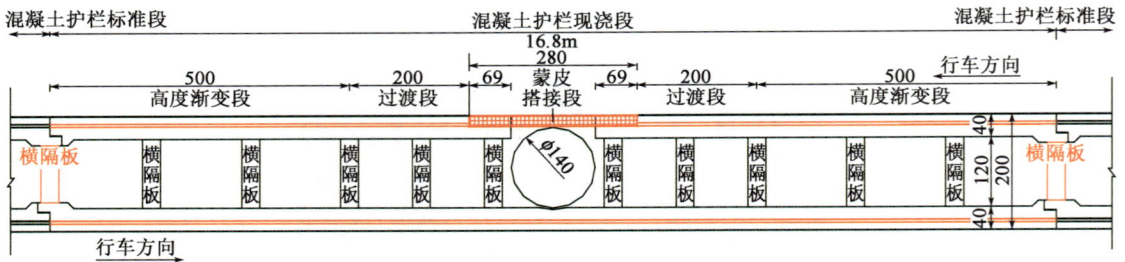

图5-21　混凝土护栏过中墩平面图(二)(尺寸单位:cm)

(3)过距离路面边缘一侧 $L \geq 82cm$,另一侧 $70.5 > L \geq 52cm$ 的中央分隔带中墩。

对于距离路面边缘 $70.5 > L \geq 52cm$ 的中央分隔带中墩,桥墩过渡段采用现浇施工,桥墩前后7m范围内设置5m高度渐变段+2m翼墙,桥墩位置护栏外立面渐变为直立面(图5-22)。桥墩位置护栏断开处理,设置钢板蒙皮内嵌,钢板蒙皮采用直立形式,桥墩前后两侧采用C30混凝土现浇横隔板支撑,提高护栏稳定性。桥墩与现浇混凝土护栏不得浇筑为一个整体,二者间距不得小于2cm,缝隙顶部填塞沥青麻絮作隔水处理,防止雨水灌入。对于距离路面边缘 $L \geq 82cm$ 的一侧中墩过渡方案与本方案(1)一致。

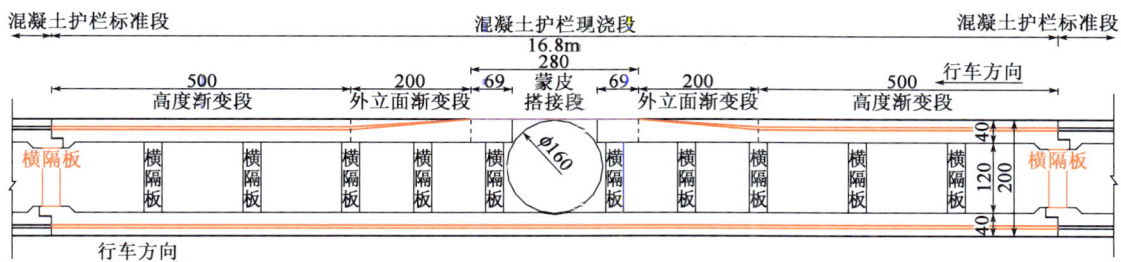

图5-22 混凝土护栏过中墩平面图(三)(尺寸单位:cm)

某高速中墩防护设计如图5-23所示。

图5-23 某高速中墩防护设计

3)人孔井过渡

(1)直接防护。

根据人孔井井身尺寸可以采用三波波形梁板+两波波形梁板(1.2m)搭接形式施工,便于后期机电运维部门检修(图5-24)。

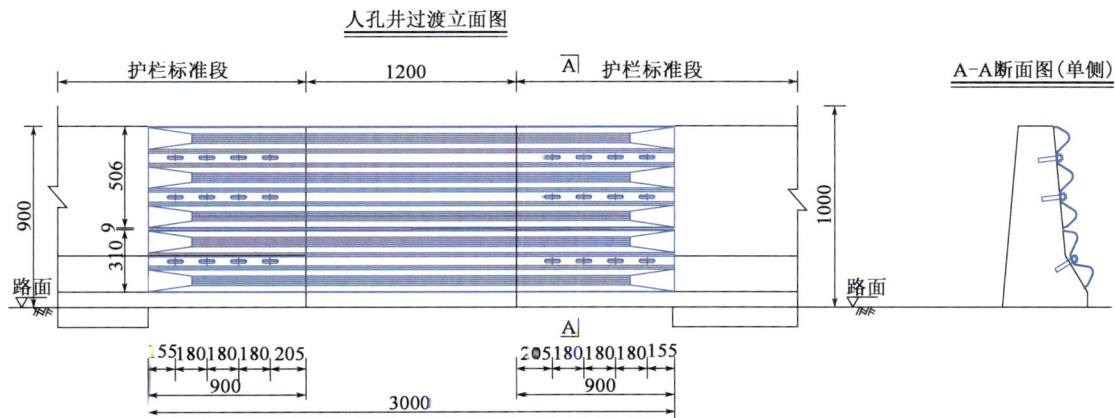

图5-24 人孔井防护(尺寸单位:mm)

（2）人孔井加高。

分离式混凝土护栏需嵌入路面结构层10cm深度,移除现有人孔井混凝土井盖后对人孔井混凝土井壁进行凿除处理,凿除至路面以下深度12cm,人孔井侧壁护栏宽度范围内开槽现浇混凝土至与凿除的侧壁齐平,铺设2cm厚砂浆调平层,安装分离式混凝土护栏(图5-25)。为便于后期机电部门日常检修养护,分离式混凝土护栏安装完成后对人孔井混凝土井壁四周砖砌加高,最后吊装人孔井混凝土预制井盖,井盖顶部高程与孔底部高程一致。

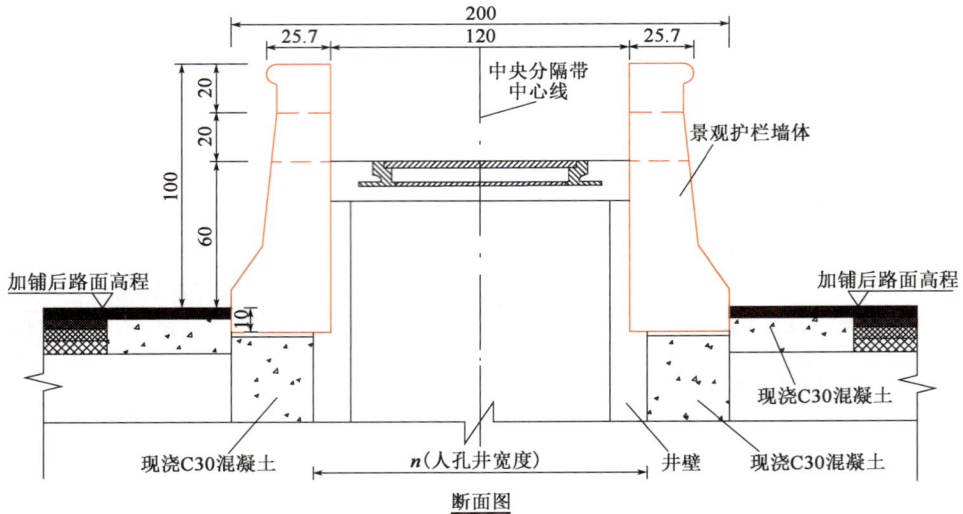

图5-25　人孔井加高防护(尺寸单位:cm)

5.2.8　护栏防腐设计

混凝土是一种多孔性的材料,二氧化碳、水、氯离子等腐蚀因子能够轻易通过混凝土的孔隙渗透进混凝土内部,从而对其造成腐蚀。混凝土结构设置防腐层后能够大大提高混凝土结构的使用寿命,目前市面上常用的防腐设计有改性环氧砂浆(混凝土)防腐和硅烷乳液防腐。

1)改性环氧砂浆(混凝土)防腐

改性环氧砂浆具有抗渗、抗冻、耐盐、耐碱、耐弱酸腐蚀等性能,并且与多种材料的黏结力很强,可在潮湿基材表面施工,无须干燥,可在潮湿环境或水下硬化,多用于混凝土建筑物的缺陷修补以及补强与加固处理。

涂抹改性环氧砂浆(混凝土)修补前,应先在已凿毛的混凝土表面涂一层改性环氧基液,使旧混凝土表面充分浸润。改性环氧砂浆施工温度宜为(20±5)℃,高温或寒冷季节应采取有效措施控制施工温度。具体施工工艺要求如下:

（1）施工前应清除混凝土表面待修补部分的浮尘、油污及铁锈,将混凝土表面凿毛。

（2）涂刷改性环氧基液。

①涂刷时应薄而均匀,涂刷改性环氧基液的厚度不应超过1mm。

②应注意保护已涂刷改性环氧基液的混凝土表面,防止杂物、灰尘洒落。

③涂刷改性环氧基液后,应间隔30~60min,待改性环氧基液中的气泡排出后,再涂抹改性环氧砂浆或浇筑改性环氧混凝土。

(3)改性环氧砂浆修补。

①平面涂抹时应均匀,每层厚度不应超过15mm,底层厚度应为5~10mm。

②斜、立面涂抹时,每层涂抹厚度为5~10mm,如层厚过大应分层涂抹。

③仰面涂抹时应采用黏度较大的基液涂刷底层,涂刷应均匀,防止改性环氧基液往下脱落;每层厚度应控制在3~5mm范围内,当厚度超过5mm时,应分层涂抹。

某高速桥梁混凝土护栏改性环氧砂浆防腐如图5-26所示。

2)硅烷乳液防腐

硅烷是一种性能优异的渗透型浸渍剂,具有小分子结构,能够深层渗透混凝土毛细孔壁,与水化的水泥发生反应生成聚硅氧烷互穿网络结构,通过牢固的化学键合反应,赋予混凝土表面的微观结构以长期的憎水性,并保持呼吸透气功能,显著降低水和有害氯离子等的侵入,确保混凝土结构免受腐蚀。其具体施工工艺要求如下:

(1)对护栏外露面浮灰、污水、油污和其他污染物及风化剥落混凝土采用高压水射流清除干净,不易清除位置可采用钢丝刷清除,清除完成后保持表面干燥、平整。对于锈蚀钢筋需进行除锈阻锈处理。

(2)基面处理后,经甲方、监理方等组织验收,确定已除去所有劣化混凝土、油、灰、脂、污垢、锈层和其他外部附着物后,使用滚刷(毛刷)蘸取丙烯酸乳液涂刷护栏基面,形成界面结合层,以增强修补砂浆与老混凝土黏结强度。

(3)在丙烯酸乳液未干之前开始丙乳砂浆修复施工。丙乳砂浆对护栏外露面整体涂抹,涂抹平均厚度为10~20mm。施工刮抹只能向同一方向刮抹,并反复压抹,使表面翻出浆液,如有气泡必须刺破压紧;斜(立)面涂抹时,由于丙乳砂浆流淌,应不断压抹,并适当增加砂浆内的填料。施工完毕后,表面触干即应进行喷雾(水或养护剂)养护或覆盖塑料薄膜、麻袋养护至少7天。潮湿养护期间如遇寒潮或下雨,应加以覆盖,养护温度不应低于5℃。

(4)丙乳砂浆养护完成后,可整体涂刷硅烷乳液防腐材料(底涂),底漆喷涂一遍,底涂面干后,进行面涂施工,要求喷涂均匀,不能漏喷,颜色应保持均匀一致。

高速公路桥梁混凝土护栏硅烷乳液防腐如图5-27所示。

图5-26 某高速桥梁混凝土护栏改性环氧砂浆防腐　　图5-27 高速公路桥梁混凝土护栏硅烷乳液防腐

5.3 混凝土护栏施工

混凝土护栏施工包含采用固定模板法现场浇筑和混凝土护栏预制两种施工工艺进行安装。其中,混凝土护栏预制是在厂房里提前预制混凝土护栏再运到现场安装的方式,这种方式能够很好地控制混凝土护栏浇筑的质量,达到设计预期的效果。这里主要对护栏预制的施工工艺进行介绍。

5.3.1 护栏预制

1)预制准备

预制准备主要是混凝土原材进场。

①严格控制混凝土原材的选定,选择符合标准的材料。待原材厂家选定后,对原材进行抽样送检。

②根据选定的原材,确定混凝土配合比。

③根据确定好的混凝土配合比,现场配备相应强度等级的混凝土。通过现场观察其和易性与坍落度(图5-28)来确定混凝土配合比是否满足施工要求。

④随后在监理工程师的监督下进行混凝土配合比的取样及送检(图5-29)。

图5-28 坍落度试验

图5-29 混凝土随车试块

⑤机械设备准备。

机械设备主要有钢筋折弯机、钢筋调直机、钢筋切断机、航吊、叉车、发电机、电焊机、振捣棒、蒸养机、鼓风机、喷淋系统等;根据施工需求选择施工设备,主要有钢筋调直切割设备、吊运设备以及养护喷淋设备。根据施工需求确定模板数量。

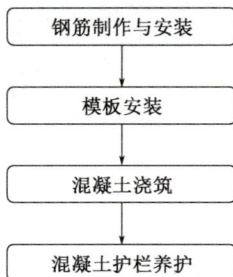

图5-30 护栏预制工艺流程图

2)护栏预制

混凝土护栏预制工艺包含钢筋制作与安装、模板安装、混凝土浇筑以及混凝土护栏养护四个流程,如图5-30所示。

(1)钢筋制作与安装。

钢筋进场后,检查其牌号、等级、规格、生产厂家是否与合同相符,产品外观是否受损,并检查出厂质量合格证书和质量检验报告单。无合格证书和质量检验报告单的钢筋不予验收。及时对进场钢筋按规定抽检频率进行检验,并报请监理进行抽检,在材料标识牌上标明钢筋材料的检验状态,是否检验合格,严禁将不合格钢筋用于工程施工。钢筋焊接的接头形式、焊接方法、焊接材料的性能、适应范围应符合《钢筋焊接及验收规程》(JGJ 18—2012)的规定。钢筋绑扎(图5-31)完后,对钢筋的规格、数量、排距、尺寸、高程、绑扎方式、保护层厚度进行检查,确保符合规范要求。

图5-31　钢筋绑扎

(2)模板安装。

护栏模板应采用定型钢模板,为便于模板制作及混凝土浇筑,护栏宜平放式浇筑。模板制作前应仔细核对本路段的护栏墙体非标准段长度,在制作模板时应一并考虑。

钢模板在长度方向上不得拼接,必须采用整块钢模板。钢模板应采用强度不小于Q235的钢材制作,其厚度不小于4mm。模板制作后应进行预拼装,以检验制作的密合性。钢模板的内侧尺寸应符合设计要求,钢模板内表面应除锈、刨光,钢模板面要平直,转角要光滑。钢板拼接应严密、牢固,不得出现漏浆现象。钢模板的组装要做好外侧支撑,防止浇筑混凝土时钢模板发生位移、胀模。钢模板组装前,应在钢模板表面涂脱模剂。钢模板的容许偏差见表5-3。

钢模板允许偏差   表5-3

项次	项目	容许偏差值
1	模板的长度和宽度	2
2	模板板边与直线的偏差	0.5
3	模板表面局部最不平(2m直尺检查)	2

模板的安装过程如下:

①对模板进行编号,便于进行模板管理。根据预制成型的预制块有无缺陷来进行对应模板的检查和处理。

②如图5-32所示,混凝土浇筑前,应检查模板板面是否平整、光洁,有无凹凸变形。专人负责打磨模板并清除模板上的杂物等。检查模板焊缝处有无开裂破损,如有均应及时补焊、整修至合格。

③模板与混凝土接触面上应涂脱模剂。脱模剂可采用厂制专用脱模剂,严禁使用废机油、废柴油混合物作为脱模剂。涂刷脱模剂时,应注意油量少而均匀,做到不漏涂而板面又不积聚。模板安装拼接时,检查构件尺寸、螺栓牢固稳定性及接缝有无缝隙。

(3)混凝土浇筑。

①混凝土集中拌制,用混凝土运输车运至预制场,然后采用漏斗或者泵送设备进行浇筑。浇筑过程中需要采用插入式振捣棒振捣。浇筑采用水平分层、斜向分段的连续浇筑方式,从小构件的一端向另一端推进。浇筑振捣后,及时整平、抹面收浆、养护。混凝土护栏预制标准块浇模如图5-33所示。

图5-32　检查模板外表面

图5-33　混凝土护栏预制标准块浇模

②护栏混凝土的振捣由专人负责,护栏孔洞周围及顶部阻爬坎等尺寸较窄处,应采用直径3cm的插入式振捣棒或采用附着式振捣器进行振捣,以使上述部位振捣充分。振捣棒的移动间距不超过振捣棒作用半径的1.5倍,振捣棒与模板要保持3~8cm的距离,且避开钢筋布设位置,禁止直接对着钢筋用力振捣。振捣时间应以拌合物停止下沉,不再冒气泡并泛出水泥砂浆为准,不宜过振。振捣过程中,应随时检查模板,如有变形或松动,应及时采取措施补救。

(4)混凝土护栏养护。

混凝土浇筑完成后使用蒸养设备进行蒸汽养护。待24h后进行模板拆除,然后用养护膜将护栏全面包裹,室内进行蒸汽养护7天后将预制块吊运至室外,布设能够达到雾状的喷淋设备进行保湿养护。

图5-34　护栏养护

养护时间应根据气温和混凝土强度确定,适当延长拆模时间。拆模时混凝土护栏块的强度不应低于设计强度的80%。拆模时不得损坏混凝土护栏块的边、角,特别注意孔洞周围的边角,并应始终保持模板的完好状况。拆模过程中严禁蛮撬、硬拽,拆模后应对混凝土护栏及时养护,每次使用模板前均应检查、校正模板的尺寸与形状。混凝土护栏拆除模后,应清洗其表面的杂物及污点,保持混凝土的本色外观,光洁干净。护栏养护如图5-34所示。

3)预制工艺质量关键点控制

混凝土护栏预制工艺质量关键点控制主要体现在麻面及色差两个方面。根据设计文件要求,混凝土护栏预制块件表面色泽应均匀;蜂窝、麻面、裂缝、脱皮等缺陷面积不得超过该预制块件面积的0.5%,深度不得超过10mm。混凝土护栏预制块件损边、掉角的长度每处不得超过20mm,否则应修补后才能安装使用;断裂的混凝土护栏块件不得使用。施工过程应严格控制混凝土护栏表面麻面及色差问题。主要改善及补救措施如下:

(1)确保模板表面光滑,钢模板涂脱模剂后,可浇筑混凝土,避免杂质影响护栏外观。

(2)混凝土浇筑过程应充分振捣,确保气体充分排出。设置双面模板时,可采用顶面开孔的方式排出气泡。

（3）拆模时间应根据气温和混凝土强度确定。夏季宜在混凝土终凝后24h,冬季应以混凝土强度不低于5MPa为宜。具体拆模时间应结合实际情况确定,建议温差变化较大时,及时调整拆模时间,避免损边。

（4）拆模后蜂窝、麻面、裂缝、脱皮,经确定无结构性问题,可采用同配合比水泥浆进行修复,或者采用颜色一致的修补材料进行修补,可进行必要的打磨。修补后注意养护,避免颜色差异较大。

（5）制订设计方案时应充分考虑混凝土的色差问题,必要时增加混凝土表面涂刷防腐层方案,在增强混凝土结构耐久性的前提下,保证外观一致。

5.3.2 护栏安装

混凝土护栏安装工艺流程:测量放线→挖除中央分隔带结构物→开挖基础坑槽、安装土工布→换填护栏基础→铺设砂浆调平层(调平块)→吊装护栏墙体和线形调整→现浇混凝土至路面高程(路面加铺前高程)→粘贴防水卷材→安装附属设施→混凝土安装完成,打扫整理施工现场。混凝土护栏安装工艺具体如下。

1)测量放线

由测量人员根据桥梁控制点放出护栏的内外轮廓线和模板的检查线,并用墨线弹在路面上(图5-35)。

2)挖除中央分隔带结构物

对施工段落内原有的波形梁钢护栏按要求拆除(图5-36),避免护栏板切割,同时进行路缘石的拆除。

在拆除过程中,为确保安全,两侧原有的钢护栏防护不得同时拆除。应先拆除其中一侧钢

图5-35 测量放线

护栏,并用预制标准块作临时防护,同时在中央分隔带作临时防眩。临时防眩高度不得低于1.8m(图5-37)。待本侧安装完成(图5-38)后方可进行另一侧的拆除及安装工作。

图5-36 现场拆除现有护栏作业图

图5-37 标准段护栏单侧施工

使用机械配合人工对施工段落内的绿化树木进行挖除和移栽,按要求将绿化移栽至相应区域(图5-39)。

图5-38　单侧标准段护栏安装完工图

图5-39　现场挖除绿化树木

3)开挖基础坑槽、安装土工布

在基坑开挖前一定要做好对电缆光缆的保护措施。首先通过光缆检测设备进行检测,然后通过人工进行探挖(图5-40),确保电缆光缆不被破坏。人工探挖时探挖深度宜为2m,探挖间距宜为15~20m。

按设计位置采用人工与机械配合通长开挖基础坑槽(图5-41、图5-42),护栏基础下部坑槽开挖完毕后,回填混凝土至护栏底部及开挖边界底部。

图5-40　人工探挖

图5-41　机械开挖基础坑槽

4)换填护栏基础

换填护栏基础前,应仔细核对路面高度,并根据护栏相应高度确定换填混凝土基础顶面高程。采用拉线高程控制法进行混凝土找平,用白色尼龙线系在高程控制标识点上,形成高程控制线,再由高程控制线向下测量控制混凝土完成面高程。核实无误后再进行混凝土的浇筑。浇筑C20混凝土如图5-43所示。为节省混凝土基础用量,可将拆除的路缘石用于回填混凝土的底部。

5)铺设砂浆调平层(调平块)

混凝土回填凝固后,在混凝土基础上加铺2cm厚砂浆调平层(调平块),调平层(调平块)厚度可根据现场情况适当调节,确保护栏线形顺畅,如图5-44所示。

图5-42 人工填挖

图5-43 浇筑C20混凝土

6）吊装护栏墙体和线形调整

采用随车吊进行吊装，吊装过程中，随车吊停放于一幅第一行车道，护栏墙体于另一幅第一行车道进行安装作业（图5-45），确保随车吊吊臂正常转运。吊装困难路段可采用现浇施工。吊装完成后，采用千斤顶等机械微调护栏线形，保证整体线形平顺。

图5-44 铺设砂浆调平层

图5-45 吊装护栏墙体

线形调整如图5-46所示。

7）现浇混凝土至路面高程

护栏墙体安装完成后，在护栏墙体邻近路面一侧与路面之间，填筑混凝土至路面加铺前的高程（图5-47、图5-48）。施工完成后需要用沥青灌封胶对混凝土与沥青路面的接缝处进行密封。

图5-46 线形调整

图5-47 护栏支撑块安装

8)粘贴防水卷材

在护栏墙体调整好线形后,沿护栏预制块墙体间接缝处粘贴PYⅡ型自粘聚合物改性沥青防水卷材,防水卷材应粘贴于护栏的非迎撞面侧(图5-49)。

图 5-48　填筑 C30 混凝土

图 5-49　粘贴防水卷材

9)安装附属设施

中央分隔带混凝土护栏安装后,安装附属设施(图5-50、图5-51)。

图 5-50　安装轮廓标、反光膜

图 5-51　安装临时防眩

10)混凝土护栏安装完成,打扫整理施工现场

中央分隔带混凝土护栏安装后,对施工现场进行整理,清扫垃圾(图5-52)。清理结束后撤离保通作业区。安装完成效果图如图5-53所示。

图 5-52　安装完成整理施工现场

图 5-53　安装完成效果图

11)安装工艺质量关键点控制

混凝土护栏安装工艺质量关键点控制主要体现为护栏线形控制。安装过程中的线形控制是混凝土护栏安装线形左右顺畅、拼接缝隙宽窄的关键。护栏安装线形应顺畅,并应与道路线形及两端既有护栏线形协调一致。

(1)安装前,应校核设计中线,测设安装控制桩,直线段桩距为10m,曲线段长度大于5m,并按设计高程控制测量。混凝土护栏安装位置及高程要控制准确,以保证护栏的布设线形与路线协调。

(2)混凝土护栏布置宜从一端构造物向另一端构造物顺排护栏预制块,以便减少非标准块护栏数量的设置。同时,两侧护栏安装必须一一对称,以便护栏支撑块按照图纸进行设置安装,确保护栏的防护能力。护栏预制块安装应确保位置准确,接缝挤紧,线形顺直、高度一致,护栏预制块安装就位时必须使其竖轴线与路面垂直,以保证护栏迎撞面的设计坡度,接缝宽度不应大于5mm,接缝处前后两侧墙体之间的错位不应大于3mm。

(3)护栏安装后,直线段不允许有明显的凹凸现象,曲线段护栏应圆滑顺畅,与线形协调一致,安装后护栏的高度必须保持一致,且护栏顶面高程高出路面的高度不小于1m。10~20t机械千斤顶对护栏线形进行小范围的微调,如该段护栏整体线形不佳,则需采用随车吊进行二次调整。

(4)应注意避免高速公路沥青路面摊铺过程中碾压机器导致的护栏整体线形变化。

5.4　混凝土护栏验收

5.4.1　基本要求

(1)混凝土护栏的防撞等级和路侧最小设置长度应符合现行《公路交通安全设施设计规范》(JTG D81)和《高速公路交通工程及沿线设施设计通用规范》(JTG D80)的规定。

(2)混凝土护栏块件所用水泥、粗细集料、水、外加剂、掺合料和钢材等原材料的规格、质量以及混凝土配合比应符合设计要求和现行《公路桥涵施工技术规范》(JTG/T 3650)的规定。

(3)混凝土护栏块件标准段、混凝土护栏起终点及其他开口处的混凝土护栏块件的几何尺寸应符合设计要求;局部更换的混凝土护栏块件材质、几何尺寸应与相邻的原有混凝土护栏一致。

(4)各混凝土护栏块件之间、护栏与基础之间的连接,以及护栏端头处理和过渡段的处理,均应符合设计要求。

(5)混凝土护栏的地基承载力、埋入深度、配筋方式及数量应符合设计要求。

(6)混凝土预制块件的损边、掉角的长度每处不得超过20mm,否则应修补后才能安装使用;断裂的混凝土护栏块件不得使用。

5.4.2　检测指标

施工过程中应加强质量检查,各检查项目应符合表5-4的规定。

混凝土护栏实测项目   表5-4

项次	检查项目		规定值或允许偏差	检查方法和频率
1△	护栏混凝土强度(MPa)		不小于现行《公路钢筋混凝土及预应力混凝土桥涵设计规范》(JTG 3362—2018)要求值	根据现行《公路养护工程质量检验评定标准 第一册 土建工程》(JTG 5220—2020)中规定的"水泥混凝土抗压强度评定方法"检测
2	护栏断面尺寸(mm)	高度	±10	钢卷尺:每200m每侧检查1处
		顶宽	±5	
		底宽	±5	
3	钢筋骨架尺寸(mm)	长	±10	钢卷尺:每200m每侧检查1处
4		宽、高	±5	
5	横向偏位(mm)		±20	钢卷尺:每200m每侧检查1处
6	拼接处高度及横向错位(mm)		≤5	钢直尺:每200m每侧检查1处
7	直线段护栏顺直度(mm)		≤30	20m拉线、钢直尺:每200m每侧检查1处
8	基础厚度(mm)		±10%H	钢卷尺、过程检查:每200m每侧检查1处

注:1. "△"为关键项目,合格率应符合现行《公路养护工程质量检验评定标准》(JTG 5220)的规定。

2. H 为基础工业的设计厚度。

5.4.3 外观质量

(1)混凝土护栏块件表面色泽应均匀;蜂窝、麻面、裂缝、脱皮等缺陷面积不得超过该块件表面面积的0.5%,深度不得超过10mm。

(2)护栏安装线形应顺畅,并应与道路线形及两端既有护栏线形协调一致。

(3)配制混凝土护栏预制块所用的水泥、细集料、粗集料、拌和用水、外掺剂以及钢筋等材料的规格、质量以及混凝土配合比应符合设计要求和现行《公路桥涵施工技术规范》(JTG/T 3650)、《公路钢筋混凝土及预应力混凝土桥涵设计规范》(JTG 3362—2018)及《钢筋焊接及验收规程》(JGJ 18—2012)的规定。

(4)混凝土护栏块件标准段、混凝土护栏起终点的几何尺寸应满足设计要求。

(5)混凝土护栏的埋入深度、配筋方式及数量应满足设计要求。

(6)混凝土护栏的端头处理及护栏过渡段的处理应满足设计要求。

(7)混凝土护栏块件表面的蜂窝、麻面、裂缝、脱皮等缺陷面积不得超过该块件表面面积的0.5%,深度不得超过10mm。

(8)混凝土护栏块件的损边、掉角长度每处不得超过20mm。

(9)护栏线形应无凹凸、起伏现象。

6

隔离设施

6.1 隔离设施概述

高速公路隔离设施是一种重要的交通安全设施,主要作用是防止人、动物随意进入或横穿高速公路,防止非法占用公路用地现象产生。此外,上跨桥梁能够拦阻杂物从桥上落到桥下,从而有效排除横向干扰和落物对行车的危险,避免由此产生的交通延误或交通事故。

6.1.1 隔离栅

隔离栅的主要作用是将公路用地隔离出来,同时将可能影响交通安全的人和畜等与高速公路分离开来,防止非法占用公路用地,保证高速公路的正常运营。隔离栅一般在高速公路和需要控制出入的一级公路沿线两侧设置。

1)类型介绍

(1)编织网隔离栅。

编织网隔离栅(图6-1)由以下部分组成。

①网体:编织网隔离栅的核心部分,由高强度钢丝或塑料线编织而成。网体结构紧密、柔软,具有一定的抗拉伸和抗冲击能力。

②立柱:用于支撑网体,通常采用钢管或钢筋混凝土制成。立柱的高度和间距可根据实际需求进行调整,以满足不同场合的隔离要求。

③连接件:用于将网体与立柱连接起来,保证整个隔离栅的稳定性和牢固性。常见的连

接件有抱箍、卡箍等。

④附件:包括底座、紧固件等,用于固定立柱和连接件,增强隔离栅的整体稳定性。

图6-1　编织网隔离栅

编织网的结构尺寸应符合表6-1的规定。

编织网的结构尺寸 表6-1

钢丝直径 (mm)	网孔尺寸($a×b$) (mm)	网面长度L (m)	网面宽度B (m)
2.2	50×50	3/4/5/6/10/15/30	1.5 ~ 2.5
	100×50		
	150×75		
2.8	50×50		
	100×50		
	150×75		
3.5	50×50		
	100×50		
	150×75		
	160×80		
4.0	50×50		
	100×50		
	150×75		
	160×80		

注:钢丝直径为防腐处理前。

(2)刺钢丝网隔离栅。

刺钢丝网隔离栅(图6-2)由以下部分组成。

①网体:刺钢丝网隔离栅的主要组成部分,通常采用高强度且尖锐的钢丝编织而成。网体结构坚固,具有良好的抗拉伸和抗冲击性能。

②立柱：支撑网体的关键部分，一般采用钢管、型钢或钢筋混凝土制成。立柱的高度和间距可根据实际需求进行调整，以满足不同场合下的安全需求。

③刺钢丝：刺钢丝网隔离栅的特色部分，通过在网体上安装锋利的刺钢丝，起到威慑和防护作用。刺钢丝的材质和分布密度可根据实际情况进行定制。

图6-2 刺钢丝网隔离栅

刺钢丝网的结构尺寸应符合表6-2的规定。

刺钢丝网的结构尺寸 表6-2

钢丝直径(mm)	刺距D(mm)	捻数n(不少于)
2.5	76	3
	102	4
	127	5
2.8	76	3
	102	4
	127	5

注：钢丝直径为防腐处理前。

(3)钢板网隔离栅。

钢板网隔离栅(图6-3)由以下部分组成。

①钢板网：隔离栅的主体部分，通常采用高强度、耐腐蚀的钢板经过冲孔、剪切、折弯等工艺制成。钢板网不仅具有坚固耐用的特点，而且其网状结构可以有效防止人员和小动物穿越，起到了良好的隔离效果。

②立柱：支撑钢板网的主要构件，一般采用钢管或角钢制成。立柱的高度和间距可以根据实际需求进行调整。立柱的稳固性对于整个隔离栅的稳定性起着至关重要的作用。

③横梁：连接着立柱，起到固定钢板网的作用。横梁一般采用与立柱相同材质的钢管或角钢制成，通过焊接或紧固件与立柱连接。

④紧固件：包括螺钉、螺母、垫圈等，用于将钢板网、立柱、横梁等部件紧密连接在一起，确保隔离栅的稳固性和安全性。

图6-3 钢板网隔离栅

钢板网的结构尺寸应符合表6-3的规定。

钢板网的结构尺寸 表6-3

钢丝直径（mm）	钢板厚度 d(mm)		网孔尺寸		网面尺寸	
	短节距TL（mm）	长节距TB（mm）	丝埂长度 b（mm）	网面长度 L（mm）	网面宽度 B（mm）	
2.0	18	50	2.03			
	22	60	2.47			
	29	80	3.26			
	36	100	4.05			
	44	120	4.95			
2.5	29	80	3.26			
	36	100	4.05			
	44	120	4.95			
3.0	36	100	4.05			
	44	120	4.95	1.9 ~ 3.0	1.5 ~ 2.5	
	55	120	4.95			
4.0	24	60	4.5			
	32	80	5.0			
	40	100	6.0			
5.0	24	60	6.0			
	32	80	6.0			
	40	100	6.0			
	56	150	6.0			

注：板材厚度及丝埂宽度为防腐处理前。

(4)焊接网隔离栅。

焊接网隔离栅(图6-4)由以下部分组成。

①网片:隔离栅的主体部分,通常由低碳钢丝或者不锈钢丝焊接而成,呈网状结构。网孔的大小和形状可根据实际需求进行定制,如菱形孔、正方孔等。丝径是网片的一个重要参数,常见的丝径有4.0mm等。

②立柱:支撑网片的主要部分,通常采用圆管或方管制成,立柱的高度和间距可以根据实际需要进行调整。

③边框:焊接网隔离栅的边缘部分,主要用于增强网片的稳定性和强度。

图6-4 焊接网隔离栅

焊接网的结构尺寸应符合表6-4的规定。

焊接网的结构尺寸 表6-4

钢丝直径 (mm)	网孔尺寸($a \times b$) (mm)	网面长度 L (m)	网面宽度 B (m)
3.5	75×75	1.9 ~ 3.0	1.5 ~ 2.5
	100×50		
	150×75		
	195×65		
4.0	150×75		
	195×65		
5.0	150×75		
	200×75		

注:板材厚度及丝埂宽度为防腐处理前。

2)常见病害

高速公路隔离栅是一种重要的安全防护设施,主要起到对高速公路两侧的隔离和防护作用。然而,由于长期受到自然环境和人为因素的影响,高速公路隔离栅可能会出现一些常见的病害。以下是一些可能的病害类型。

(1)锈蚀和腐蚀。

由于隔离栅材料多为金属材质,长期暴露在自然环境中,特别是在潮湿、多雨的地区,容易受到锈蚀和腐蚀的影响。这会导致隔离栅的强度和稳定性下降,甚至出现断裂、变形等病害。

(2)人为破坏。

高速公路隔离栅常常受到人为因素的影响,如车辆撞击、行人攀爬、盗窃等。这些行为可能导致高速公路隔离栅的损坏、变形、缺失等,严重影响其安全防护效果。

(3)自然灾害影响。

风暴、雷电、洪水等自然灾害也可能对高速公路隔离栅造成损害。例如:风暴可能导致隔离栅被吹倒、变形;洪水可能冲刷高速公路隔离栅基础,导致其失稳。

据调查,某高速公路全长12.76km,现有主线及互通区隔离栅均为焊接网隔离栅,采用钢管立柱,立柱间距2.5m,高2.05m,隔离栅存在大面积缺失病害,缺少长度共计19905m,占比78%;隔离栅倒伏、钢构件锈蚀等病害长度共计3874m,占比69%。该路段周围村镇较多,经现场调查发现,较多焊接网隔离栅遭到人为破坏,被村民用于圈养家畜(图6-5)。

图6-5 隔离栅缺失、损坏

为了保障高速公路隔离栅的正常运行和安全防护效果,需要定期对高速公路隔离栅进行检查和维护。对于发现的病害,应及时进行修复和更换,确保高速公路隔离栅的完整性和稳定性。同时,需要加强对高速公路隔离栅的日常管理和监管,防止人为破坏和盗窃行为的发生。

6.1.2 防落物网

在公路桥梁两侧设置防落物网的主要目的是防止抛扔的物品、杂物或运输散落物进入桥梁下铁路、通航河流或交通量较大的公路。

防落物网(图6-6)由以下部分组成。

①网体:防落物网的主要部分,一般采用高强度、耐磨损、抗老化的材料制成,如聚酯纤维、尼龙等(图6-6)。网体呈网状结构,能够有效地拦截高空抛物,防止其坠落到地面造成伤害。

②立柱:支撑网体的重要结构,一般采用钢管或铝合金等材料制成,具有较强的抗风、抗压性能。立柱的高度和间距可根据实际需求进行调整。

③固定件:用于将立柱固定在建筑物或地面上,确保防落物网的稳定性。固定件一般采用膨胀螺栓、焊接等方式与建筑物或地面连接。

图 6-6　防落物网

6.1.3　防落石网

防落石网可分为主动型防落石网和被动型防落石网两种。主动型防落石网是将钢丝绳网等柔性网覆盖包裹在道路两侧上方的斜坡或岩石上,限制坡面岩石的风化剥落、危岩崩塌、土体松动,或将土石约束在一定范围内运动的隔离设施(图6-7)。被动型防落石网是将钢丝绳网等柔性网以栅栏方式设置于道路两侧上方的斜坡上,拦截落石、滑坡、泥石流等的隔离设施(图6-8)。前者主要起加固和围护作用,后者主要起拦截作用。

图 6-7　主动型防落石网

图 6-8　被动型防落石网

（1）主动型防落石网。

主动型防落石网由以下部分组成。

①钢丝绳网：主动防落石网的核心部分，由高强度钢丝绳编织而成，具有较强的拉伸强度和耐磨性，能够有效拦截落石。

②支撑绳：用于固定和支撑钢丝绳网，确保网面的稳定性和平整性。

③锚杆：将支撑绳和固定锚牢牢地固定在山体上，是整个防落石网结构的支撑点。

④固定锚：用于固定锚杆，增强整个防落石网结构的稳固性。

（2）被动型防落石网。

被动型防落石网由以下部分组成。

①柔性防护网：被动防落石网的主要组成部分，由高强度柔性材料制成，能够在受到落石冲击时发生变形，分散冲击力，减少对下方目标的伤害。

②支撑结构：用于支撑和固定防护网，确保其在受到落石冲击时能够保持稳定。

③基础：通过浇筑混凝土等方式，将支撑结构牢牢地固定在地面或岩石上，确保整个防落石网结构的稳定性。

6.2　隔离设施设计

隔离设施对于保障高速公路交通的安全、有序、准确、快速起着重要作用，是高速公路交通工程各项设施中必不可少的一部分。它们能够引导车辆按照规定的行车道行驶，提高道路通行能力，并保护行人和动物的安全，减少交通事故的发生。

6.2.1　设置原则

1）隔离栅

（1）除符合下列条件之一的路段外，高速公路和需要控制出入的一级公路沿线两侧必须连续设置隔离栅，其他等级公路可根据需要设置。

①路侧有水面宽度超过6m且深度超过1.5m的水渠、池塘、湖泊等天然屏障的路段。

②高度大于1.5m的路肩挡土墙或砌石等陡坎的填方路段。

③桥梁、隧道等构造物，除桥头、洞口等与路基隔离栅连接以外的路段。

④挖方高度超过20m且坡度大于70°的路段。

（2）隔离栅遇桥梁、通道、车行和人行涵洞时，应朝桥头锥坡（端墙）方向围死，不应留有人、畜可以钻入的空隙。在隔离设施改变方向的地方，应作专门的拐角处理。

（3）隔离栅遇跨径小于2m的涵洞时可直接跨越，跨越处应进行围封。

（4）隔离设施的中心线一般沿地界线以内20~50cm设置。

（5）在进出高速公路和需要控制出入的一级公路的适当位置可设置便于开启的隔离栅活动门。

（6）高速公路和需要控制出入的一级公路在行人、动物无法误入分离式路基内侧中间区域时，可仅在分离式路基外侧设置隔离栅；在行人、动物可误入分离式路基内侧中间区域的条件下，应在分离式路基段内侧需要的位置设置隔离栅。分离式路基段遇桥梁、通道、车行和人行涵洞时，应在桥头锥坡或端墙处围封。

2)防落物网

(1)上跨铁路、饮用水水源保护区、高速公路、需要控制出入的一级公路的车行构造物或人行构造物两侧均应设置防落物网。

(2)公路跨越通航河流、交通量较大的其他公路时,应设置防落物网。

(3)需要设置防落物网的桥梁采用分离式结构时,应在桥梁内侧设置防落物网。

(4)已经设置声屏障的公路路段,可不设置防落物网。

(5)防落物网应进行防腐和防雷接地处理,防雷接地的电阻应小于10Ω。

(6)防落物网的设置范围为下穿铁路、公路等被保护区的宽度(当上跨构造物与下穿公路斜交时,应取斜交宽度)并各向路外分别延长10~20m,其中上跨铁路的防落物网的设置范围还应符合铁路部门的有关规定。

3)防落石网

(1)在高速公路或一级公路建筑限界内可能落石,经落石安全性评价对公路行车产生影响的路段,应对可能产生落石的危岩进行处理或设置防落石网。

(2)二级及二级以下公路有可能落石并影响交通安全的路段,宜处理危岩或设置防落石网。

(3)防落石网应充分考虑地形条件、地质条件、危岩分布范围、落石运动途径及与公路工程的相互关系等因素后加以设置,宜设置在缓坡平台或紧邻公路的坡脚宽缓场地附近。

6.2.2 形式选择

1)隔离栅

为防止无关人员或动物误入高速公路,确保高速行车安全,必须做好隔离栅的设置。目前常用的隔离栅类型主要包括编织网隔离栅、刺钢丝网隔离栅、钢板网隔离栅与焊接网隔离栅。隔离栅不仅起到保证行车安全的作用,还决定了公路的美观性,所以在设计时除了要关注隔离栅设置的合理性与紧固性之外,还应适当考虑美观性。从当前正处在使用状态的高速公路隔离栅看,时常出现由于隔离栅强度不足而导致的盗窃现象。隔离栅失窃会对高速公路管理单位造成经济损失,还会威胁行车安全。因此,隔离栅设计必须做到统筹兼顾,通过对不同方案的综合对比,选择适宜的隔离栅类型。

(1)隔离栅可选用焊接网、刺钢丝网、编织网、钢板网、隔离墙、绿篱、刺钢丝网和绿篱等结合使用。设计时应根据隔离封闭的功能要求,对其性能、造价、美观性、与公路周围景观的协调性、施工条件及养护维修等因素进行综合比较,对比情况如下:

①造价比较。按单位造价由高到低排列为钢板网、电焊网、电焊卷网、编织网、刺钢丝网。

②后期养护维修的比较。钢板网、电焊网、刺钢丝网在网面及局部破坏后,易修补,维修费用低;编织网在局部破坏后,将影响整张网,不易修补,维修费用高。

③适应地形的性能比较。钢板网、电焊网爬坡性能差,一般用于平坦路段;在起伏较大的路段,如果用钢板网、电焊网,需将其设计成阶梯状,或将网片设计成平行四边形顺坡设置,施工较困难;电焊卷网和编织网爬坡性能较好;编织网网面的柔性、电焊卷网的波纹构造均可适应起伏地形,但其施工需要专门的机械设备;刺钢丝网适应地形能力强,爬坡性能好,在地势起伏较大的地形条件下,无须特殊的施工机具,施工方便。

④外观比较。钢板网、电焊网、编织网结构合理、美观大方,是城镇沿线、互通区、服务区、

风景旅游区等处首选的隔离栅形式;在远离城市等人烟稀少的路段可设置刺钢丝网。

⑤隔离墙隔离效果最好,坚固耐用,但造价高,影响路容、路貌,经论证可在横向干扰大、事故多的路段采用。

(2)下列路段可选择电焊网、编织网、钢板网的隔离栅形式。

①靠近城镇人口稠密地区的路段。

②沿线经过风景区、旅游区、著名地点等的路段。

③互通式立体交叉、服务区、停车区、管理养护机构两侧。

(3)下列路段可选择刺钢丝网的隔离栅形式。

①人口稀少的路段。

②公路预留地。

③跨越沟渠而需要封闭的路段。

④在小型动物出没较多的路段,可设置变孔的刺钢丝网;变孔的刺钢丝网可采用上部的刺钢丝间距较大而下部刺钢丝间距较小的形式。

(4)下列路段可选择隔离墙的形式。

①焊接网和刺钢丝网等形式隔离栅经常遭到破坏的路段。

②需要采用隔离墙作为景观设计的路段。

③公路外侧存在较大不安全影响因素的路段。

(5)根据当地条件,在满足隔离条件的情况下可采用绿篱作为隔离栅。具备条件时,刺钢丝网可和绿篱结合使用。

2)防落物网

随着我国高速公路建设的飞速发展,桥梁作为高速公路的重要组成部分,其安全性和可靠性越来越受到重视。为了确保行车安全,防止桥梁上的落物对过往车辆造成威胁,防落物网的设置显得尤为重要。下面将从材料、结构、使用环境等多个方面探讨高速公路桥梁防落物网的选型问题。

(1)材料选择。

防落物网的材料直接关系到其使用寿命和防护效果。常见的材料有金属(如钢丝绳网、不锈钢网)、合成纤维(如尼龙网、聚酯网)以及复合材料等。

①金属网:钢丝绳网和不锈钢网具有较高的强度和耐久性,能够承受较大的冲击力,适用于交通流量大、车辆荷载重的桥梁。但金属网的成本相对较高,且质量较轻,安装和维护较为困难。

②合成纤维网:尼龙网和聚酯网等合成纤维材料具有重量轻、耐腐蚀、易安装等优点。但其强度和耐久性相对较低,适用于交通流量较小、车辆荷载较轻的桥梁。此外,合成纤维网在长期使用过程中可能因紫外线照射、风化等因素而性能下降。

③复合材料网:复合材料网结合了金属和合成纤维的优点,具有较高的强度和耐久性,同时质量较轻,易于安装和维护。但复合材料网的成本通常较高,需要综合考虑性价比。

(2)结构选择。

防落物网的结构设计应根据桥梁的实际情况进行定制,以确保其能够有效地拦截落物。常见的结构形式有平面网、立体网和组合网等。

①平面网:结构简单,易于安装和维护。但其防护范围有限,对于从桥梁侧面或上方落下的物体,拦截效果可能不佳。

②立体网:结构复杂,能够形成三维防护空间,有效地拦截从各个方向落下的物体。但其安装和维护成本较高,且可能影响桥梁的美观性。

③组合网:结合了平面网和立体网的优点,既能提供全方位的防护,又能降低安装和维护成本。但其设计和施工难度较大,需要专业人员进行定制和安装。

(3)使用环境考虑。

防落物网的选型应充分考虑使用环境的影响,包括气候条件、桥梁类型、交通流量等因素。

①气候条件:在气候恶劣、风力较大的地区,应选择强度较高、抗风性能好的防落物网。同时,应考虑防落物网的耐腐蚀性能,以确保其长期使用的效果。

②桥梁类型:不同类型的桥梁对防落物网的要求不同。例如,斜拉桥和悬索桥等柔性桥梁对防落物网的刚度和稳定性要求较高,而拱桥和梁桥等刚性桥梁则更注重防落物网的强度和耐久性。

③交通流量:交通流量大的桥梁应选择承载能力更强、防护效果更好的防落物网。同时,应考虑防落物网的易维护性,以缩短维护导致的交通中断时间。

3)防落石网

在高速公路的建设与维护中,防落石网(也称落石防护网、边坡防护网)扮演着至关重要的角色。它们能够有效地拦截并减缓山体滑坡、落石等自然灾害对公路及行车安全的威胁。然而,防落石网的种类繁多,选型不当不仅会影响防护效果,还可能增加不必要的成本。因此,如何科学合理地选取防落石网的形式成为高速公路建设中亟待解决的问题。

(1)根据地形与地质条件选型。

①地形分析:对于陡峭、破碎的边坡,应选择强度更高、柔性更好的被动防护网,如环形网,以应对较大的落石冲击力;而对于相对平缓、稳定的边坡,则可采用主动防护网进行加固,预防岩石脱落。

②地质条件:考虑岩石类型、风化程度及地下水情况。对于风化严重、岩石破碎严重的区域,应优先选择被动防护网中的高强度菱形网,以增强防护效果;对于地下水丰富、岩石较为稳定的区域,可采用主动防护网进行排水与加固相结合的综合治理方法。

(2)考虑防护等级与成本效益。

①防护等级:根据高速公路的等级、交通流量及潜在风险,确定防落石网的防护等级。对于重要路段或高风险区域,应选择防护等级更高的防落石网,确保行车安全。

②成本效益:在选型时,需综合考虑材料成本、安装费用及后期维护成本。在保证防护效果的前提下,选择性价比高的防落石网,可实现经济效益与社会效益的最大化。

6.2.3 安装尺寸要求

1)隔离栅

(1)安装高度。

在设计隔离栅时,需要考虑以下因素来确定隔离栅的高度。

①隔离物的高度:隔离栅的高度应该高于隔离物,以确保有效隔离。

②防护目标的高度:隔离栅的高度同时应考虑防护目标的高度。如果防护目标高度较低,隔离栅高度则可以适当降低。

③安全距离:在隔离栅的设计过程中,需要考虑安全距离。如果隔离栅高度过低,则可能无法保证安全距离。

④风险评估:在实际应用过程中,需要先对隔离栅高度进行风险评估,再根据风险评估结果确定隔离栅的高度。

隔离栅的高度会直接影响防护效果。高度大可提升防护效果,但同时会增加建造成本;低高度则可能无法有效隔离目标,降低防护效果。

根据相关试验和研究,隔离栅顶部距地面的高度以1.5~1.8m为宜,靠近城镇区域的隔离栅高度可取高限值;在动物身高不超过50cm等人烟稀少的荒漠地区,经交通安全综合分析后隔离栅高度可降低至1.3m。

(2)稳定性。

隔离栅的稳定性直接关系到其使用效果及使用年限,其设计荷载主要考虑风力,同时考虑人、畜的破坏作用。风力可按式(6-1)计算:

$$P=\rho W_0 S=SW \qquad (6-1)$$
$$W=\rho W_0$$

式中:P——设计风力,N;

$\quad W$——设计风压,Pa;

$\quad W_0$——基本风压,符合《公路桥涵设计通用规范》(JTG D60—2015)的规定,Pa;

$\quad S$——迎风面积(每片隔离栅的外轮廓实际面积),m²;

$\quad \rho$——考虑隔离栅为网孔结构的折减系数(一般$\rho=0.50 \sim 0.85$,$\rho_{max}=1.0$)。

ρ值的确定主要考虑隔离栅网孔率的大小,其次应考虑隔离栅设置,一般均有野外牵藤植物依附,维护清除又有困难,故在南方枝叶常青地区宜取上限,甚至取最大值,而在北方地区则可取中值,或下限。

根据计算的风力,可进行稳定性验算,由此确定隔离栅支柱截面尺寸。隔离栅支柱的截面尺寸可参照表6-5的要求确定。

隔离栅支柱截面要求 表6-5

支柱类型	截面要素
钢支柱	截面面积=3.3cm²
钢筋混凝土支柱	截面尺寸>10cm×10cm
烧制圆木	截面直径=9cm

2)防落物网

(1)防落物网所采用的金属网的形式可与隔离栅相同,其网孔规格不宜大于50mm×100mm,公路跨越铁路时网孔规格不宜大于20mm×20mm。

(2)公路跨越铁路电气化区段的上跨立交桥防落物网应设置"高压危险"警示标志。

(3)跨越高速铁路的立交桥防落物网距桥面的高度应不低于2.5m,跨越一般铁路的立交桥防落物网距桥面的高度应不低于2.0m。

3)防落石网

(1)防落石网的网孔规格宜根据其防护的落石概率和规格合理确定。

（2）防落石网应具有易铺展性和高防冲击能力，并便于工厂化生产。

（3）所有钢构件均应按现行《公路交通工程钢构件防腐技术条件》（GB/T 18226—2015）的规定进行防腐处理。

6.2.4 特殊设计

1）分离式路基设计

[案例6-1]

某路段全段为分离式路基，道路路基两侧设有隔离栅，道路两侧隔离栅遇桥梁、涵洞时沿桥梁、涵洞顶部布设，野生动物可通过桥梁、涵洞路段在上下行分离式路基之间进入高速主线。

优化方案：该情况需在桥梁、涵洞位置上下行分离式路基之间增设隔离栅进行提升改造。桥梁段存在挡土墙时，沿挡土墙顶部布设，端部立柱锚固于桥梁墩台侧壁；无挡土墙时，沿坡脚底部布设，并适当向桥下延伸，端部立柱锚固于桥梁墩台侧壁；涵洞段沿挡墙顶部布设，端部立柱锚固于涵洞盖板侧壁（图6-9、图6-10）。

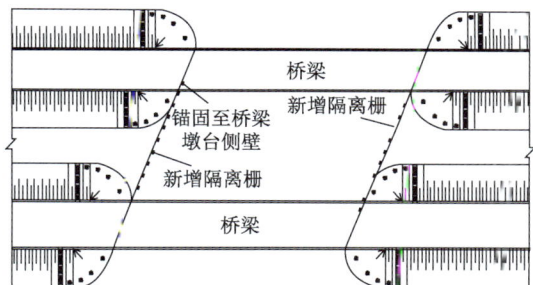

图6-9 分离式路基桥梁段隔离栅设计

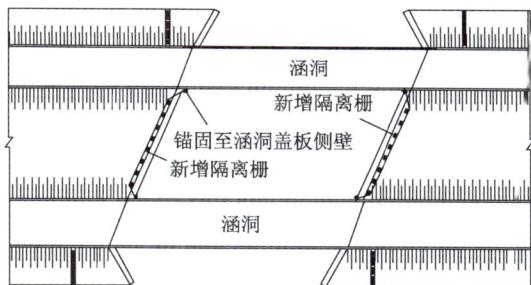

图6-10 分离式路基涵洞段隔离栅设计

2）组合式隔离栅混凝土立柱及基础设计

[案例6-2]

传统隔离栅混凝土立柱多采用立柱预制、基础现浇的施工模式。由于隔离栅多设置于公路边坡以下，大型机械不便入场，加之隔离栅施工沿线长，单个基础混凝土方量较少，隔离栅实际施工大多采用人工拌和混凝土后支土模浇筑的施工方式，而这种施工方法却很难保证工程质量，使得基础、立柱质量较差，外观尺寸不符合技术要求等现象频发，严重的出现立柱倒伏现象。

在实际工程中，为保证混凝土立柱及基础质量，尝试过将混凝土立柱及基础整体预制后运输至现场吊装。但由于整体式混凝土立柱及基础"重量分布不均匀"的特点，运输极其不方便，容易在运输过程中发生破损，且到达现场后由于场地限制，不便吊装。

优化方案：一种组合式隔离栅混凝土立柱及基础，包括分别预制的基础、立柱。根据所述，基础轴向中央位置预留与立柱相契合的孔道，立柱安装在基础的孔道内，立柱底部预埋有凸出的刚性连接件，基础在孔道内对立凸出的刚性连接件位置开设有相契合的凹槽，孔道及凹槽采用固结材料固结填隙（图6-11）。

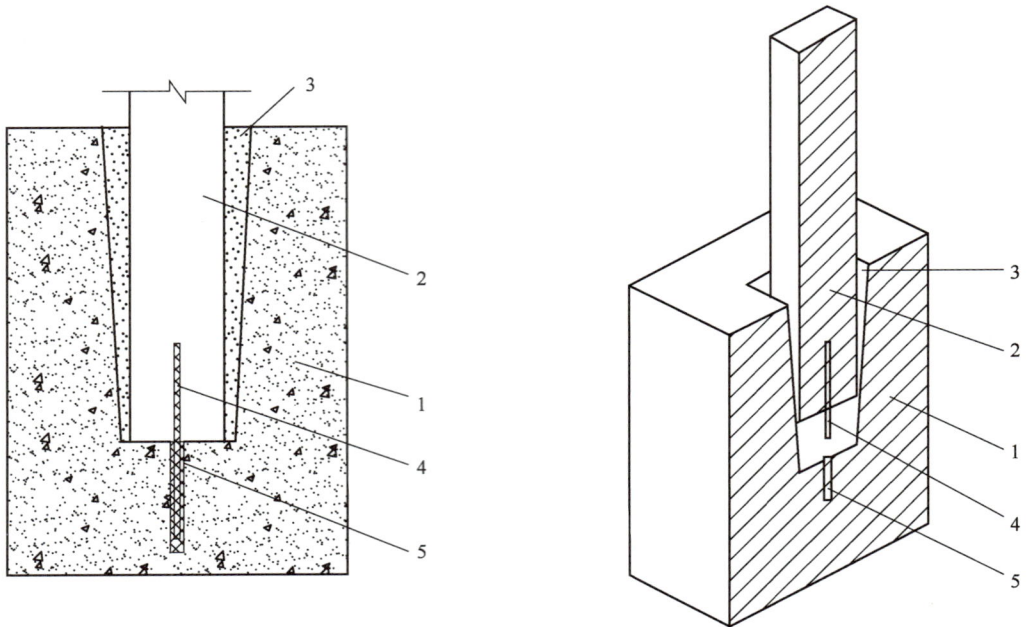

图6-11　组合式隔离栅混凝土立柱及基础设计
1-基础;2-立柱;3-孔道;4-刚性连接件;5-凹槽

该实用新型装配式隔离栅混凝土立柱及基础均由预制场统一生产,运输至施工现场后进行简单装配即可,无须养护。相对于施工现场支模现浇的混凝土基础及立柱,该实用新型装配式隔离栅混凝土立柱及基础质量可靠性更高,且外形规整,方便运输,施工现场装配过程简单、快捷,更有利于控制工程质量。

6.3　隔离设施施工

6.3.1　隔离栅

1)一般规定

(1)隔离栅施工前,应熟悉设计文件,掌握设计要点,并核查设计图纸是否齐全、清晰、准确,发现问题应及时提出并解决。同时在施工前,应进行技术交底,并结合设计图纸、监理验收资料等对现场条件进行检查、验收。根据不同公路交通安全设施施工技术要求,对前道工序进行检查,发现问题应查明原因,提交建设单位进行处理,整改验收合格后方能进行后续工程的施工。

(2)隔离栅施工前应对施工场地进行清理。隔离栅是纵向设置的连续构造物,设置良好的隔离栅是沿地形平缓过渡的。因此,沿隔离栅的安装位置要进行场地清理,特别是对一些小土丘、坑洞等进行挖掘、填平补齐处理。

(3)在隔离栅安装前,应对隔离栅的设置条件、设置位置和数量等进行核对。

(4)改扩建工程中拆除的隔离栅网材、支撑钢材等,用局部修补或翻新等方式处理、检验合格后,在符合现行《公路交通安全设施设计规范》(JTG D81—2017)和设计文件的要求时,可重复利用或作为施工期间临时设施使用。

2)材料

隔离栅所用的各种材料,为了便于采购和加工,其型号、规格、尺寸要尽可能选用标准化产品。除设计文件另行规定外,隔离栅所用的金属材料应符合现行《隔离栅》(GB/T 26941)的规定,混凝土立柱和基础的钢筋、水泥、细集料、粗集料、拌和用水、外加剂等材料应符合现行《公路桥涵施工技术规范》(JTG/T 3650—2020)的规定。

所有钢构件均应进行防腐处理,应采用热浸镀锌、锌铝合金涂层、浸塑以及双涂层等处理方法。除设计文件另行规定外,防腐处理均应满足现行《隔离栅》(GB/T 26941)的规定。螺栓、螺母等紧固件和连接件在防腐处理后,应清理螺纹或进行离心分离处理。

3)施工

(1)应按照设计文件中规定的隔离栅设置位置和实际地形条件确定控制立柱的位置和立柱中心线,在控制立柱之间按设计文件规定的柱距定出柱位。

(2)每个柱位均要按设计文件的要求确定设置高度,但允许根据实际地形进行调整。在地形起伏的路段设置隔离栅时,可将地面整修成一定的纵坡,也可顺坡设置。确定高度的目的在于控制各立柱基础高程,保证安装后隔离栅顶面的平顺和美观。

(3)在放样和定位工作完成的基础上,根据设计文件的要求开挖基坑或钻孔,挖钻深度要符合设计要求(图6-12)。基坑挖到设计要求深度后,要将基底清理干净,经检验合格后,才能进行下道工序的施工。

图6-12　隔离栅基坑开挖

(4)立柱应根据设计文件的规定设置在现浇混凝土基础或预制混凝土基础内(图6-13)。立柱的埋设应分段进行。可先埋设两端的立柱,然后拉线埋设中间立柱,控制立柱与中间立柱的平面投影在一条直线上,保持基础高程的平顺过渡。预制混凝土立柱和基础在运输及装卸时应避免折断或损坏边角。

(5)混凝土基础强度达到设计强度的80%及以上时,可按下列规定安装隔离栅网片(图6-14):

①安装无框架卷网时,应从端头立柱开始,沿纵向展开,边铺设边拉紧,挂钩时网片不得变形。

②安装有框架的片网时,网面应平整,框架应整体平顺、美观,框架与立柱应连接牢固。

③安装刺钢丝网时,应从端头立柱开始。刺钢丝之间应平行、平直,绷紧后应与立柱上的铁钩牢固绑扎,横向与斜向刺钢丝相交处也应绑扎牢固。

（6）隔离栅网片安装完毕后，应对基础周围进行夯实处理。

（7）在桥梁、通道、车行和人行涵洞等构造物处进行围封时，应保证隔离栅的封闭严密，并将隔离栅锚固于构造物上。隔离栅跨越沟坎时，应保证隔离栅下边缘与沟底的距离能有效阻止行人或动物误入，否则应增设隔离栅网片。

（8）隔离栅的活动门应便于开启、保证强度，隔离栅活动门两侧各10m范围内的隔离栅基础应根据设计文件的规定进行加强。除设计文件另行规定外，隔离栅活动门变形量不应超过高度的2%。

（9）绿篱栽植应能有效阻止行人和动物误入，并应考虑将来养护的需求。

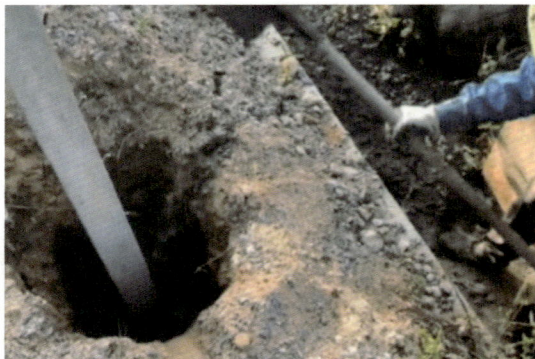

图6-13　隔离栅现浇基础

图6-14　隔离栅网片安装

4）质量控制过程

（1）隔离栅的封闭应严密、牢固，不应出现缺口。

（2）隔离栅应与公路线形走向一致，顺直、流畅，纵坡起伏自然、美观，边坡较陡的路段应进行修坡处理。

（3）隔离栅的网面应平整、无断丝，网孔无明显倾斜。

（4）混凝土基础尺寸和埋深、立柱的竖直度和柱间距、网面高度以及混凝土立柱和基础的强度应符合设计文件的规定。

（5）镀锌构件表面应均匀完整、颜色一致，表面不得有气泡、裂纹、疤痕、折叠和断面分层等缺陷。

（6）混凝土立柱应密实、平整，无裂缝、翘曲、蜂窝、麻面等缺陷。

（7）绿篱的高度和密度应满足设计文件的要求。

（8）隔离墙的基础、高度和强度应满足设计文件的要求。

（9）施工过程中应加强质量检查。隔离栅施工质量过程控制中，各检查项目应符合表6-6的规定。

隔离栅施工质量过程控制项目　　　　表6-6

项次	检查项目		规定值或允许偏差	检查方法
1	高度(mm)		±15	尺量
2	刺钢丝的中心垂度(mm)		≤15	尺量
3	立柱中距 （mm）	焊接网	±30	尺量
		钢板网	±30	
		刺钢丝网	±60	
		编织网	±60	
4	立柱竖直度(mm/m)		≤10	垂线法
5	立柱埋深深度		不小于设计要求	尺量
6	隔离墙断面尺寸 （mm）	高度	±15	尺量
		顶宽	±10	
		底宽	±10	
7	隔离墙竖直度(mm/m)		±10	垂线法
8	隔离栅活动门变形量		不超过高度的2%	尺量

6.3.2　防落物网

1）一般规定

（1）除设计文件另行规定外，防落物网应在桥梁护栏施工完毕后开始施工。

（2）防落物网设于跨越已通车的公路、铁路和航道上方的桥梁上时，应编制专项安全施工方案，经评审通过后方能施工。

（3）在施工安装前，应对防落物网的设置条件、设置位置和数量等进行核对。

（4）防落物网施工前应对所有预埋件的设置位置、强度、腐蚀程度进行检查，不符合设计要求的应整改。

（5）改扩建工程中拆除的防落物网网材、支撑钢材等，用局部修补或翻新等方式处理、检验合格后，在符合现行《公路交通安全设施设计规范》(JTG D81—2017)和设计文件的要求时，可重复利用。

2）材料

（1）除设计文件另行规定外，防落物网所用材料应符合下列规定：

防落物网所用的金属材料应符合现行《隔离栅》(GB/T 26941)的规定，混凝土立柱和基础的钢筋、水泥、细集料、粗集料、拌和用水、外加剂等材料应符合现行《公路桥涵施工技术规范》(JTG/T 3650—2020)的规定。

（2）所有钢构件均应进行防腐处理。除设计文件另行规定外，防腐处理均应满足现行《公路交通工程钢构件防腐技术条件》（GB/T 18226—2015）的规定。螺栓、螺母等紧固件和连接件在防腐处理后，应清理螺纹或进行离心分离处理。

3）施工

防落物网的施工（图6-15）应符合下列规定：

（1）应以上跨桥梁与公路、铁路等设施的交叉点为控制点，向两侧对称进行施工。当上跨桥梁为斜交时，防落物网的长度应根据设计文件的要求作相应调整。

（2）根据立柱预埋基础的位置安装立柱。未设置预埋件时，应根据设计单位的变更文件，采取后固定的施工工艺设置立柱。

（3）防落物网的网片应牢固地安装在立柱上，网片应平整、绷紧，螺栓应在防落物网的线形达到规定要求时拧紧。

（4）根据设计文件的规定对防落物网作防雷接地处理。

图6-15　防落物网施工

4）质量过程控制

防落物网的质量过程控制应符合下列规定：

（1）防落物网的封闭应严密、牢固，不应出现缺口。

（2）防落物网的混凝土基础尺寸和埋深、立柱的竖直度和柱间距、网面高度以及混凝土立柱和基础的强度等级应符合设计文件的规定。

（3）防落物网的防腐处理和防雷接地处理应符合设计文件的规定。

（4）施工过程中应加强质量检查。防落物网施工质量过程控制中各检查项目应符合表6-7的规定。

防落物网施工质量过程控制项目　　　　　　　　　　表6-7

项次	检查项目		规定值或允许偏差	检查方法
1	高度（mm）		±15	尺量
2	立柱中距 （mm）	焊接网	±30	尺量
		钢板网	±30	
		编织网	±60	

项次	检查项目	规定值或允许偏差	检查方法
3	立柱竖直度(mm/m)	≤10	垂线法
4	立柱固定方式	符合设计要求	尺量
5	螺栓终拧扭矩(%)	±10	扭力扳手

6.3.3 防落石网

1)一般规定

(1)除设计文件另行规定外,防落石网应在公路路堑边坡施工完毕后开始施工。

(2)在施工安装前,应对防落石网的设置条件、设置位置和数量等进行核对。

(3)设置防落石网前,应检查路堑边坡土体、岩石的稳定性是否已达到设计文件规定的要求。

(4)改扩建工程中拆除的防落石网网材、支撑钢材等,用局部修补或翻新等方式处理、检验合格后,在符合现行《公路交通安全设施设计规范》(JTG D81—2017)和设计文件的要求时,可重复利用。

2)材料

(1)除设计文件另行规定外,防落石网所用材料应符合下列规定:

防落石网所用的金属材料应符合《边坡柔性防护网系统》(JT/T 1328—2020)的规定,基础的钢筋、水泥、细集料、粗集料、拌和用水、外加剂等材料应符合现行《公路桥涵施工技术规范》(JTG/T 3650)的规定。

(2)所有钢构件均应进行防腐处理。除设计文件另行规定外,防腐处理均应满足现行《公路交通工程钢构件防腐技术条件》(GB/T 18226—2015)的规定。螺栓、螺母等紧固件和连接件在防腐处理后,应清理螺纹或进行离心分离处理。

3)施工

防落石网的施工应符合下列规定:

防落石网施工应按照"清坡—放样—基础施工—立柱及拉锚绳安装—支撑绳安装—钢丝绳网(环形网)安装—格栅安装"的工序进行施工。

①清坡:在设置防落石网前,应对路堑边坡上方的浮土和危石进行清理,做好安全防护工作,将防落石网上下方5m以内可能影响防落石网安装及使用的绿化予以清除。防落石网应在满足公路交通安全的条件下进行施工。

②放样:应采用测量工具确定立柱的位置。立柱的定位从防落石网的起始位置,按照设计的要求逐一确定立柱的位置,立柱应尽可能保持在同一等高线上。

③基础施工:按照设计文件的要求,直接设置于基岩或坚硬岩石的地脚螺栓可通过钻孔的方式进行,用水泥砂浆将地脚螺栓浇筑,钻孔的深度一般不小于1m;设置混凝土基础的方式时,可采取预置或现浇混凝土基础的方式进行施工。

④立柱及拉锚绳安装:在基础强度已经达到80%及以上后可进行立柱及拉锚绳的安装。立柱应与拉锚绳同时安装,并在安装后通过改变拉锚绳张拉段的长度将立柱调整到设计的安装倾角。

⑤支撑绳安装:上支撑绳应在钢丝绳网(环形网)铺挂前安装,而下支撑绳的安装宜在钢丝绳网(环形网)铺挂前安装。

⑥钢丝绳网(环形网)安装:可用绳卡或卸扣将钢丝绳网(环形网)临时悬挂在上支撑绳上,且网上的悬挂点宜在上沿网孔以下,以方便下一步的缝合连接。缝合从一端开始逐步向另一端,直至所有钢丝绳网(环形网)形成一个整体。

⑦格栅安装:格栅与钢丝绳网(环形网)间可采用扎丝扎结,并宜翻越网顶上沿适当宽度,避免落石冲击时格栅被轻易坠拉下来。

应根据设计文件的规定对防落石网作防雷接地处理。

4)质量过程控制

防落石网的质量过程控制应符合下列规定:

(1)防落石网的地脚螺栓埋置深度、混凝土基础尺寸和埋深、立柱的竖直度和柱间距、拉锚绳、支撑绳、减压环、钢丝绳网(环形网)及立柱和基础的强度等级应符合设计文件的规定。

(2)防落石网的防腐处理和防雷接地处理应符合设计文件的规定。

(3)施工过程中应加强质量检查。防落石网施工质量过程控制中各检查项目应符表6-8的规定。

防落石网施工质量过程控制项目   表6-8

项次	检查项目		规定值或允许偏差	检查方法
1	高度(mm)		±15	尺量
2	防落石网的中心垂度(mm)		≤15	尺量
3	立柱中距 (mm)	钢丝绳网	±60	尺量
		环形网	±60	
4	立柱竖直度(mm/m)		≤10	垂线法
5	立柱埋置深度		符合设计要求	尺量
6	地脚螺栓抗拔力		符合设计要求	拉拔器
7	拉锚绳直径		符合设计要求	尺量
8	支撑绳直径		符合设计要求	尺量
9	减压环型号和数量		符合设计要求	尺量
10	钢丝绳网(环形网)的固定		符合设计要求	手拉无松动
11	格栅的扎结		符合设计要求	现场检查

6.4　隔离设施验收

6.4.1　新建工程

(1)隔离栅和防落网应符合下列基本要求:

①隔离栅产品应符合现行《隔离栅》(GB/T 26941)的规定,绿篱隔离栅和防落网应满足设计要求。

②立柱混凝土基础应满足设计要求。

③各构件的安装应满足设计要求并符合施工技术规范的规定。

④防落网网孔应均匀,结构牢固,围封严实。

⑤隔离栅起终点端头围封应满足设计要求。

(2)隔离栅和防落网实测项目应符合表6-9的规定。

隔离栅和防落网实测项目 表6-9

项次	检查项目		规定值或允许偏差	检查方法和频率
1	高度(mm)		±15	尺量:每1km测5处
2	刺钢丝的中心垂度(mm)		≤15	尺量:每1km测5处
3	立柱中距 (mm)	焊接网	±30	尺量:每1km测5处
		钢板网	±30	
		刺钢丝网	±60	
		环形网	±60	
4	立柱竖直度(mm/m)		±10	垂线法:每1km测5处
5	立柱埋置深度		不小于设计要求	过程检查,尺量:抽查2%

(3)隔离栅和防落网外观质量应符合下列规定:混凝土立柱表面无裂缝、无蜂窝。

6.4.2 养护工程

(1)隔离栅和防落网产品应符合现行《隔离栅 第1部分:通则》(GB/T 26941.1—2011)、《隔离栅 第2部分:立柱、斜撑和门》(GB/T 26941.2—2011)、《隔离栅 第3部分:焊接网》(GB/T 26941.3—2011)、《隔离栅 第4部分:刺钢丝网》(GB/T 26941.4—2011)、《隔离栅 第5部分:编织网》(GB/T 26941.5—2011)以及《隔离栅 第6部分:钢板网》(GB/T 26941.6—2011)的规定和设计要求。

(2)隔离栅和防落网的安装位置应符合设计规定。

(3)立柱的强度应符合设计要求,折断或有明显缺陷的立柱不得使用。

(4)立柱与基础、立柱(框架)与网片之间的连接应稳固,网面应平整绷紧。

(5)防落网网孔应均匀,结构牢固,围封严实。

(6)隔离栅起终点及遇桥梁、通道断开处应符合端头封围的设计要求,跨越沟渠等形成的隔离栅下缘空缺处应按设计要求实施封堵。

隔离栅和防落网更换、增设实测项目应符合表6-10的规定。

隔离栅和防落网更换、增设实测项目 表6-10

项次	检查项目		规定值或允许偏差	检查方法和频率
1	柱顶高度(mm)		±15	钢卷尺:每200m测1处
2	立柱中距 (mm)	焊接网、钢板网	±30	钢卷尺:每200m测1处
		编织网、刺钢丝网	±60	

项次	检查项目	规定值或允许偏差	检查方法和频率
3	立柱竖直度(mm/m)	≤10	靠尺、垂线:每200m测1处
4	立柱埋深(mm)	不小于设计要求	钢卷尺、过程检查:每200m测1处
5	基础尺寸(mm)	+50,−15	钢卷尺:每200m测1处
6	网面上沿高度(mm)	±15	钢卷尺:每200m测1处
7	刺钢丝的中心垂度(mm)	≤15	拉线、钢直尺:每200m测1处

(7)钢板网、编织网不得断丝,焊接网不得脱焊、虚焊。

(8)金属构件的镀锌层应均匀完整、颜色一致,不得有流挂、滴瘤或多余结块、漏镀、露铁等缺陷;构件涂(浸)塑层应均匀光滑、连续,无肉眼可分辨的小孔、空间、孔隙、裂缝、脱皮等缺陷。

(9)混凝土立柱表面应平整;蜂窝、麻面、小气孔、裂纹、石子外露和缺边掉角等缺陷面积不得超过构件同一侧表面积的4%,深度不得超过10mm。

(10)安装线形应顺畅,并应与地形相协调。

7

防眩设施

7.1 防眩设施概述

在繁忙的交通网络中,公路作为连接城市与乡村、山区与平原的重要纽带,承担着巨大的运输任务。随着汽车保有量的不断增加,交通安全问题日益凸显。其中,夜间或恶劣天气条件下的驾驶安全更是受到广泛关注。为了保证驾驶人的行车安全,减少眩光导致的事故,公路防眩设施的设置显得尤为重要。

防眩设施的主要作用在于防止对向车辆的车灯直射到驾驶人的眼睛,造成眩光效应。在夜间或视线不佳的情况下,强烈的眩光会使驾驶人瞬间失去对前方路况的准确判断,严重时甚至会导致驾驶人短暂失明,从而引发交通事故。因此,设置防眩设施(如防眩板、防眩网等)可以有效减少眩光对驾驶人的影响,保证行车安全。此外,防眩设施还能提高驾驶人的行车舒适度。长时间在公路上驾驶,尤其是在光线强烈或复杂的路况下,驾驶人容易感到眼睛疲劳,这不仅会影响驾驶安全,还可能对驾驶人的身体健康造成损害。设置合理的防眩设施,能够在一定程度上缓解驾驶人的视觉疲劳,提升驾驶的舒适度。同时,防眩设施是公路美化的重要组成部分。通过精心设计,防眩设施不仅可以发挥其基本功能,还可以与公路两侧的景观相协调,提升公路的整体美观度。这对于提升公路的使用体验、增强驾驶人的驾驶愉悦感有着积极的作用。

综上所述,公路防眩设施的设置对于提高交通安全、保证驾驶人的行车安全、提升舒适度、美化公路环境等都具有重要意义。在公路建设中,应注重防眩设施的规划与设计,以创造更加安全、舒适的行车环境。

7.1.1 防眩板

高速公路防眩板主要由板体、支撑结构和固定装置等组成(图7-1)。其中,板体是防眩板的主要部分,其材质和形状直接影响防眩效果。常见的防眩板材质有塑料、玻璃钢和钢材等,防眩板的形状则有树叶形、S形和芭蕉叶形等多种。支撑结构用于支撑板体,保证其稳定性和耐久性。固定装置用于将防眩板固定在道路护栏或中央隔离带上。

图7-1 防眩板

7.1.2 防眩网

防眩网主要由低碳钢板、不锈钢板等金属板材经过特种机械加工处理后形成。其结构主要包括钢板网、异形管、边耳、圆管等部分,这些部分通过焊接等方式连接在一起,形成一个整体(图7-2)。防眩网的连接附件与热镀管支柱固定,能够有效地保证防眩设施的连续性和横向通视,同时隔离上下行车道,达到防眩和隔离的目的。

图7-2 防眩网

7.1.3 植物防眩

高速公路中央分隔带植物防眩的结构组成主要包括中央分隔带绿化带和种植的防眩植物(图7-3)。中央分隔带绿化带通常位于道路中央,用于分隔对向车道,而防眩植物则种植在绿化带中,用于阻挡对面车辆的车灯眩光,提高夜间行车的安全性。

图7-3 植物防眩

7.2 防眩设施设计

在高速公路建设中,防眩设施的设置对于确保行车安全至关重要。它们的主要目的是防止夜间对面车辆的前照灯眩光对驾驶人造成干扰。

7.2.1 设置原则

(1)高速公路、一级公路中央分隔带宽度小于9m且符合下列条件之一者,宜设置防眩设施。

①夜间交通量较大,且设计交通量中,大型货车和大型客车自然交通量之和所占比例大于或等于15%的路段。

②设置超高的圆曲线路段。

③凹形竖曲线半径等于或接近于现行《公路工程技术标准》(JTG B01—2014)规定的最小半径值的路段。

④公路路基横断面为分离式断面,上下车行道高差小于或等于2m时。

⑤与相邻公路、铁路或交叉公路、铁路有严重眩光影响的路段。

⑥连拱隧道出入口附近。

(2)非控制出入的一级公路平面交叉、中央分隔带开口两侧各100m(设计速度80km/h)或60m(设计速度60km/h)范围内可逐渐降低防眩设施的高度,由正常高度降至开口处的0高度,否则不应设置防眩设施。穿村镇路段不宜设置防眩设施。

(3)公路沿线有连续照明设施的路段,可不设置防眩设施。

(4)在干旱地区,中央分隔带宽度小于3m的路段不宜采用植树防眩。

(5)防眩设施连续设置时应符合下列规定:

①应避免在两段防眩设施中间留有短距离不设置防眩设施的间隙。

②各结构段应相互独立,每一结构段的长度不宜大于12m。

③结构形式、设置高度、设置位置发生变化时应设置渐变过渡段,过渡段长度以50m为宜。

157

7.2.2 形式选择

选择防眩设施形式时,应针对公路的平纵线形、气候条件,充分比较各种防眩设施的性能,分析行驶安全感、压迫感、景观要求,并考虑与公路周围环境的协调,结合经济性、施工条件及养护维修等因素综合确定。

除植树(灌木)外,在公路上设置的防眩设施有多种形式。总的来说,有网格状的防眩网、栅样式的防眩网、扇面式的防眩扇板及板条式防眩板等形式;在制造材料方面,有金属的也有塑料等合成材料的。经过几十年的发展,目前世界各国使用最广泛的主要是防眩板及防眩网两种形式。

就防眩板和防眩网而言,交通部公路科学研究院在"七五"国家科技攻关中就防眩设施的形式选择,通过大量的资料分析和调查研究,从下列方面对防眩设施的性能进行了综合比较。

(1)有效地减少对向车辆前照灯的造成眩目。

(2)对驾驶人的心理影响小(行车质量的影响、单调感)。

(3)经济性。

(4)良好的景观(美观)。

(5)施工简单,养护方便。

(6)对风阻力小,积雪少。

(7)有效地防止人为破坏和车辆损坏。

(8)通视效果好。

研究结果表明,防眩板是一种经济、美观、对风阻挡小、积雪少、对驾驶人心理影响小的防眩设施,尤其是适当板宽的防眩板与混凝土护栏配合使用效果更佳。不同防眩设施的综合性比较见表7-1。

不同防眩设施的综合性比较   表7-1

特点	植树(灌木)		防眩板	防眩网
	密集型	间隔型		
美观	好		好	较差
对驾驶人心理影响	小	大	小	较小
对风阻力	大		小	大
积雪	严重		好	严重
自然景观配合	好		好	不好
防眩效果	较好		好	较差
经济性	差	好	好	较差
施工难易	较难		易	难
养护工作量	大		小	小
横向通视	差	较好	好	好
阻止行人穿越	较好	差	较好	好
景观效果	好		好	差

高速公路、一级公路宜采用防眩板和植树两种方式交替设置进行防眩。在进行技术经济论证后,也可采用其他的防眩形式。对中央分隔带有隔离要求的路段可采用防眩网,对积雪严重的路段可采用防眩板。

中央分隔带护栏间距小于树冠直径时,或植树对中央分隔带通信管道有影响时,以及寒冷地区,干旱、半干旱地区路基填料采用水稳性差的材料时,不宜采用植树防眩。

7.2.3 构造要求

高速公路防眩设施的结构设计要素主要包括以下几个方面。

1)遮光角

遮光角是防眩设施设计中的重要系数,它与防眩设施的宽度、高度和间距等因素有关。遮光角的大小直接影响防眩设施的效果,应根据具体的道路线形、车辆类型、驾驶人视线高度等因素进行合理设计。

(1)直线路段遮光角β_0(图7-4)应按式(7-1)计算:

$$\beta_0 = \arctan\left(\frac{b}{L}\right) \tag{7-1}$$

式中:b——防眩板的宽度,m;

$\quad L$——防眩板的纵向间距,m。

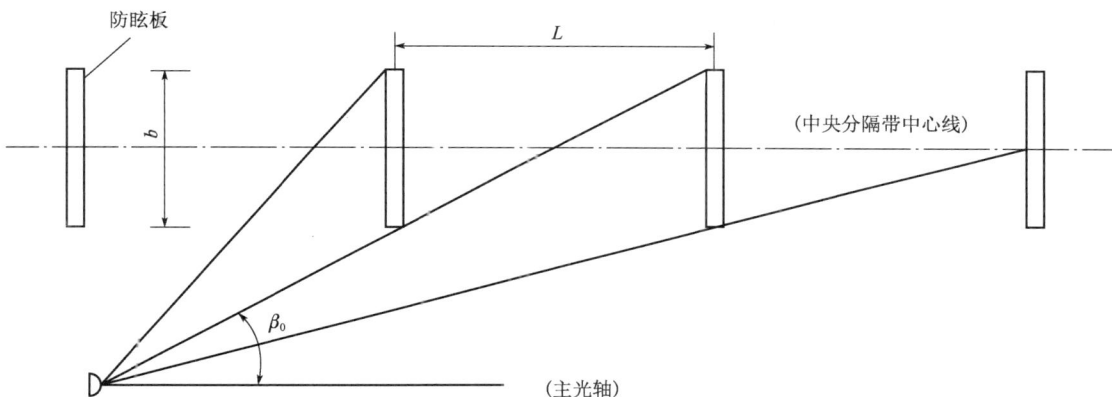

图7-4 遮光角计算图示

(2)平曲线路段遮光角β应按式(7-2)计算:

$$\beta = \arccos\left(\frac{R - B_3}{R}\cos\beta_0\right) \tag{7-2}$$

式中:R——平曲线半径,m;

$\quad B_3$——车辆驾驶人与防眩设施的横向距离,m。

(3)防眩网遮光角应根据不同的网孔宽度和板材厚度计算确定。

2)防眩设施的高度

防眩设施的高度与驾驶人的视线高度和前照灯的高度有直接关系。在设计时,需要考虑不同车型驾驶人的视线高度和前照灯的高度以及道路线形等因素,以确定合理的防眩设施高度。

（1）对于直线路段，防眩设施的高度 H 可以通过式(7-3)计算：

$$H = h_1 + \frac{(h_2 - h_1) \cdot B_1}{B_1 + B_2}$$ (7-3)

式中：h_1——汽车前照灯高度，m；

h_2——驾驶人视线高度，m；

B_1、B_2——分别为双向车行道上车辆距防眩设施中心线的距离，m，$B = B_1 + B_2$。

驾驶人视线高度和前照灯的高度值见表7-2。

驾驶人视线高度和前照灯的高度值　　　表7-2

车种	视线高度 h_2(m)	前照灯高度 h_2(m)
大型车	2.0	1.0
小型车	1.30	0.8

防眩设施最小高度计算图示如图7-5所示。

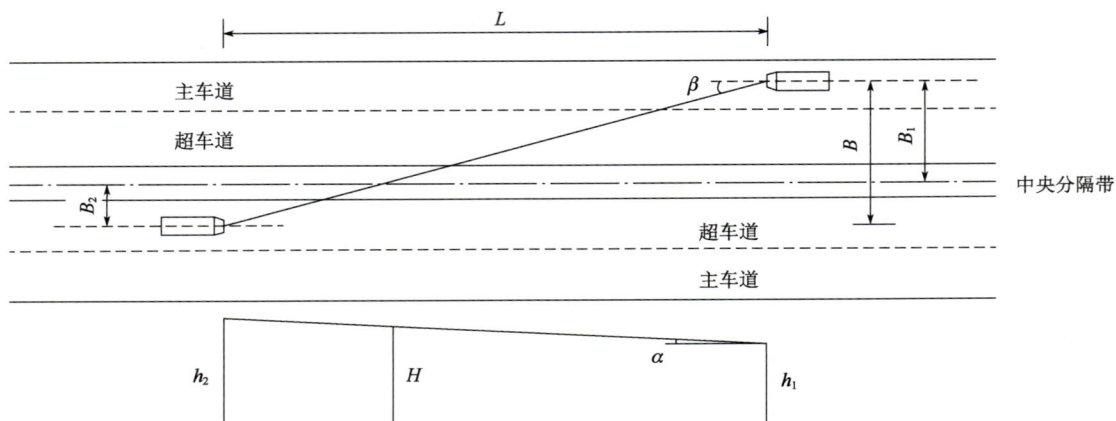

图7-5　防眩设施最小高度计算图示

（2）对于竖曲线路段，当竖曲线半径小于《公路工程技术标准》(JTG B01—2014)所规定的一般最小半径时，应根据竖曲线路段前后纵坡的大小计算防眩设施的高度是否满足遮光要求。具体的计算公式需要根据实际情况和工程经验确定。

防眩设施的高度与驾驶人的视线高度和前照灯的高度有直接关系。在公路线形设计中，我国采用的驾驶人视线高度标准值是1.20m，而在实际行驶的车辆群体中，由于车辆结构和驾驶人个体等因素的差别，驾驶人的视线高变化很大。根据调查，我国汽车驾驶人视线高度建议值为小客车1.30m、大客车2.20m、货车2.00m。汽车前照灯高度建议值为小型车0.8m，大型车为1.0m。

①在凸形竖曲线路段，驾驶人可在一定范围内从较小的角度看到对向车前照灯的眩光，随着两车驶近，视线上移，眩光才被防眩设施遮挡。因此，在凸形竖曲线路段，防眩设施的下缘要接近或接触路面或在中央分隔带上种植密集式矮灌木，以消除这种眩光的影响。其设置的范围至少为凸形竖曲线顶部两侧各120m，因平直路段感觉不到眩光的两车最小纵距即为

120m左右,汽车远射灯光的照距一般也在120m左右。

②在凹形竖曲线路段,驾驶人显然可从较高的角度看到对向车前照灯的眩光,因而宜根据凹形竖曲线的半径和前后纵坡度的大小,适当增加凹形竖曲线路段防眩设施的高度。一般可通过计算或计算机绘图求出凹形竖曲线内各典型路段相应的防眩设施高度值,最后取平均值作为整个凹形竖曲线的设置高度。显然,在凹形竖曲线路段种植足够高度的树木防眩是比较理想的形式,它可为驾驶人提供优美的视觉环境。

为使防眩设施的高度能与道路的横断面比例协调,不使防眩设施受冲撞后倒伏到车行道上,及减少行驶的压迫感,防眩设施的高度不宜超过2m。

3)防眩板的宽度和间距

防眩板宽度和间距应满足防眩要求,所用材料应符合《防眩板》(GB/T 24718—2023)的规定。

防眩板的宽度是设计中的重要参数。一般来说,防眩板宽度越宽,对驾驶人视线的阻挡越严重,但同时能更好地防止对面车辆的眩光。因此,防眩板宽度的设计需要综合考虑眩光防止效果和对驾驶人视线的影响。

防眩板的间距是设计中的重要因素。间距过大,可能导致眩光无法得到有效阻挡;间距过小,则可能影响驾驶人的视线。一般来说,防眩板的间距需要根据道路线形、车辆类型、驾驶人视线高度等因素进行合理设计。

植树防眩的树丛间距应根据树冠的有效直径经计算确定。防眩板条的间距规定为50~100cm,主要是为了与护栏的设置间距相吻合,同时有利于加工制作;另外,按此间距计算出的板宽能很好地与护栏顶部宽度尺寸相配合。

7.3 防眩设施施工

7.3.1 一般规定

(1)桥梁段或混凝土护栏上设置防眩板、防眩网时,应在预制护栏安装到位或现浇混凝土护栏的混凝土强度达到设计强度的80%及以上时进行施工。

(2)桥梁段或混凝土护栏上设置防眩板、防眩网时,应对预埋件的设置位置、强度和腐蚀程度进行检查。

(3)植树防眩的树种以及树木高度、树径和株距应符合设计文件的规定。

(4)各种防眩方式之间应衔接平顺,不得有突变及漏光现象。

(5)根据需要,防眩设施横向可适当偏心设置,并应由设计单位确认。

(6)改扩建工程中拆除的防眩板、防眩网及其支撑结构等,经局部修补或翻新等方式处理、检验合格后,在符合《公路交通安全设施设计规范》(JTG D81—2017)和设计文件的要求时,宜重复利用或作为施工期间临时设施使用。

7.3.2 材料

(1)除设计文件另行规定外,防眩板所用材料应符合《防眩板》(GB/T 24718—2023)的规定。独立设置的混凝土基础所用的钢筋、水泥、细集料、粗集料、拌和用水、外加剂等材料,应符合《公路桥涵施工技术规范》(JTG/T 3650—2020)的规定。

(2)所有钢构件均应进行防腐处理。除设计文件另行规定外,防腐处理均应满足《公路交通工程钢构件防腐技术条件》(GB/T 18226—2015)的规定。螺栓、螺母等紧固件和连接件经防腐处理后,应清理螺纹或进行离心分离处理。

7.3.3 施工

(1)设置于混凝土护栏上的防眩板或防眩网的安装施工应符合下列规定:

①防眩板或防眩网可通过混凝土护栏顶部的预埋件及连接件安装在混凝土护栏上。未设置预埋件时,可根据设计文件,采用后固定的施工工艺安装。

②混凝土护栏强度达到设计强度的80%时,方可安装防眩板或防眩网。

③防眩板或防眩网下缘与混凝土护栏顶部的间距应符合设计文件的规定。

④防眩板或防眩网安装后,不得削弱混凝土护栏的原有功能。

⑤防眩板安装应保证顶面平整、平齐及清洁。

⑥防眩网应按照设计文件规定的方向安装。

防眩设施施工如图7-6所示。

图7-6 防眩设施施工

(2)设置于波形梁护栏上的防眩板或防眩网的安装施工应符合下列规定:

①防眩板或防眩网可通过连接件安装在波形梁护栏上。

②防眩板或防眩网安装在波形梁护栏上时,不得削弱波形梁护栏的原有功能。

③防眩板或防眩网下缘与波形梁护栏顶面的间距应符合设计文件的规定。

④施工过程中不应损伤波形梁护栏的防腐层,否则应在24h之内予以修补。

(3)独立设置立柱的防眩板或防眩网的安装施工应符合下列规定:

①施工前,应清理场地,协调与其他设施的关系。

②防眩板或防眩网单独设置立柱时,可根据所在位置将立柱埋入土中、置于混凝土基础上或固定于桥梁、通道、明涵等构造物上。设置混凝土基础时,其强度应达到设计强度的80%及以上时,方能在立柱上安装防眩板或防眩网。

③立柱施工时,不得破坏地下管线和排水设施。

7.3.4 质量控制过程

（1）防眩板及支架的材质、防腐处理、几何尺寸应符合设计要求。预埋件的设置位置、强度和腐蚀程度应符合设计要求并通过上道工序的验收。

（2）防眩板或防眩网安装完成后，其设置路段、防眩高度、遮光角应满足设计要求。

（3）防眩板或防眩网整体应与公路线形协调一致，不得出现高低不平或者扭曲的外形。

（4）防眩板或防眩网外观不应有划痕、颜色不均、变色等外观缺陷，表面不得有气泡、裂纹、疤痕、断面分层、毛刺等缺陷。

（5）防眩板或防眩网应牢固安装。

（6）施工过程中应加强质量检查。防眩设施施工质量过程控制中各检查项目应符合表7-3的规定。

防眩设施施工质量过程控制项目   表7-3

项次	检查项目	允许偏差	检查方法
1	安装高度（mm）	±10	尺量
2	防眩板设置间距（mm）	±10	尺量
3	竖直度（mm/m）	≤5	垂线法
4	防眩网网孔尺寸	满足设计要求	尺量

7.4 防眩设施验收

7.4.1 新建工程

（1）防眩设施应符合以下基本要求：

①防眩板产品应符合《防眩板》（GB/T 24718—2023）的规定，其他防眩设施应满足设计要求并符合有关施工技术规范的规定。

②防眩设施的几何尺寸及遮光角应满足设计要求。

③防眩设施应安装牢固。

（2）防眩设施实测项目应符合表7-4的规定。

防眩设施实测项目   表7-4

项次	检查项目	规定值或允许偏差	检查方法和频率
1△	安装高度（mm）	±10	尺量：每1km测10处
2	防眩板设置间距（mm）	±10	尺量：每1km测10处
3	竖直度（mm/m）	≤5	垂线法：每1km测5处
4	防眩网网孔尺寸	满足设计要求	尺量：每1km测5处，每处测3孔

注：△表示关键项目。

7.4.2　养护工程

（1）防眩设施产品应符合《防眩板》(GB/T 24718—2023)的规定和设计要求。

（2）防眩设施整体布设应符合设计要求和《公路交通安全设施设计规范》(JTG D81—2017)的规定，遮光角和防眩板的几何尺寸均应符合设计要求。

（3）防眩设施应安装牢固；表面应色泽均匀，不得有气泡、裂纹、疤痕等缺陷。

（4）防眩设施安装线形应顺畅，并应与道路线形协调一致。

防眩设施更换、增设实测项目见表7-5。

防眩设施更换、增设实测项目　　　　　　　　　　　　　　　　　　　　表7-5

项次	检查项目	允许偏差	检查方法
1	安装高度(mm)	±10	钢卷尺：抽检5%
2	防眩板设置间距(mm)	±15	钢卷尺：抽检5%
3	竖直度(mm/m)	≤8	靠尺、垂线：抽检5%
4	防眩网网孔尺寸	满足设计要求	钢直尺：每200m测1处，每处测3孔

8

声屏障

8.1 声屏障概述

8.1.1 高速公路噪声产生原因及影响因素

交通噪声主要是由交通工具在运行时发出的,如汽车、飞机、火车等都是交通噪声源。调查表明,机动车辆噪声占城市交通噪声的60%～85%。高速公路的发展必然会带来交通噪声,尤其是对高速公路沿线敏感区的影响。在不同的情况下,高速公路交通噪声也呈现出不同的特点,除特殊情况外,高速公路设计车速均在80km/h以上,设计交通量一般都会超过1000辆/h,并且采用的是全封闭的模式,可以使车辆的行驶速度得到有效保证。在高速行驶以及车流量大的情况下产生的噪声主要是轮胎噪声,还有一部分是发动机的噪声。

高速公路交通噪声污染是物理性污染,在环境中只造成空气物理性质暂时变化,噪声源停止后污染就可以立即消失,但是危害却是多方面的。交通噪声污染的危害主要包括以下几方面。

1)交通噪声对人听力的损伤

交通噪声对人健康造成的最大伤害莫过于听力的损伤。统计资料表明,在80dB以下的噪声环境里工作,一般不会造成噪声性耳聋,但会造成听力损失。按国际标准化组织(ISO)的规定,长期处在90dB噪声级环境条件下,耳聋的发病率为21%;85dB环境条件下为10%。高速公路沿线昼间交通噪声多在80dB以上,甚至更高,因此会对沿线居民的听力带来巨大的损伤。

2)交通噪声影响睡眠和休息

睡眠对人是非常重要的,可以使人的大脑和身体得到休息,有助于人们提高工作和学习效率。据报道,一般情况下,40dB的连续噪声可以使10%的人受到影响,40dB的突然噪声可以使10%的人惊醒;70dB的连续噪声可以使50%的人受到影响;60dB的突然噪声可以使70%的人惊醒。

3)交通噪声对心理的影响

交通噪声不仅会使人感到烦躁,造成个体的不良反应,包括烦恼等各种不同类型的症状。

8.1.2 不同降噪措施及声屏障降噪对比分析

近年来,我国城市交通网、道路网密度逐渐提高,极大地方便了公众出行,但由此引发的交通噪声污染同样备受社会关注,尤其是城市快速路、高速公路、城市轨道及高铁沿线居民,饱受交通噪声困扰。与交通噪声强弱程度直接相关的因素有很多,从污染防治的角度来讲应从噪声源、传播途径和接受者三个方面入手。也就是说,降噪的方法:一是降低声源的噪声产生量,二是在传播途径中减弱噪声,三是在受声点处保护。

1)采用降噪路面、研究低噪声汽车

产生于轮胎与路面相互作用的噪声,是道路交通噪声的重要组成部分,尤其是车辆在高速行驶情况下,当速度为45~55km/h时,轮胎与路面产生的噪声将成为道路交通噪声的主要部分。因此,公路建设期选择修建低噪声路面对防治交通噪声具有直接影响。采用低噪声路面可实现降低交通噪声3~8dB(A)。在以往低噪声路面的实际运用中,同济大学与杭州公路管理处曾经共同研究合作,在杭州—萧山以及杭州—建德公路路段修建了两段低噪声路面。实测噪声数据表明,在低噪声路面上轮胎与路面的接触噪声相比非低噪声路面降低了3~5dB(A)。机动车辆整车噪声源主要包括发动机、进排气体系统、传动系统和轮胎噪声以及冷却系统等。面对诸多声源,应该首先针对不同噪声源采取不同的控制技术,然后对整车进行综合噪声控制,这涉及汽车制造技术,每降低1dB(A)耗资惊人。

2)种植绿化带降噪

种植绿化带是一种有效控制道路交通噪声的措施。研究表明,当绿化带种植宽度大于10m时,其降噪效果可达到4~5dB(A)。绿化带植被种类,林带宽度、高度、长度以及林带植株密度与种植排列方式等均是影响绿化带降噪效果的主要因素。通常为确保最大化发挥绿化带降噪效果,一般要求林带宽度大于10m,长度覆盖噪声敏感目标沿道路方向的长度,选择枝叶茂盛、生长成熟周期较短的常绿植物,乔木、灌木、草皮搭配,同时保证乔木高度不低于7m,灌木不低于5m。不过绿化带降噪也存在一些缺点,主要是植被占地面积较大,对一些拥挤或窄小路段不适用,而且绿化带早期降噪效果不佳。

3)声屏障降噪

声屏障通过阻止直达声的传播,隔离透射声,并使衍射声衰减,进而降低噪声的影响。对比其他的降噪措施,设置声屏障降噪具有简单高效、占地面积小、施工快捷方便、降噪效果明显、易维护且维修费用较低等特点。不过,设置声屏障降噪也存在一些缺点。例如,长距离的声屏障会使驾驶人产生单调甚至压抑的感觉,加重行车安全隐患。另外,有些类型的声屏障造价较高;有些类型的声屏障使用有机透明材料,易发生眩目和反光现象,不利于行车安全,同时暴露于外部环境容易污染,不易清洗等。不过目前在声屏障的设计生产上综合考虑了美学及心理学等方面的因素,除了要求满足声学性能外,还特别注重声屏障的造型、色彩以及与周边景观的协调性等,以满足审美要求,缓解驾驶人的视觉疲劳,确保行车安全。

8.2 声屏障设计

8.2.1 声屏障声学设计

声屏障的降噪理论基础是惠更斯-菲涅耳理论,通常的结构形式是在声源与受声点的传播途径之间加上一道屏障,当声源发出的声波遇到屏障时,将沿着三条途径传播(图8-1):一部分声源越过声屏障的顶端绕射至受声点,即绕射路径;一部分声源透过声屏障到达受声点,即透射路径;一部分声源在声屏障的壁面产生反射,即反射路径。声屏障的降噪作用就是阻挡直达声的传播,减少到达受声点的透射声,并让绕射(衍射)声能得到足够的衰减。声屏障的插入损失主要取决于声波沿这三条路径传播的声能分配。

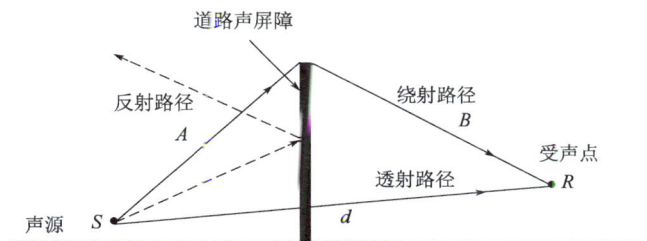

图8-1　声屏障传播路径图

声波撞击到声屏障的壁面时,在声屏障背后形成"声影区"(图8-2)。位于"声影区"内的噪声级低于未设置声屏障时的噪声级,受声者可感到噪声有了明显衰减,这就是声屏障降噪的基本原理。

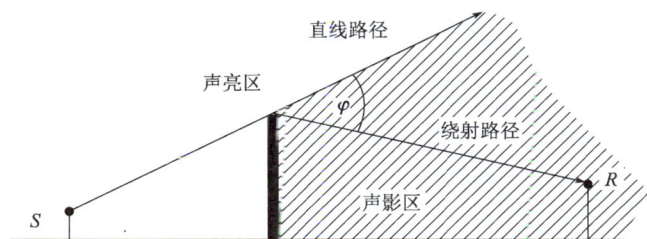

图8-2　声屏障降噪示意图

1)声屏障的绕射

声屏障的绕射声衰减是声源、受声点与声屏障三者几何关系(声程差)和频率的函数,其中声程差的定义是$\delta=A+B-d$;频率一般采用等效频率简化计算,即声屏障在减少低频声(<250Hz)时的效果较差。

2) 声屏障的透射

在噪声传播过程中,声波穿透声屏障屏体直达受声点的现象称为透射。透射声能量的大小与声屏障的面密度、入射角及声波的频率密切相关,透射声会降低声屏障的插入损失。

声屏障隔声的能力用传声损失TL(入射声能和透射声能之比的对数乘以10)来评价,TL的大小与透射声能的大小成反比关系。透射引起的插入损失的降低量称为透射声修正量,用符号ΔLT表示。另外,针对采用隔(吸)声复合的新型声屏障,由于设置吸声材料的需要,屏体存在一些孔洞或间隙会降低声屏障的隔声效果,因此在设计声屏障时应综合考虑吸声作用和隔声效果两方面的因素,否则有可能出现声屏障的实际降噪效果达不到设计要求的问题。

3) 声屏障的反射

噪声在传播过程中,声波将在道路两侧平行的声屏障间发生多次反射,增强绕射声能,从而降低声屏障的插入损失(图8-3),由反射声波引起的插入损失的降低量称为反射声修正量,用符号ΔLr表示。

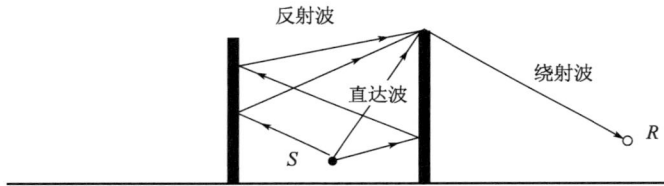

图8-3 声屏障反射路径图

声波的反射与声屏障的尺寸和声波的波长有关。当声屏障表面的尺寸比声波的波长大得多时,声屏障表面会把声波全部反射回去,因此,波长短的高频声比低频声更容易被反射。当声屏障把声波反射回声源时,受声点处的噪声会减小,但是和声源同侧的噪声强度会明显增强,受噪声影响更大。

4) 障碍物和地面的声衰减

声屏障的声衰减受其周围障碍物和地面吸收的影响。如果在声屏障修建前,声源和受声点存在其他屏障和障碍物,则可能产生一定的绕射声衰减,由这些障碍物的声屏蔽产生的声衰减称为障碍物声衰减,用符号ΔLS表示;如果地面不是刚性的,则会对传播过程中的声波产生一定的吸收,从而会使声波产生一定的衰减,由地面声吸收而产生的声衰减则称为地面吸收的声衰减,一般用符号ΔLG来以表示。

8.2.2 声屏障结构设计

声屏障的结构设计应包括声屏障结构自重、风荷载、雪荷载及其他荷载。声屏障的设计荷载应根据使用过程中可能同时作用的荷载进行组合,并应按最不利条件进行设计。

对于承载能力极限状态,应按荷载效应基本组合或偶然组合进行荷载效应取值。

结构构件承载力设计应采用极限状态设计表达式(8-1):

$$\gamma_0 S \leqslant R \tag{8-1}$$

式中：γ_0——结构重要性系数,取 1.0;

　　S——荷载效应组合的设计值;

　　R——结构构件抗力设计值。

对于正常使用极限状态,应根据不同设计要求,采用荷载的标准组合、频遇组合或准永久组合,并应按设计表达式(8-2)进行设计:

$$S_d \leqslant C \tag{8-2}$$

式中：C——结构或结构构件达到正常适用要求的规定限值,如变形、裂缝、应力等的限值。

在风荷载的设计标准作用下,结构安全性能应符合下列规定:

(1)当声屏障的长度大于1000m时,路侧应设置疏散和检修用出口或安全门。

(2)疏散出口或安全门的间距不应大于30cm,且应与声屏障连续长度规定相适应。

(3)疏散出口应为可启闭的隔声门扇,应具有无工具快速开启和外部专用工具开启功能,出口或安全门的设置不应影响结构受力或安全特性。

(4)当设置的全封闭声屏障长度大于500m时,声屏障顶部应设置通风装置。

(5)当声屏障立柱与混凝土护栏等构造物采用螺栓连接时,应安承载能力极限状态的基本组合进行验算。安装声屏障的防撞墙和底座应满足受力和构造要求。

(6)当防撞墙上沿宽度不足220mm时,声屏障立柱底座应进行特殊构造设计。

8.2.3　声屏障基础设计

1)基本要求

(1)声屏障基础设计涉及的因素和步骤。

声屏障基础设计是一个复杂而关键的过程,涉及多个因素和步骤。

①地质勘察。首先需要对场地进行地质勘察,了解地质条件、土壤类型、地下水位等,以便为后续的基础设计提供依据。

②基础类型选择。根据地质勘察结果,声屏障的高度、长度,以及环境条件等因素,选择适合的基础类型。常见的基础类型包括独立基础、桩基础等。

③基础尺寸确定。根据所选基础类型,结合声屏障的重量、风荷载等因素,确定基础的尺寸,包括基础的宽度、深度等。

④基础埋深确定。根据地质条件、地下水位、相邻构筑物的基础埋深等因素,确定基础的埋深。在满足地基稳定和变形要求的前提下,基础应尽量浅埋。

⑤基础配筋设计。根据基础所受荷载的大小和性质以及土壤条件等因素,进行基础的配筋设计。基础配筋应满足强度、刚度和稳定性要求。

(2)声屏障混凝土基础设计的形式。

声屏障混凝土基础设计可以分为圆形基础设计和方形基础设计。具体选择哪种形式主要取决于实际需求和现场条件。

①圆形基础通常用于较小的声屏障或需要节省空间的场合。它的优点是占地面积小,对土的压力分布较均匀,有利于减小土的沉降。此外,圆形基础的形状简单,施工方便,可以节

省材料和劳动力。

②方形基础则适用于较大的声屏障或需要较高稳定性的场合。方形基础的优点是稳定性好,能够承受更大的荷载,对土的压力分布也更均匀。

2)基础构造方案

立柱采用H型钢立柱,C25水泥混凝土基础,立柱间采用C25水泥混凝土支撑梁支撑。声屏障基础采用上下两层基础结构形式,上层基础尺寸为40m×40cm,下层基础采用100cm×100cm×150cm。考虑到路基边坡为土质边坡,为满足日常降雨排水需求,声屏障基础设置排水槽,排水槽至急流槽处断开,汇集雨水从急流槽处排出(图8-4)。

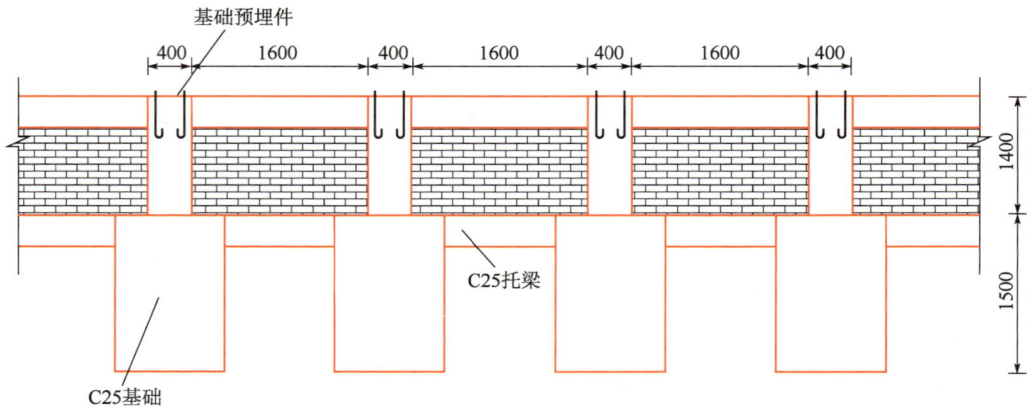

图8-4 声屏障基础设计图(尺寸单位:mm)

8.2.4 声屏障屏体设计

1)屏体材质

目前声屏障已被广泛应用于高速公路、城市高架等地方。声屏障屏体材料从最早的PC板、亚克力板,发展到彩钢板、铝板等多种金属材料。声屏障的屏体设计应该符合降噪、耐火、耐腐蚀、耐潮、耐老化、防眩目、防尘等要求。声屏障的景观效果与周围环境相协调。目前常用声屏障屏体材质主要有PMMA(亚克力)板、彩钢板、泡沫铝板、颗粒岩板四种。

(1)PMMA(亚克力)板。

PMMA是聚甲基丙烯酸甲酯合成聚合物的学名,俗称亚克力,熔点为160℃,密度范围为1.17~1.20g/cm³。与其他聚合物和塑料相比,PMMA不会与水溶液发生反应,具有高耐刮擦性。PMMA的透光率为85%~90%,与玻璃相当,由于其耐用性,PMMA比其玻璃等效物更不容易破裂。因为PMMA具有抗碎性,所以在建造窗户、圆顶天窗、标牌和展示时,它是玻璃的绝佳替代品。PMMA适用于户外,具有一定的耐腐蚀性,并且可以抵抗紫外线、天气和大多数其他环境因素。PMMA表面附有一层抗UV层,即使长期暴露室外,其光学、机械性能也无显著变化。PMMA可以减少外部声波的传播,使其具有隔音效果。PMMA的隔音效果比玻璃高3~4dB,是隔音屏障透明隔音材料的首选。PMMA已被广泛应用于高速公路声屏障、高架桥声屏障、快速路声屏障、铁路声屏障、轨道交通声屏障、高铁声屏障、小区隔音屏障等声屏障工程。

（2）彩钢板。

彩钢板是以冷轧钢板和镀锌钢板为基板,经过表面预处理(脱脂、清洗、化学转化处理),以连续的方法涂上涂料(辊涂法),经过烘烤和冷却而制成的产品。彩钢板的特点是成本低、自重轻、安装维修便捷、减少施工费用、防水防火、抗压性能强、经久耐用、根据环境及噪声的不影响,可选择多种色彩和造型进行组合,与环境协调,美观大方。彩钢板是采用先进技术和原材料生产的高效吸声降噪产品,技术性能处于国内先进水平。彩钢板结构类型多样,外形美观,可满足不同的设计要求,广泛运用于高速公路、铁路、高架桥及工厂噪声治理工程。

（3）泡沫铝板。

泡沫铝板是由在纯铝或铝合金中加入添加剂后,经过发泡工艺制成的。泡沫铝板兼有金属和气泡特征,属于新型的多孔性吸声材料。泡沫铝板直接暴露于大气不需要护面穿孔板和填充物等,安装方便。泡沫铝板声屏障具有稳定的吸声性能,平均吸声系数大于0.64,降噪系数NRC0.75左右,对于以中低频为主的交通噪声吸声性能优秀,高于其他一些常用吸声材料,且在雨中和吸粉尘后,吸声系数不会改变,符合道路声屏障声学要求。泡沫铝板可以喷涂成各种颜色,而且吸声性能不受影响,极大地丰富了声屏障景观。泡沫铝吸声板和玻璃一样可以水洗,并可以通过自然下雨实现自洁,不会影响声学性能;一旦积灰,不影响声学性能,反而会提高高频吸声性能。泡沫铝板具有金属相应的防火性、耐候性、耐腐蚀性、抗老化性。泡沫铝板声屏障现已在国内普遍应用,上海卢浦大桥、徐浦大桥、中春路高架道路均应用了泡沫铝板材料,并已经通过验收。上海城市外环线浦东段也正在应用安装。

（4）颗粒岩板。

颗粒岩板是一种细孔、无机水泥组合物组成的岩板,它不含污染物,基本是以水泥、天然矿物质加上其他化学材料经由特殊处理后,搅拌,制模成型,因此经久耐用,而且可塑性非常高,可调配成不同容重、形状、颜色、外观,以适应不同的安装及设计条件,能够满足实际应用的不同需求。

与其他现有吸声隔音材料相比,颗粒岩材料具有以下特点:具有稳定的吸声性能,降噪系数NRC在0.85左右,在噪声中高频区段吸声性能好,符合道路声屏障声学要求;应用及安装简单、可预制或现场成形;无有机成分,不含污染成分(如石棉、矿物纤维、聚苯乙烯、纤维素);不吸水、抗风雨侵蚀、易清洗,能在露天环境中裸露使用,经久性强,抗自然老化;低容重,耐高温,低温,抗酸,碱侵蚀,防火。

常用声屏障屏体材料见表8-1。

2）屏体组合

一般情况下,城市道路中的声屏障都采用圆弧形,同时声屏障的上部高度为700mm。据此可得,整个声屏障的实际高度为3m,其等效高度为3.5m。为了进一步提升降噪效果,还可以在声屏障顶部设置吸声柱体(直径一般为300mm)。

声屏障的中部需要保持一定的透光性,从而有效地降低行车驾驶人的压迫感。同时,为了有效提升声屏障的隔声效果,并尽可能减少成本投入,可以将原本的单板制作为双板的结构,中间夹层空气。这样的设计不仅可以有效提升隔声效果,还不会增加声屏障的质量。

声屏障屏体设计图如图8-5所示。

常用声屏障屏体材料   表8-1

屏体材料	PMMA(亚克力)板	彩钢板	泡沫铝板	颗粒岩板
特点	屏体光滑透明，结构美观，耐久性较好，视线通透性好	屏体光滑，自重较轻，造价较低，耐久性较差	屏体呈蜂窝状，具有一定的吸声功能，耐久性较好，景观型较差	具有一定的吸声功能，结构美观，耐久性好
图示				

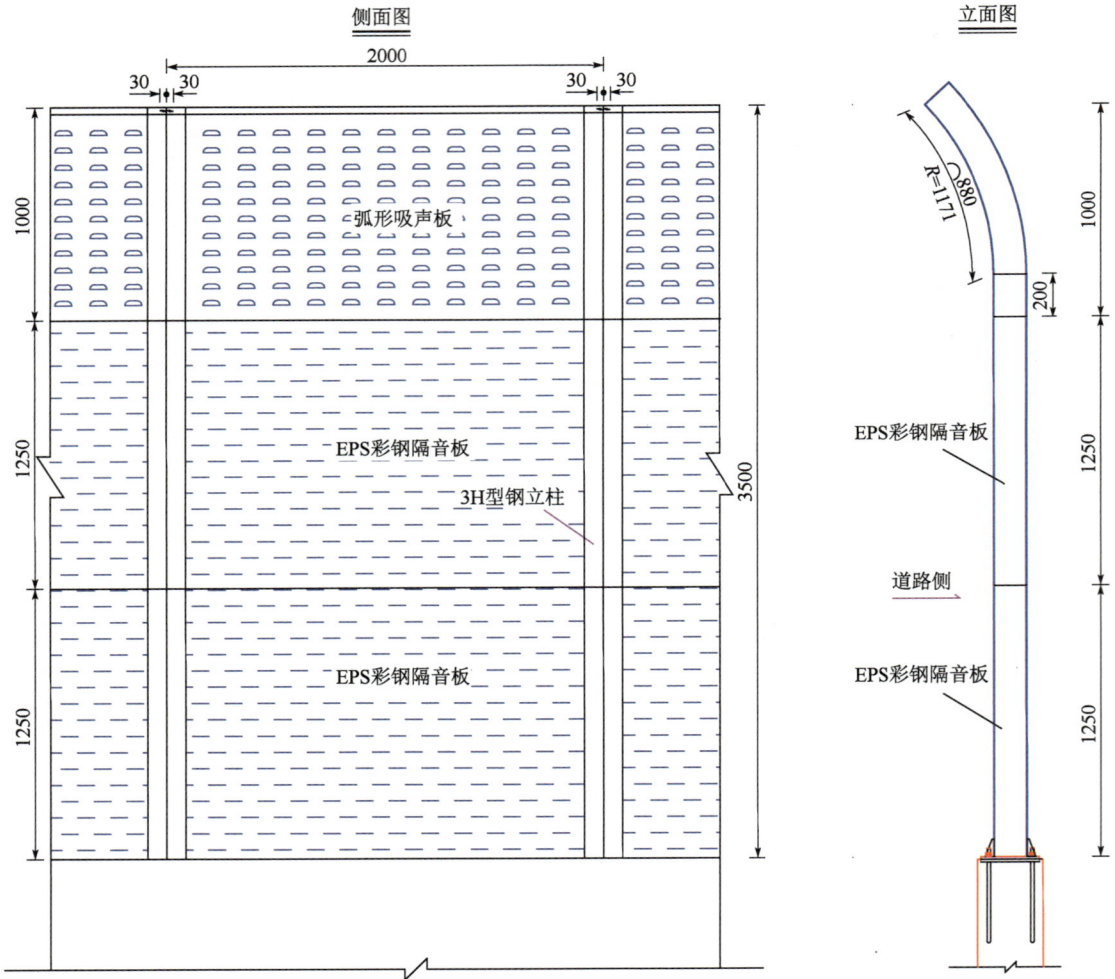

图8-5　声屏障屏体设计图(尺寸单位:mm)

8.3 声屏障施工

8.3.1 声屏障基础施工

声屏障基础若为圆形基础则采用钻孔法施工,若为方形基础则采用人工开挖施工。施工机械、人员就位,组织施工人员学习施工技术规范,施工前向施工人员明确施工过程中应注意事项,防止野蛮施工。

施工前应做好准备工作,熟悉设计图纸、施工技术规范;需要对施工现场进行详细勘查,了解地质条件、地形地貌等信息。声屏障基础施工包括基础定位、基础开挖、基础钢筋骨架安装、模板支设、基础浇筑、基础养护等过程。

1)基础定位

根据设计方案,准确确定基础的位置,确保声屏障安装后的稳定性和降噪效果。基础定位应包括以下三方面:

(1)做好施工图纸的基础研究工作,明确立柱点起始位置、立柱点数量等参数,以此为基础进行测量放线工作。

(2)选择恰当的测量放线工具,如高精度水准仪、全站仪等,做好应用前设备的调试工作,提高测量、放样结果的准确性。

(3)对放样点进行编号,编号和施工图纸上的保持一致,完成所有测量放线工作后,需要做好放线内容的复核工作,从而为后期施工活动的推进提供基础参数支持。基础定位如图8-6所示。

2)基础开挖

在定位标记的基础上,按照设计要求进行开挖,确保基础的尺寸和深度符合要求。在基础开挖过程中,要注意保护周边环境,避免对周围设施造成损坏,基础挖好之后应对周围填土进行压实。基础开挖如图8-7所示。

图8-6 基础定位

图8-7 基础开挖

3)基础钢筋骨架安装

在基础开挖完成后,进行基础钢筋骨架的安装。现场绑扎钢筋笼,钢筋笼绑扎固定好之后,按要求预埋地脚螺栓。钢筋骨架的安装应符合结构设计要求,确保基础的承载能力和稳定性。基础钢筋骨架安装如图8-8所示。

4)模板支设

在基础钢筋骨架安装完成后,进行模板支设。模板支设要准确、牢固,确保混凝土浇筑后的形状和尺寸符合设计要求。模板支设如图8-9所示。

图8-8　基础钢筋骨架安装

图8-9　模板支设

5)基础浇筑

在模板支设完成后,进行混凝土的浇筑。浇筑混凝土前,需对基础底部进行清理,确保无杂物、无积水。浇筑混凝土过程中,用插入式振捣器振捣密实,形成具有一定结构强度及承载力的桩体;要控制混凝土的浇筑速度,确保混凝土密实、无空洞。基础浇筑如图8-10所示。

6)基础养护

混凝土浇筑完成后,需对基础进行养护,确保混凝土达到设计强度。基础养护期间,要避免基础受到外力冲击和水浸泡。基础养护如图8-11所示。

图8-10　基础浇筑

图8-11　基础养护

8.3.2　声屏障立柱和屏体施工

声屏障立柱和屏体施工包括以下几个步骤。

1)声屏障立柱安装

(1)在首节声屏障立柱安装过程中,需要注意以下几点内容:

①对用来拼装的首节声屏障立柱参数进行校验,查看其型号、高度、螺栓孔径等参数是否

保持一致,同时对中心线进行校准,确定没有问题后,准备进行结构的安装。

②按照要求将左侧和右侧的底立柱安装到既定位置,通过精调将结构中心线与标准中心线吻合,依次安装其他结构。

③对结构的安装质量进行验收,确定其平整度、垂直度满足要求后,将C30水泥浇筑到衔接处的缝隙处,从而提高结构的整体性。

立柱安装如图8-12所示。

图8-12 立柱安装

(2)当首节声屏障立柱强度满足要求后,开始进行上部立柱安装。上部立柱安装的操作要点如下:

①在合适位置固定起吊设备,同时在钢结构与立柱间安装方木结构,以起到缓冲作用,降低吊装过程中的突然冲击对立柱结构的破坏。

②对材料参数进行检查,固定好材料后进行试吊,确认没有问题后,再进行起吊材料的平移。安装前需要提前清理好作业基层,确保端面的洁净。

③到达指定位置后,对立柱结构进行固定,重复该操作,直至完成所有结构的安装工作。

(3)在高压注胶施工过程中,需要注意以下几点内容:

①将密封胶均匀涂抹在拼装立柱结构间的拼缝位置,确保黏合的密封性,防止环氧树脂从裂缝处渗漏。

②做好漏胶孔的预留工作,在立柱竖直方向每间隔2.0m预留一个漏胶孔,提高灌注胶的美观性。

③利用高压灌注机设备将环氧树脂注入立柱,借助漏胶孔查看目前的灌注状态,直到灌注胶高度达到制定高程时,停止操作。

④按照要求对注胶结构进行养护,在结构强度超过70%时,可以进行插板施工,同时为声屏障吸隔声板安装奠定基础。

声屏障立柱施工允许控制偏差见表8-2、表8-3。

焊接H型钢的允许偏差(mm)   表8-2

序号	检查项目	允许偏差	检查方法
1	截面高度h	±2.00	观察和用钢尺检查
2	截面宽度b	±3.00	观察和用钢尺检查
3	腹板中心偏移	2.00	观察和用钢尺检查
4	翼板垂直度	$b/100$,且不应大于2.00	角尺
5	弯曲矢高	$L/1000$,且不应大于5.00	拉线及钢尺
6	扭曲	$h/250$,且不应大于5.00	拉线、吊线及钢尺

注:L为杆件长度。

立柱实测项目允许偏差（mm）　　　　　　　表8-3

序号	检查项目	允许偏差	检测方法
1	立柱长度	±4.00	钢尺
2	柱底面到屏体支承板距离	±1.50	钢尺
3	柱脚螺栓孔中心距离	±2.00	钢尺
4	柱脚底板平面度	±2.00	直尺和塞尺
5	柱身扭曲	±3.00	拉线、吊线及钢尺
6	涂(镀)层厚度	符合设计要求	涂层测厚仪

2)吸隔声板安装

在吸隔声板安装过程中,应注意以下几点内容:

(1)核对立柱间距、高度,清理底端杂物。

(2)核对材料参数,没有问题后,利用起吊设备将材料运送到指定的安装位置;借助仪器对结构偏移量进行调整,确定没有问题后,按照既定要求完成安装工作。

(3)重复上述步骤,完成所有吸隔声板的安装,同时对结构表面进行处理,提高结构表面的美观性。

屏体安装、表面补漆如图8-13、图8-14所示。

图8-13　屏体安装

图8-14　表面补漆

声屏障屏体施工允许控制偏差见表8-4、表8-5。

单块吸声屏体实测项目及允许偏差（mm）　　　　　　　表8-4

序号	检查项目	规定值或允许偏差	检查方法
1	宽度和高度	±2.00	钢尺
2	屏体厚度	2.00	卡尺
3	屏体对角线差	3.00	钢尺
4	涂(镀)层厚度	符合设计要求	涂层测厚仪

单块隔声屏体实测项目及允许偏差（mm）　　　　表8-5

序号	检查项目		允许偏差		检查方法
			铝合金	塑钢	
1	宽度及高度	≤1500	1.50	2.00	用钢尺检查
2		>1500	2.00	3.00	
3	屏体对角线	≤2000	3.00	3.00	用钢尺检查
		>2000	4.00	5.00	
4	杆件焊接处平面度		≤0.60		用水平尺、塞尺检查
5	框、扇杆件装配间隙		≤0.30		用钢尺、塞尺检查
6	附件		安装牢固		目测、锤击
7	五金配件		运转灵活、无卡阻		手动、目测
8	涂（镀）层厚度		符合设计要求		用测厚仪检查

3）声屏障安装要求

（1）声屏障钢结构施工必须符合《钢结构工程施工质量验收标准》（GB 50205—2020）的要求。

（2）声屏障钢结构工程施工质量的验收必须采用经计量检定、校准合格的计量器。

（3）声屏障安装各道工序应按照施工技术标准进行质量控制，每道工序完成后，应进行检查并记录。

（4）钢材规格、性能应符合《钢结构设计标准》（GB 50017—2017）及设计要求。

（5）声屏障焊接材料的品种、规格、性能应符合《钢结构焊接规范》（GB 50661—2011）及设计要求。

（6）声屏障安装使用的钢结构连接用紧固标准件及螺母、垫圈等标准配件的品种、规格、性能应符合《钢结构工程施工质量验收标准》（GB 50205—2020）及设计要求。

（7）声屏障安装中使用的焊条、焊丝、焊剂、电渣焊熔嘴等焊接材料与母材的匹配应符合《钢结构焊接规范》（GB 50661—2011）的规定。焊接材料在使用前，应按照产品说明书及焊接工艺文件的规定进行烘焙和存放。

（8）声屏障安装施工要求全线实地测量预埋件的位置误差，进行测量后的数据归类分析，确定声屏障的实际制作长度。立柱安装、调整要求垂直于基础，垂直度公差为立柱高度的0.5%。

（9）声屏障在安装前，屏体在运输、现场安装时，应该注意对构件表面的保护，不允许有明显的压痕、划痕。

（10）声屏障各个部件的尺寸应该符合设计要求。声屏障如遇道路标牌、伸缩缝等，其形状结构等方面必须避让，采用非标准形式的声屏障。

（11）屏体在立柱内应有足够的嵌入长度。当屏体一端与立柱腹板内壁贴合时，另一端在立柱内的嵌入长度应不小于25mm。伸缩缝处的声屏障（如H型钢翼板）应视具体情况进行加宽，以满足结构伸缩时屏体在立柱内的嵌入长度。

（12）通透隔声屏与框架的固定应采用嵌入安装法或螺栓安装法，严禁采用自攻螺钉固定。

(13)通透隔声屏所采用材料隔声量不满足相关规范要求时应进行更换。

(14)支撑件应以不锈钢螺栓或螺钉与屏体固定,不得采用抽芯铝铆钉进行固定,且屏体的支撑件应与屏框内衬增强型钢做可靠固定。

(15)声屏障的立柱、屏体等钢结构件应采用热浸镀锌或镀锌后镀塑的方式进行防腐处理,防腐涂层的寿命应不低于15年。采用热浸镀锌防腐处理时,镀锌量不小于550g/m²。

(16)声屏障在安装立柱前必须清除预埋件表面的混凝土等杂物,立柱焊接完毕后清除焊渣、飞溅物。

(17)在声屏障施工中,若遇到有关动力设备、高压线路、各类管道设施以及其他在建项目,应先向建设方及主管部门提交施工方案,制订安全措施,在获得批准后方能施工。

(18)声屏障的全部成品都应进行外观检查,不得有脱膜、伤痕、皱皮、流坠、气泡、变色及色泽不均等缺陷。

(19)检查连接件的坚固情况以及构件安装的位置是否符合设计要求。

(20)根据现场情况,编制施工组织方案,并将方案上报交通部门审查,确保施工过程中的安全,以及减轻对现状交通的影响。

(21)声屏障屏体现场安装时应使用编织袋吊装,严禁使用钢丝绳。

(22)组装和拆卸机具、登高作业必须穿反光背心,系上安全带(绳),并有统一指挥,进入施工现场严禁穿拖鞋。施工机具移动、转向要有专人指挥。

(23)安装钢立柱与声屏障吸声板时,必须用绳子绑好进行吊装,防止安装时材料掉落,用自制安装梯(脚手架)作为辅助安装工具。

(24)作业人员必须佩戴安全带(绳),并且固定在可靠位置。施工过程中配备专职安全员现场负责安全生产,避免伤亡事故发生,尤其是确保桥上施工人员及施工点桥下行人及车辆的安全。

(25)路基段声屏障施工,若存在波形护栏需注意护栏的施工位置。

8.4 声屏障验收

声屏障作为城市基础设施的重要组成部分,其作用是减少交通噪声对周边环境的影响,提高居民生活质量。为了确保声屏障的建设质量,制定科学合理的验收标准至关重要。本节将从材料质量、设计质量、施工质量、降噪质量、环境保护等多个方面对声屏障的验收标准进行详细说明。

8.4.1 材料质量

1)材料选用

声屏障材料应符合国家相关标准,具有足够的强度和耐久性。常用声屏障材料包括钢板、玻璃钢、铝合金等。

2)材料质量检查

检查材料是否平整,确保无锈蚀、破损等缺陷。对于钢板材料,还需检查其涂层是否均匀,确保无剥落现象。

8.4.2　设计质量

1)设计合理性

声屏障的设计应符合相关规范,能够满足力学性能和声学性能要求。设计过程中,应考虑风荷载、地震力等自然因素的影响。

2)结构稳定性

声屏障的结构应稳定可靠,连接部位应牢固无松动。对于大型声屏障,还需进行整体稳定性分析。

8.4.3　施工质量

1)基础验收

在基础施工完成后,进行基础的验收工作。验收内容包括基础的尺寸、位置、强度等是否符合设计要求,以及是否存在质量缺陷等问题。声屏障的基础应平整、坚实,无沉降、开裂等现象。基础与声屏障的连接应牢固无松动。

2)安装精度

声屏障的安装应符合设计要求,安装误差应在允许偏差范围内。安装过程中,应确保声屏障的垂直度、水平度和平整度。

3)施工质量检查

在施工过程中,应对各项施工工序进行质量检查,确保每个施工环节的质量符合要求。对于不合格的部分,应及时进行整改。

8.4.4　降噪质量

1)降噪效果

声屏障的降噪效果应符合设计要求。验收时可通过现场测试或模拟计算等方法,验证其降噪效果是否达到预期目标。

2)声学性能测试

声屏障的声学性能包括隔声量、吸声系数等指标,验收时应按照相关标准进行测试,确保声学性能满足要求。

8.4.5　环境保护

1)环保材料

声屏障应选用环保材料,减少对环境的污染。同时,施工过程中应采取有效措施,防止扬尘、噪声等对环境造成不良影响。

2)绿色施工

在施工过程中,应尽量减少对周边环境的影响,如保护植被、减少土方开挖等。施工结束后,应及时清理现场,恢复环境原貌。

制订科学合理的声屏障验收标准,对于保障声屏障建设质量、提高居民生活质量具有重要意义。在实际操作中,应严格按照验收标准进行检查和验收,确保声屏障的各项指标符合要求。同时,应加强对施工单位的管理和监督,确保声屏障建设过程中的质量和安全。

9

视线诱导设施

9.1 视线诱导设施概述

随着交通的快速发展,道路环境复杂程度不断加剧,随之而来的交通标志越来越多,信息量越来越大,驾驶人反应及需要处理的时间越来越长。要保证驾驶人快速认知道路线形、前车、路侧障碍物,需要更好的道路交通设计。

要提高行车安全性和舒适性,清晰地指示道路前方的线形非常重要。白天时,驾驶人一般以路面标线和护栏为行车的指导;但在夜间,上述设施的视线诱导功能显著下降,特别是车辆从直线段向曲线段过渡时,驾驶人的视线很难随道路的线形急剧变化。在道路交通设计中应用视线诱导设施可以改善道路环境整体视觉参照系,可以清晰地显示道路的方向,帮助驾驶人准确感知道路线形及路侧障碍物,使驾驶人及时了解道路线形的变化,从而有效地预防事故的发生,确保行车安全,低成本实现道路交通安全水平的提升。

正确地设置和使用视线诱导设施,可以降低交通事故的风险,提高道路的通行效率。视线诱导设施主要包括轮廓标、线形诱导标、示警桩、示警墩等。

9.2 轮廓标

轮廓标是沿道路两侧边缘设置,用于显示道路边界轮廓、指引车辆正常行驶、具有逆反射性能的一种交通安全设施。轮廓标根据设置条件不同可分为柱式轮廓标和附着式轮廓标两类(图9-1)。当路边无构造物时,轮廓标为柱式。柱式轮廓标由柱体、逆反射体组成,独立设置于路边土路肩中,其主体结构为三角形断面立柱;当路边有构造物时,轮廓标为附着式。附着式轮廓标由逆反射体、支架和连接件组成。根据构造物的不同,轮廓标可分别附着于波形梁护栏、混凝土护栏、隧道侧墙和缆索护栏之上。

图9-1 轮廓标

轮廓标左侧为黄色,右侧为白色。互通双向匝道设置为双面式,设置间距见表9-1。

轮廓标曲线段设置间隔一览表 表9-1

曲线半径(m)	<30	30~89	90~179	180~274	275~374	375~999	1000~1999	>2000
设置间距(m)	4	8	12	16	20	30	40	48

9.2.1 轮廓标设计

1)柱式轮廓标设计

柱式轮廓标设置在桥梁过渡的路段,间距8 m,柱体的横断面为空心圆角的等腰三角形(三角形的高为120mm,底边长为103mm),顶面斜向行车道(图9-2)。柱身为白色,柱体上部应有250mm长的一圈黑色标记,黑色标记的中间应镶嵌有180mm×40mm的矩形逆反射材料。柱式轮廓标长1400 mm,材料采用工程塑料PVC,内壁有3条加强筋,壁厚3mm且能有效抗紫外线、不易变色等。柱式轮廓标上贴有白色或黄色塑料微棱锥反光片,与柱体采用拉钉连接。安装轮廓标时,柱体埋入混凝土部分横穿一根ϕ10mm×200mm钢筋。

2)附着式轮廓标设计

附着式轮廓标应能满足降雨、降雪等特殊天气下显示公路轮廓的功能要求。安装的附着式轮廓标不得侵入公路限界以内。一般路段轮廓标为双面反射体,反射体的颜色均为白色,反光等级为Ⅳ类,在公路前进方向左、右侧对称设置(图9-3)。附着式轮廓标设置间距参考

《公路交通安全设施设计细则》(JTG/T D81—2017)的规定设置。

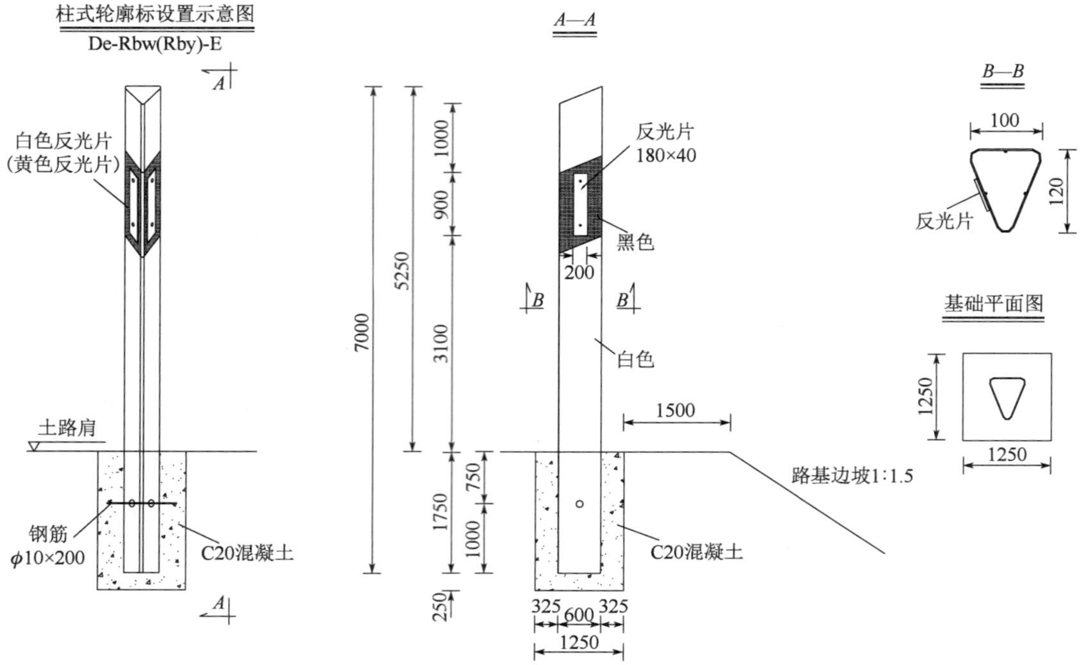

图9-2 柱式轮廓标设计图(尺寸单位:mm)

一个柱式轮廓标材料数量表		
名称	规格(mm)	数量
柱式轮廓标	长1400	1个
钢筋	$\phi 10\times200$	0.124kg
C20混凝土基础		3.104m³

附注:
1.本图尺寸均以毫米计。
2.柱式轮廓标设置在桥梁过渡的路段,间距8m。
3.柱式轮廓标材料采用工程塑料PVC,内壁有3条加强筋,壁厚3mm且能有效抗紫外线、不易变色等。柱式轮廓标上贴有白色或黄色塑料微棱锥反光片,与柱体采用拉钉连接。
4.安装轮廓标时,柱体埋入混凝土部分横穿一根$\phi 10\times200$钢筋。

9.2.2 轮廓标施工

1)柱式轮廓标施工

柱式轮廓标的施工应符合下列规定:

(1)柱式轮廓标应按设计文件的规定量距定位,根据设计尺寸确定基础开挖深度及开挖边线,并撒出白灰线标志。

(2)混凝土基础可采用现浇或预制施工,浇筑完成后要采取正常的养护措施,直到混凝土达到规定的强度;预制时应按设计文件的规定预埋连接件。基础开挖达到规定的尺寸和深度后,先浇筑一层砂浆,厚度为10~15cm。接着在砂浆上支模板,测定模板顶部的高程。当立柱与混凝土基础浇在一起时,则可将立柱放入模板,固定就位后即可浇筑混凝土。

(3)柱式轮廓标安装时,柱体应垂直于水平面,三角形柱体的顶角平分线应垂直于公路中心线,柱体与混凝土基础之间用螺栓连接;当轮廓标柱体或立柱为装配式结构时,则要预留柱体插入的空穴,或采用法兰盘连接。

柱式轮廓标的施工流程如下:

(1)测量放样。

采用全站仪对柱式轮廓标基础进行总体定位,已施工路缘石的路段可采用量距定位,根据设计尺寸确定基础开挖深度及开挖边线,并洒出白灰线标志。

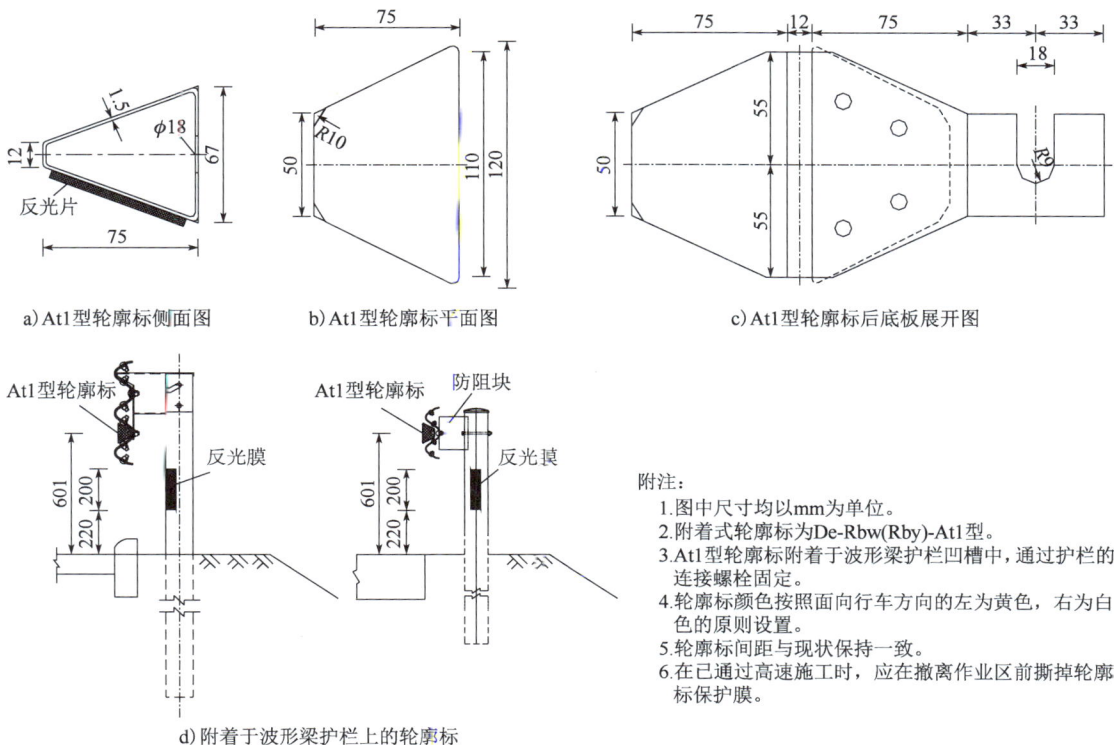

a)At1型轮廓标侧面图 b)At1型轮廓标平面图 c)At1型轮廓标后底板展开图

d)附着于波形梁护栏上的轮廓标

附注:
1.图中尺寸均以mm为单位。
2.附着式轮廓标为De-Rbw(Rby)-At1型。
3.At1型轮廓标附着于波形梁护栏凹槽中,通过护栏的连接螺栓固定。
4.轮廓标颜色按照面向行车方向的左为黄色,右为白色的原则设置。
5.轮廓标间距与现状保持一致。
6.在已通过高速施工时,应在撤离作业区前撕掉轮廓标保护膜。

图9-3　附着式轮廓标设计图(尺寸单位:mm)

(2)基础开挖。

①人工开挖基础,采用土模施工时,开挖宽度要大于设计宽度2cm左右。

②用打夯机或其他小型夯实机具对基底进行夯实。

③基底处理完毕后,由测量队恢复控制点,测量基底高程。

(3)固定柱体。

①首先加工柱式轮廓标立柱的固定支架。

②安放固定支架,调整线形。

③插入玻璃钢立柱,调整角度,拧紧紧固螺钉。

④柱体要垂直于水平面,三角形柱体的顶角平分线要垂直于公路中心线。

(4)浇筑基础混凝土。人工配合溜槽注入混凝土,用插入式振捣器振捣,最后找平收光并洒水养护。

(5)粘贴反射片。在柱式轮廓标上贴反射片,沿着行车方向,左黄右白;二级公路轮廓标双侧贴反射片,双面均为白色。

2)附着式轮廓标施工

附着式轮廓标的施工应符合下列规定：

（1）在桥梁混凝土护栏上和隧道侧墙上安装时采用量距定位法确定轮廓标位置，用冲击电钻在确定的轮廓标位置打眼，安装膨胀螺栓。接着将轮廓标的插槽或预留孔套入膨胀螺栓，然后拧紧螺母。

（2）附着于梁柱式护栏上的轮廓标可按立柱间距定位，安装时在轮廓标位置的防阻块连接螺栓上插入轮廓标，拧紧连接螺栓。

（3）附着于混凝土护栏、隧道壁、挡墙、桥墩、桥台侧墙等处的轮廓标，通过预埋件或用胶固定在侧墙上，或用冲击电钻在确定的轮廓标位置打眼，安装膨胀螺栓，再将轮廓标的插槽或预留孔套入膨胀螺栓，然后拧紧螺母；在波形护栏上安装轮廓标时，把反射器后底板固定在护栏与立柱的连接螺栓上，拧紧连接螺栓。

（4）附着式轮廓标应按照放样确定的位置进行安装，安装时顺着行车方向安装，且不得侵入公路建筑限界以内；反射器的安装角度应符合设计文件的规定；安装高度宜保持一致，并应连接牢固。

9.2.3　轮廓标验收

轮廓标的质量过程控制应符合下列规定：

（1）轮廓标应安装牢固、角度准确、高度一致、设置间隔均匀、线形顺畅，夜间应具有良好的反光性能，安装完成后应与公路线形保持一致，安装高度宜保持一致。

（2）反射器采用透光率高的合成树脂材料来制造，如聚甲基丙酸树脂、聚碳酸酯树脂等，其光学性能及颜色应符合《公路交通安全设施施工技术规范》（JTG/T 3671—2021）的规定。

（3）轮廓标柱体材料采用强度高，耐候性、耐温性、耐蚀性好，加工成型方便，价格便宜的材料，如聚乙烯树脂、玻璃纤维增强塑料、聚碳酸酯树脂、氯乙烯树脂等；柱体为白色，与中间的黑色标记形成对比，柱体表面不能有明显的划痕、气泡、裂纹及颜色不均等缺陷。

（4）施工过程中应加强质量检查，各检查项目应符合表9-2的规定。

轮廓标施工质量过程控制项目　　　　　　　　表9-2

项次	检查项目	规定值或允许偏差	检测方法
1	安装角度（°）	+5,0或满足设计要求	花杆、十字架、卷尺、万能角尺
2	反射器中心高度（mm）	±20	尺量
3	柱式轮廓标竖直度（mm/m）	<10	垂线法

9.3 线形诱导标

9.3.1 线形诱导标设计

线形诱导标设置于行驶方向发生变化的路段,如小半径曲线路段、匝道、急弯路段等,设置应和线形一致,并垂直于车辆的行驶方向;设置间距应保证在驾驶人的视野里始终有两个线形诱导标。对于偏角较小的曲线路段,可在曲线中点位置设一块诱导标;对于偏角较大、曲线较长的弯道,可根据需要设置若干块诱导标。线形诱导标的设置高度最低为标志下缘距地面1.2m。附着式线形诱导标由反射器(反光膜)、底板、立柱、连接件组成(图9-4、图9-5)。

图9-4 附着式线形诱导标设计示例

9.3.2 线形诱导标施工

线形诱导标的施工应符合下列规定:

(1)附着于护栏上的线形诱导标的反射器(反光膜)可用粘贴剂贴在底板上,也可采用螺栓连接。

(2)底板与立柱用抱箍、滑动槽钢通过螺栓连接,立柱通过抱箍与护栏立柱连接。

(3)面板应与驾驶人视线尽量垂直,安装高度应满足设计要求,安装过程中应保持面板的平整度。

9.3.3 线形诱导标验收

线形诱导标的质量过程控制应符合下列规定:

(1)线形诱导标反射器的光学性能在入射角为0°~20°范围内应保持稳定,安装角度必须正确,颜色与设计相符,反光材料表面无缺损或断裂现象。

(2)线形诱导标的图形、符号及材质、几何尺寸应符合设计及规范规定,板面应平整,垂直度超过±3mm/m不得使用。

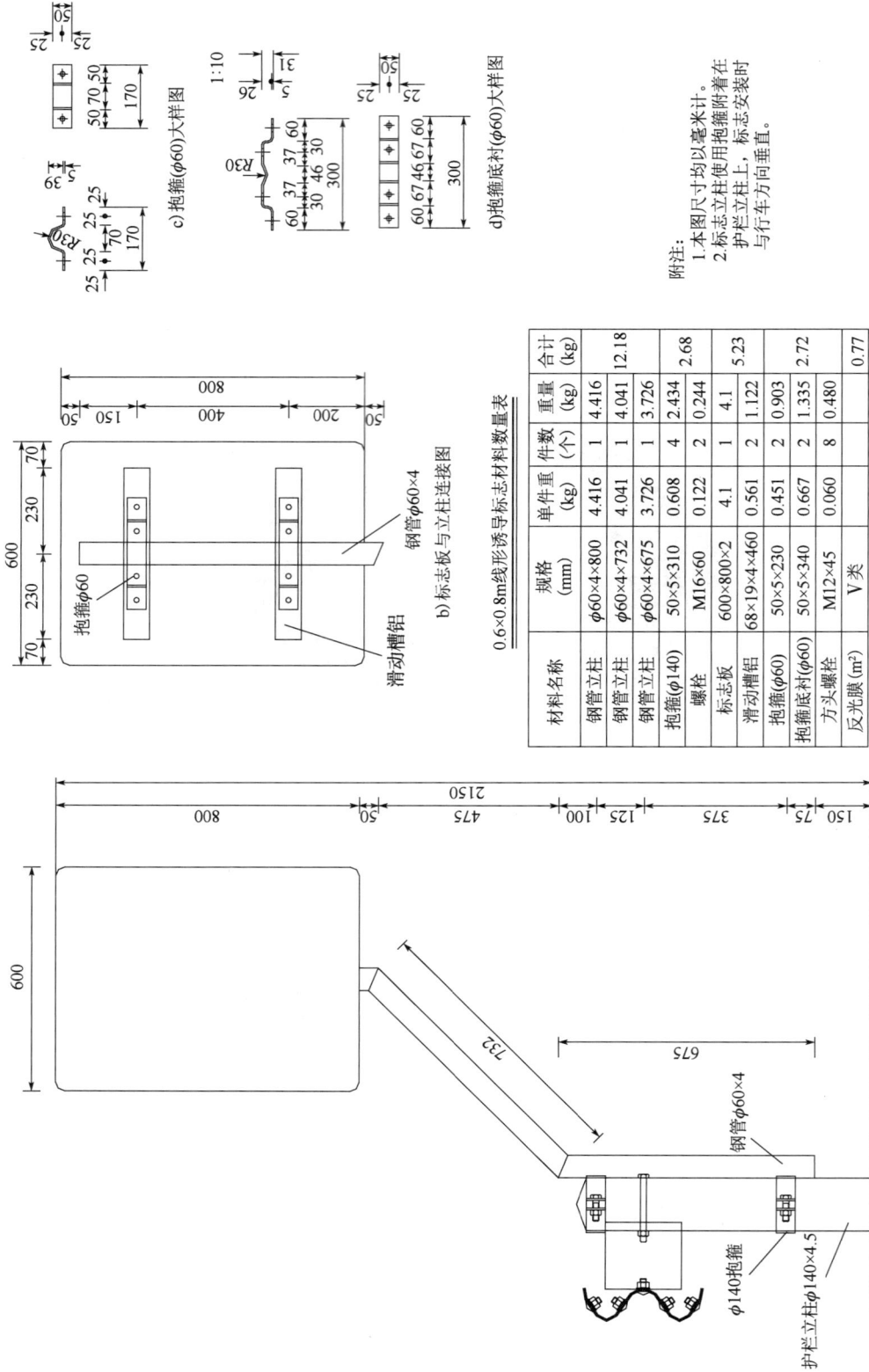

附注：
1. 本图尺寸均以毫米计。
2. 标志立柱使用抱箍附着在护栏立柱上，标志安装时与行车方向垂直。

c)抱箍(φ60)大样图

1:10

d)抱箍底衬(φ60)大样图

b)标志板与立柱连接图

钢管φ60×4

抱箍φ60

滑动槽铝

0.6×0.8m线形诱导标材料数量表

材料名称	规格 (mm)	单件重 (kg)	件数 (个)	重量 (kg)	合计 (kg)
钢管立柱	φ60×4×800	4.416	1	4.416	
钢管立柱	φ60×4×732	4.041	1	4.041	12.18
钢管立柱	φ60×4×675	3.726	1	3.726	
抱箍(φ140)	50×5×310	0.608	4	2.434	
螺栓	M16×60	0.122	2	0.244	2.68
标志板	600×800×2	4.1	1	4.1	5.23
滑动槽铝	68×19×4×460	0.561	2	1.122	
抱箍(φ60)	50×5×230	0.451	2	0.903	2.72
抱箍底衬(φ60)	50×5×340	0.667	2	1.335	
方头螺栓	M12×45	0.060	8	0.480	
反光膜	V类				0.77

a)0.6×0.8m线形诱导标志立面图

钢管φ60×4

φ140抱箍

护栏立柱φ140×4.5

图 9-5 附着式线形诱导标设计图(尺寸单位：mm)

9.4 示警桩和示警墩

示警桩和示警墩通常是以颜色鲜艳、形状特殊且易于识别的方式设置在路边或路面上的,用于指示车辆应该注意的行驶区域或者交通情况,以减少交通事故的发生。示警桩是漆有黄黑色相间的圆形标柱,一般埋置在支、干道路未设信号灯的交叉点的进口段前方,离地高度为80cm,外径9cm,外层涂有反光膜,便于驾驶人提前发觉交叉口、提高注意力,以起到示警作用;示警墩的形状和材质多种多样,可以是圆锥形、三角形、矩形等,有时还标有文字和图形,材质为塑料或金属。示警桩及示警墩如图9-6所示。

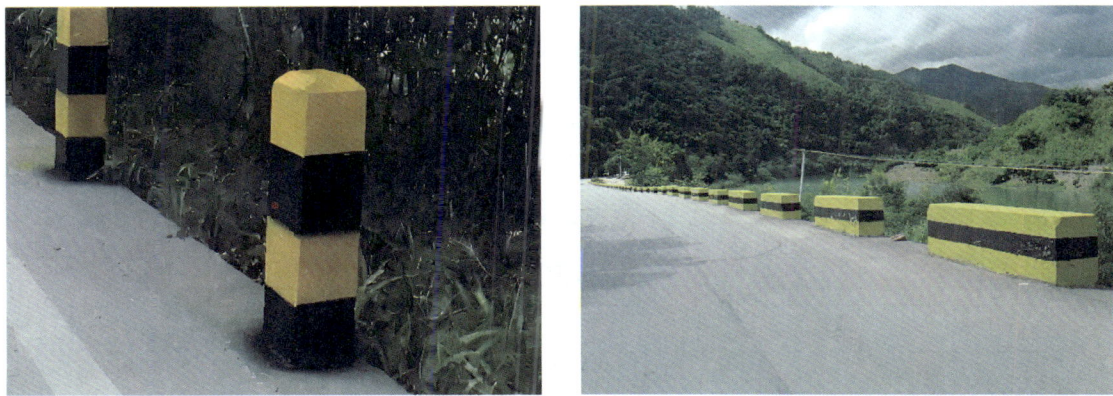

图9-6 示警桩及示警墩

9.4.1 示警桩和示警墩设计

示警桩设置在3m≤填方<20m路段两侧,采用打桩机打入,示警桩外贴Ⅲ类反光膜,示警桩立柱(φ114mm×4mm×150mm)采用热浸镀锌防腐处理,镀锌量不小于600g/m²,柱帽与立柱采用焊接。立柱埋置深度为70cm,地面以上80cm,立柱设置间距为4m(图9-7)。

在道路的弯道、桥梁、轨道交通等易发生交通事故的路段,应该设置示警墩,同时,应考虑交通流量和行驶速度等因素来确定示警墩的最佳安装位置,其设置间距一般为2~4m。为使其具有较高的视觉辨识度,示警墩一般采用黄色或橙色。示警墩设计图如图9-8所示。

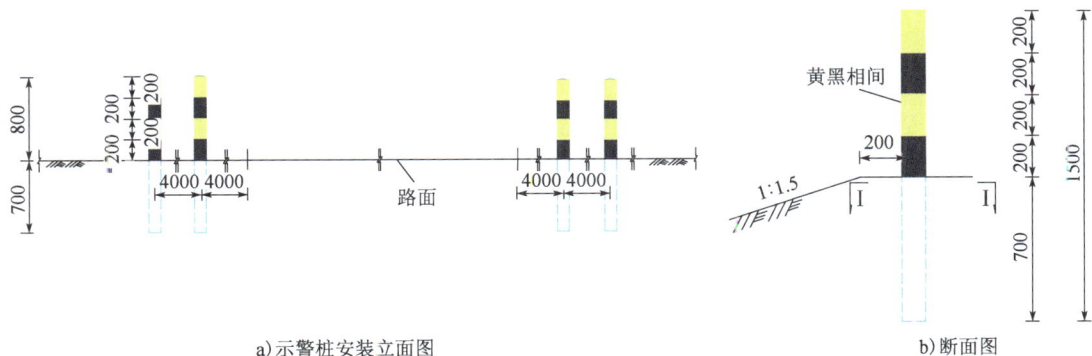

a)示警桩安装立面图

b)断面图

图 9-7

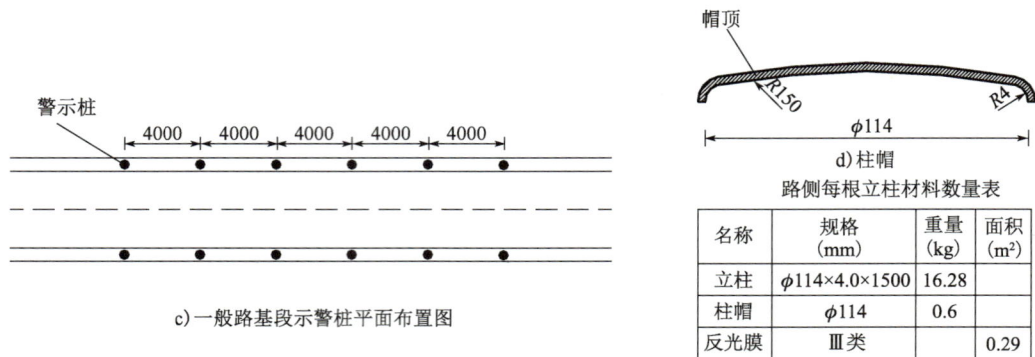

帽顶

d)柱帽

路侧每根立柱材料数量表

名称	规格 (mm)	重量 (kg)	面积 (m²)
立柱	$\phi114\times4.0\times1500$	16.28	
柱帽	$\phi114$	0.6	
反光膜	Ⅲ类		0.29

c)一般路基段示警桩平面布置图

图9-7　示警桩设计图(尺寸单位:mm)

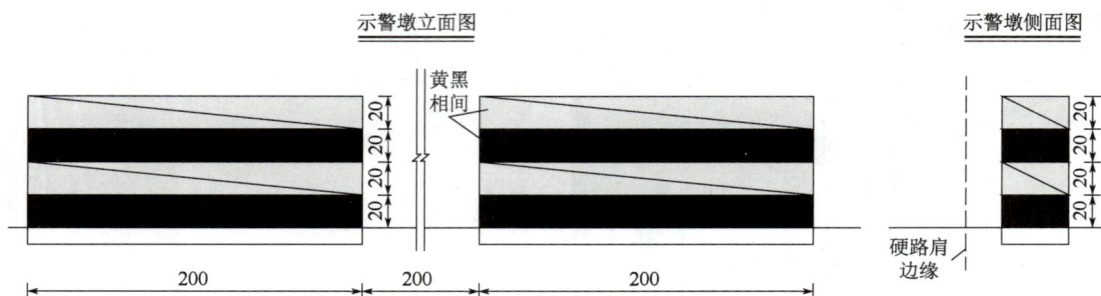

图9-8　示警墩设计图(尺寸单位:cm)

9.4.2　示警桩和示警墩施工

1)示警桩施工

示警桩的施工流程如下:

(1)示警桩施工选址。示警桩施工需要根据道路状况和交通流量来确定合适的位置。通常情况下,示警桩应设置在道路两侧的合适位置,与道路宽度和地形有关。示警桩选址时,应避免与其他交通设施相互干扰,同时考虑其在夜间的可见性。

(2)示警桩预制和灌浆。示警桩采用集中预制,按设计要求,先浇筑保护层再放入预制好的配筋,再采用分层浇筑,用振捣器捣密实后浇筑第二层,待浇筑达到凝固强度后,打开模具,将其表面缠覆薄膜进行养护。示警桩内采用M10砂浆灌浆,先将混凝土按配合比拌和成干料,再运至现场进行加水拌和。

(3)示警桩安装。示警桩基础孔洞为钻机钻孔,然后将示警桩插入地面,用水平尺控制其垂直度,使其与地面保持垂直,然后用锤子或捣实机将其固定,最后加入混凝土浇筑后充分捣实。

2)示警墩施工

示警墩的施工流程如下:

(1)定位及测量。根据设计要求和交通实际情况,确定示警墩的安装位置。使用测量工具进行准确测量,确保示警墩的安装位置与设计要求一致。

(2)固定示警墩。根据测量结果,在预定的位置进行固定。使用胶水或螺钉将示警墩牢固地固定在地面上,确保安装牢固、稳定。注意:示警墩固定时的角度和水平度,确保示警墩垂直于地面,不倾斜。

(3)完善标志。

安装完成后,检查示警墩的标志是否完善。标志应包括示警墩的编号、安全使用提示等内容。示警墩标志应清晰可见,以便交通参与者正确识别和使用。

9.4.3 示警桩和示警墩验收

示警桩和示警墩的质量过程控制应符合下列规定:

(1)警示桩和示警墩安装应保证垂直无歪斜,并保证位置正确,颜色鲜明、醒目,位置应与公路线形相协调。

(2)警示桩和示警墩安装完毕后应进行路面清扫,在清扫过程中,不应损坏桩身反光膜或产生其他缺陷。

(3)在施工过程中,要进行质量控制,确保示警桩和示警墩的安装符合设计要求和技术规范。如遇到材料质量问题,应及时更换,确保施工质量。各检查项目应符合表9-3的规定。

示警桩和示警墩施工质量过程控制项目   表9-3

项次	检查项目		规定值或允许偏差	检测方法
1	断面尺寸(mm)	高度	+10	尺量
		顶宽	+5	
		底宽	+5	
2	竖直度(mm/m)		≤10	垂线法

(4)示警桩和示警墩施工完成后,还需要进行定期的检查和维护。定期检查示警桩和示警墩有无损坏或变形,如果发现有问题应及时更换或修复。同时,要保持示警桩和示警墩的清洁,以确保其可见性。

参 考 文 献

[1] 全国交通工程设施(公路)标准化技术委员会(SAC/TC 223).道路交通标志和标线 第1部分:总则:GB 5768.1—2009[S].北京:中国标准出版社,2009.

[2] 中华人民共和国交通运输部.道路交通标志和标线 第2部分:道路交通标志:GB 5768.2—2022[S].北京:中国标准出版社,2022.

[3] 全国交通工程设施(公路)标准化技术委员会(SAC/TC 223).道路交通标志和标线 第3部分:道路交通标线:GB 5768.3—2009[S].北京:中国标准出版社,2009.

[4] 全国交通工程设施(公路)标准化技术委员会(SAC/TC 223).波形梁钢护栏 第1部分:两波形梁钢护栏:GB/T 31439.1—2015[S].北京:中国标准出版社,2015.

[5] 全国交通工程设施(公路)标准化技术委员会(SAC/TC 223).波形梁钢护栏 第2部分:三波形梁钢护栏:GB/T 31439.2—2015[S].北京:中国标准出版社,2015.

[6] 全国交通工程设施(公路)标准化技术委员会(SAC/TC 223).防眩板:GB/T 24718—2023[S].北京:中国标准出版社,2023.

[7] 全国交通工程设施(公路)标准化技术委员会(SAC/TC 223).隔离栅 第1部分:通则:GB/T 26941.1—2011[S].北京:中国标准出版社,2012.

[8] 全国交通工程设施(公路)标准化技术委员会(SAC/TC 223).隔离栅 第2部分:立柱、斜撑和门:GB/T 26941.2—2011[S].北京:中国标准出版社,2012.

[9] 全国交通工程设施(公路)标准化技术委员会(SAC/TC 223).公路交通工程钢构件防腐技术条件:GB/T 18226—2015[S].北京:中国标准出版社,2015.

[10] 全国交通工程设施(公路)标准化技术委员会(SAC/TC 223).道路交通标志板及支撑件:GB/T 23827—2021[S].北京:中国标准出版社,2021.

[11] 全国交通工程设施(公路)标准化技术委员会(SAC/TC 223).路面标线用玻璃珠:GB/T 24722—2020[S].北京:中国标准出版社,2020.

[12] 中华人民共和国交通运输部.公路养护技术标准:JTG 5110—2023[S].北京:人民交通出版社,2024.

[13] 中华人民共和国交通运输部.公路交通安全设施设计规范:JTG D81—2017[S].北京:人民交通出版社股份有限公司,2017.

[14] 中华人民共和国交通运输部.公路交通安全设施设计细则:JTG/T D81—2017[S].北京:人民交通出版社股份有限公司,2017.

[15] 中华人民共和国交通运输部.路面标线涂料:JTG/T 280—2022[S].北京:人民交通出版社股份有限公司,2022.

[16] 中华人民共和国交通运输部.公路交通安全设施施工技术规范:JTG/T 3671—2021[S].北京:人民交通出版社股份有限公司,2021.

[17] 中华人民共和国交通运输部.公路工程质量检验评定标准 第一册 土建工程:JTG F80/1—2017[S].北京:人民交通出版社股份有限公司,2017.

[18] 中华人民共和国交通运输部.公路养护工程质量检验评定标准 第一册 土建工程:JTG 5220—2020[S].北京:人民交通出版社股份有限公司,2020.